Démystifier la juricomptabilité

Sous la direction de Nadia Smaili

JFD Éditions

Démystifier la juricomptabilité
Sous la direction de Nadia Smaili

Catalogage avant publication de Bibliothèque et Archives nationales du Québec et Bibliothèque et Archives Canada

Titre: Démystifier la juricomptabilité / sous la direction de Nadia Smaili.

Noms : Smaili, Nadia, éditeur intellectuel.

Description : Comprend des références bibliographiques.

Identifiants : Canadiana 20250043394 | ISBN 9782897998219

Vedettes-matière : RVM : Juricomptabilité. | RVM : Fraude. | RVM : Fraude—Enquêtes. | RVM : Fraude—Prévention.

Classification : LCC HV6768.D46 2025 | CDD 363.25/963—dc23

Les Éditions JFD inc.
CP 15 Succ. Rosemont
Montréal (Québec)
H1X 3B6

Courriel : info@editionsjfd.com
Web : editionsjfd.com

ISBN : 978-2-89799-821-9

Dépôt légal : 4e trimestre 2025
Bibliothèque et Archives nationales du Québec
Bibliothèque et Archives Canada

Imprimé au Québec

Table des matières

Remerciements 9
Description de l'équipe 11
Préface 23

Chapitre 1 – Au-delà des chiffres : la juricomptabilité 29
Nadia Smaili
Jonathan Allard

1. Introduction 29
2. La juricomptabilité : définition et objectifs 30
3. Juricomptabilité versus autres professions 32
4. Compétences, connaissances et responsabilités 33
5. Domaines de spécialisation de la juricomptabilité 36

Chapitre 2 – Juricomptabilité : rôles et objectifs 41
Alain Messi Enguene

1. Définition de la juricomptabilité 42
2. Origines de la juricomptabilité 43
3. Missions remplies par le juricomptable 44
4. Différences entre auditeur et juricomptable 47

Chapitre 3 – La juricomptabilité dans la fonction publique 51
Nancy Trépanier

1. Besoin de services en juricomptabilité 51
2. Les employeurs et clients 53
3. Services offerts en juricomptabilité 54
4. L'admissibilité du juricomptable en tant qu'expert 59
5. Qualifications et compétences d'un juricomptable 61
6. Les enjeux 66
7. Défis professionnels et autres considérations 68

Chapitre 4 – Juricomptabilité et risque de fraude comptable et financière 75
Nadia Smaili

1. Introduction 75
2. Fraude comptable et financière 77

3. Déterminants ... 78
4. Lutte contre les fraudes financières ... 80
5. Rôle du juricomptable dans la prévention et la détection de la fraude financière : l'humilité de la discipline ... 81
6. Défis des juricomptables dans la lutte contre les fraudes ... 83

Chapitre 5 – Sans mémoire, la lutte contre la fraude ne finit jamais ... 87
Julien Le Maux

1. Introduction ... 87
2. La répétition des schémas de fraude ... 88
3. Causes de la répétition ... 89
4. Comparaisons de fraudes ... 90
5. Analyse des impacts ... 98
6. La simplicité des techniques de fraude ... 99
7. Conséquences de la simplicité ... 107

Chapitre 6 – Missions d'enquêtes juricomptables : entre théorie et pratique ... 113
Myriam Levesque
Nadia Smaili

1. Introduction ... 113
2. Enquête interne ou externe? ... 114
3. Trois éléments clés à protéger ... 115
4. Compréhension et acceptation du mandat ... 119
5. Planification ... 125
6. Travaux détaillés ... 130
7. Rédaction du rapport de juricomptabilité ... 136
8. Témoignage à la cour ... 140

Chapitre 7 – Le rôle crucial des juricomptables dans la lutte contre la corruption ... 143
Marc Y. Tassé

1. Le rôle du juricomptable dans la prévention de la corruption ... 143
2. Lois spécifiques à la lutte contre la corruption ... 147
3. Techniques avancées de détection de la corruption par les juricomptables ... 150

4. L'implication des juricomptables dans la résolution de litiges et les procédures judiciaires relatives à la corruption 153
5. Cas pratiques et bonnes pratiques en juricomptabilité pour combattre la corruption.. 155
6. Conclusion : Le rôle essentiel des juricomptables dans la lutte contre la corruption et perspectives professionnelles 158

Chapitre 8 – Augmenter la détection de fraudes avec l'IA 161
Fabrice Fischer
Rajendra Shroff

1. L'IA et l'apprentissage automatique dans la détection de la fraude 161
2. Un bref aperçu de l'IA et de l'apprentissage automatique............... 162
3. Entraînement d'un modèle d'apprentissage automatique............... 162
4. Catégories de fraudes dans un cadre professionnel......................... 164
5. Le rôle de l'IA dans la lutte aux différents types de fraudes............ 164
6. Avantages et défis de l'utilisation de l'IA pour la détection de la fraude 167
7. Défis 167
8. Techniques traditionnelles de détection de la fraude 168
9. L'IA renforce les méthodes traditionnelles de détection de la fraude 170
10. Apprentissage supervisé : XGBoost et forêt aléatoire.................... 172
11. Sélection du bon algorithme d'apprentissage automatique pour entraîner votre modèle... 174
12. Prioriser les sources de données alternatives 175
13. Remarques importantes... 176
14. Le rôle émergent de l'IA générative dans la détection de fraude ... 180
15. Outils d'analyse et de visualisation pour la comptabilité judiciaire 183
16. Opérationnalisation de la détection de fraude avec l'IA 185
17. Menaces émergentes et défis pour la détection de fraude............. 187
18. Points clés pour les examinateurs certifiés en fraude..................... 188

Chapitre 9 – Fraudes et cryptomonnaies.................................. 191
Esther Léa Ledoux

1. Introduction.. 191

2. L'affaire FTX 197
3. Quelques pistes de prévention et de détection 206

Chapitre 10 – Forensic Accounting and Fraud Examination 225
Dr. Kari C. Day

1. Introduction 225
2. Forensic Accounting and Fraud Examination in Context 226
3. How to get started 232
4. Challenges and Opportunities for the Future 234

Chapitre 11 – Le juricomptable et les enquêtes internationales au sein d'organisations de développement international 241
Lynda Boisvert et Ryna Ferlatte

1. Introduction 241
2. Le juricomptable et les enquêtes internationales au sein d'organisations de développement international 243
3. Le juricomptable et les enquêtes internationales dans le secteur privé 250
4. Clause de comptabilisation 253
5. Découvrir où sont dissimulés les pots-de-vin 253
6. Visites des lieux et services rendus 254
7. Formation 255
8. Prévention et recommandations 255

Chapitre 12 – L'affaiblissement de la force informationnelle de la comptabilité par le comptable français .. 259
Jean-Louis Navarro

1. Le comptable français, gardien de la régularité 262
2. Le comptable français, gardien de la sincérité 268

Chapitre 13 – Juricomptabilité et enjeux éthiques 277
Annie Lecompte et Audrey De Rancourt-Raymond

1. Introduction 277
2. Contexte 279
3. Enjeux et considérations pratiques 289

4. Discussion 299
5. Conclusion 302

Chapitre 14 – Juricomptabilité 2.0 : Enjeux, risques et avenir de la discipline 307
Nadia Smaili
Jonathan Allard
Julien Le Maux

1. Introduction 307
2. État des lieux de la recherche en juricomptabilité 308
3. Pratique 312
4. Enseignement 314

Remerciements

L'idée de l'ouvrage *Démystifier la juricomptabilité* est née d'une collaboration entre les différents auteurs. Cette synergie a commencé lors de la création de deux programmes de deuxième cycle consacrés à la prévention et à la détection de la fraude comptable. Plusieurs des auteurs ont contribué à ces programmes, en donnant des cours ou en animant des séminaires. D'autres sont diplômés de ces programmes.

Je tiens à remercier chaque membre de l'équipe qui a su partager, dans cet ouvrage, sa passion et son engagement dans la lutte contre la fraude.

Description de l'équipe

Nadia Smaili, Ph. D., CPA, CFE, CFF

Nadia Smaili est professeure au Département des sciences comptables de l'École des sciences de la gestion de l'Université du Québec à Montréal depuis 2007. Elle a créé deux programmes de deuxième cycle sur la prévention et la détection de la fraude comptable et plusieurs cours portant sur la lutte contre la fraude dans divers programmes à l'ESG UQAM. Ses champs de recherche concernent principalement la gouvernance, la lutte contre la fraude et les actes répréhensibles et le lancement d'alerte éthique.

Jonathan Allard, MBA, CPA, CPA • EJC, CFF, EEE

Jonathan Allard est professeur au Département des sciences comptables de l'Université du Québec à Trois-Rivières. Au cours de sa carrière, il a acquis une vaste expérience dans le domaine de la juricomptabilité. À ce titre, il a réalisé un nombre considérable de mandats d'assistance en cas de litige, d'évaluations de préjudices financiers dans le cadre de litiges, de réclamations d'assurance, d'évaluation d'entreprises et d'enquêtes financières. Il a également agi à titre de témoin expert devant la Cour supérieure du Québec, devant des tribunaux administratifs et devant des tribunaux d'arbitrage à de nombreuses reprises.

En tant que juricomptable, Jonathan a offert un large éventail de services à des conseillers juridiques, agissant tant pour la partie demanderesse ou pour la partie défenderesse que comme expert commun, notamment : la préparation et la participation à des interrogatoires préalables, le recensement et l'évaluation de la preuve, l'exécution de mandats de perquisition, l'interview et l'interrogatoire de témoins et de suspects, la préparation de rapports d'expertise, la livraison de témoignages et la préparation de ceux-ci à titre de témoin expert, de même que la critique des rapports d'expertise remis par la partie adverse.

À titre de professeur, ses intérêts de recherche portent notamment sur l'équité des indemnités octroyées par le système de justice, l'évaluation des dommages financiers et des entreprises en contexte de litige, ainsi que la preuve par expertise en contexte de justice civile.

Jonathan poursuit actuellement ses études doctorales à l'Université Laval et détient un Diploma in Investigative and Forensic Accounting (DIFA) décerné par l'Université de Toronto. Il est par ailleurs expert en évaluation d'entreprises (EEE) et détenteur de la certification Certified in Financial Forensics (CFF).

Lynda Boisvert, CPA, CA, DIFA, CAMS

Comptable professionnelle agréée spécialisée en juricomptabilité, Lynda compte plus de 28 ans d'expérience en juricomptabilité.

Au cours de sa carrière, elle a développé une vaste expertise en dirigeant et en participant à divers mandats d'enquête d'envergure au Canada et à l'étranger portant sur des allégations de fraude, de collusion, de détournement de fonds, de subornation et de corruption en vertu de la Foreign Corrupt Practices Act (FCPA) et de la *Loi sur la corruption d'agents publics étrangers* (LCAPE), de commissions secrètes, de non-conformité à des politiques d'entreprises et d'autres irrégularités similaires. Elle a aidé des autorités policières et des organismes de réglementation à mener des enquêtes au cours desquelles elle a été appelée à obtenir des mandats de perquisition, à participer aux perquisitions, à interroger des témoins et des suspects, à préparer des rapports d'expertise et à témoigner à la cour.

Elle a aidé plusieurs entreprises à mettre en place ou à améliorer leur cadre de gouvernance ainsi que leur programme de conformité aux règles d'éthique et aux mesures contre la fraude, la corruption et le blanchiment d'argent.

Elle a également mené et exécuté plusieurs mandats de quantification de dommages dans le cadre de réclamations d'assurances, de litiges commerciaux, de recours collectifs et d'arbitrages internationaux. Elle a témoigné à titre d'experte à plusieurs reprises devant la Cour supérieure du Québec et à la Cour fédérale.

Elle possède une grande expérience sur le plan international, ayant mené et participé à plusieurs enquêtes et litiges en Europe, en Asie et en Afrique. Elle a travaillé à l'étranger pendant quatre ans et a voyagé dans plus de 60 pays. Elle s'est récemment jointe à un organisme de développement international basé à New York.

Audrey De Rancourt, M. Sc., CPA auditrice, CFE

Audrey de Rancourt-Raymond, M. Sc., CPA auditrice, CFE, est diplômée d'une maîtrise en comptabilité, contrôle, audit, ainsi que du programme court de 2e cycle sur la prévention et la détection de la fraude comptable de l'Université du Québec à Montréal (ESG-UQAM). Elle a également obtenu le titre de Certified Fraud Examiner (CFE) décerné par l'Association of Certified Fraud Examiners. Elle est doctorante en administration (comptabilité) ainsi que professeure invitée en audit et contrôle au Département des sciences comptables de l'Université du Québec à Montréal (ESG-UQAM). Elle a d'ailleurs publié deux articles portant sur la fraude et les technologies. Avant d'entreprendre cette nouvelle carrière en tant que professeure, elle a travaillé pendant six ans en audit et en juricomptabilité au sein de cabinets ainsi que six ans en comptabilité dans une institution financière. Elle siège également depuis environ cinq ans au conseil d'administration du Cégep du Vieux Montréal.

Kari C. Day, DBA, MSA, CPA, FCPA, CGMA, CFE

Kari Day is proud to represent Oklahoma City University's prestigious AACSB Master of Science in Accounting program. As a legacy CPA, Kari followed in her grandfather's footsteps, graduating with a Master of Science in Accountancy degree before earning four professional credentials and a Doctorate in Advanced Accounting Theory with a focus on forensics. Kari began her career in public accounting, advancing to Senior Auditor before repositioning into higher education, earning rank and tenure as an Associate Accounting Professor. While completing her dissertation on CPA human skill competencies, she worked as a subject matter expert and consultant for continuing professional education, university accounting programs, and course level editing and design. Most recently, Kari represented the AICPA-CIMA as a Senior Manager in Forensic Services where she created professional education content and initiatives for the CFF Credential and promoted forensic accounting services as a global advocate for the industry. Kari thoroughly enjoys the creative intelligence involved in conceptual strategies for exemplary global accounting programs and worldwide proficiency for the accounting profession. It is her privilege to collaborate with friends, colleagues, and students to promote accounting education and awareness around the world.

Ryna Ferlatte, CPA, CA, IFA, CFF, MFAcc

Ryna Ferlatte a plus de 30 ans d'expérience en juricomptabilité, audit et comptabilité, ainsi que dans les enquêtes sur la fraude et la corruption. Elle est comptable professionnelle agréée au Canada (CPA) et experte-comptable agréée (CPA) aux États-Unis, avec des spécialisations en juricomptabilité (IFA) et en juricomptabilité financière (CFF). Elle est également titulaire d'une maîtrise en juricomptabilité (MFAcc) de l'Université de Toronto et d'un baccalauréat en commerce de l'Université McGill. Ryna a mené des audits judiciaires complexes et des enquêtes sur la fraude et la corruption dans des dizaines de pays à travers le monde. Plus récemment, Ryna était cheffe d'une équipe d'audit judiciaire et de services de criminalistique numérique dans le secteur du développement international, où elle a passé plus de 10 ans. Pendant cette période, elle a travaillé avec les équipes d'enquête dans la conduite d'enquêtes sur des allégations de fraude, de corruption, de collusion et d'autres pratiques prohibées dans le monde entier. Elle a également offert des formations en vérification judiciaire à des organismes d'audit et à d'autres dans plusieurs pays, a fourni des conseils ou dirigé diverses initiatives stratégiques soutenant le cadre de gestion des risques d'intégrité et de corruption.

Fabrice Fischer, B. Ing., MBA, entrepreneur, cadre de direction, consultant, stratégiste, technologiste, conseiller de fonds d'investissement, investisseur providentiel, auteur, conférencier et enseignant

Depuis 2016, Fabrice Fischer est le fondateur et dirigeant de Blu, une société de conseil en intelligence artificielle (IA) spécialisée dans l'innovation de rupture, principalement dans le secteur des services financiers.

Fabrice a passé 25 ans dans les services financiers et informatiques en Asie, en Europe et en Amérique du Nord. Au cours de ses six années en tant que directeur financier de Sentient Technologies, il a supervisé une période de croissance rapide, ce qui a fait de l'entreprise l'une des sociétés d'IA les mieux financées au monde. Il a également joué un rôle déterminant dans le lancement de Sentient Investment Management, un fonds spéculatif basé sur l'intelligence artificielle pour évoluer et optimiser en permanence ses stratégies d'investissement.

Les faits marquants de la carrière de Fabrice incluent le démarrage d'une société de services informatiques basée à Hong Kong dans le domaine des infrastructures et des ERP pour le secteur de la gestion d'actifs. Plus tard, il a rejoint Bain & Co. en tant que consultant pour des entreprises des secteurs du capital-investissement et des multinationales de l'informatique et des télécommunications à travers l'Europe. Il a continué en tant que conseiller indépendant auprès de banques et de gestionnaires d'actifs. Il a été le directeur financier et directeur de l'exploitation d'une banque d'investissement européenne, dont les activités comprenaient la finance d'entreprise, le courtage, la gestion d'actifs et la banque privée. À ce titre, il a supervisé l'équipe d'analyse des actions et les activités de gestion d'actifs de la banque.

Fabrice est régulièrement consulté pour ses expertises en intelligence artificielle, direction d'entreprise, stratégie et innovation et finance de croissance. Ses clients incluent des fonds d'investissement de capital de risque comme des fonds de capital-investissement, des entrepreneurs, des jeunes entreprises et des multinationales cotées et non cotées. Il sert notamment sur le comité d'investissement de la plateforme AngelHub.io.

Fabrice est coauteur du livre *The Future of Finance – the impact of FinTech, AI, and Crypto on Financial Services*, et il a écrit le chapitre sur l'IA du livre *Pratiques de gestion de l'innovation – Guide sur les stratégies et les processus*. Depuis 2016, il intervient régulièrement comme conférencier et expert en intelligence artificielle. Il a été conférencier invité à l'Université de Hong Kong (HKU), où il a donné le cours de MBA intitulé *Intelligence artificielle pour les chefs d'entreprise*. À l'Université des Sciences et Technologies de Hong Kong (HKUST), il a donné les cours *Mégadonnées en Finance* et *Gestion de portefeuille avec les applications FinTech* aux étudiants de MBA et de maîtrise M. Fin. Il enseigne *Fondamentaux et enjeux de l'IA pour l'entreprise* aux étudiants de maîtrise de l'École de technologie supérieure de Montréal, Canada. Il analyse des mégadonnées à la School of Management du Asian Institute of Technologies à Bangkok.

Fabrice a obtenu un baccalauréat en génie électrique de l'École Polytechnique de Montréal, et il détient un MBA de l'INSEAD.

Marc Y. Tassé, MBA, FCPA, FCA, FCG, CFF, FCPA (USA), CFS (USA), CICA (USA), CACM (USA)

M. Tassé, qui détient les titres estimés de Fellow Comptable Professionnel Agréé et de Fellow Chartered Governance Professional, est largement reconnu internationalement pour ses connaissances spécialisées en gouvernance et en juricomptabilité.

Sur le plan international, M. Tassé a été impliqué au cours de sa carrière dans plusieurs organisations mondiales prestigieuses, telles que l'Office des Nations Unies contre la drogue et le crime, le Groupe de la Banque mondiale, le Fonds monétaire international, l'Organisation de coopération et de développement économiques, le Forum économique mondial, ainsi qu'avec le Programme des entrepreneurs de Sa Majesté le Roi Charles III.

Fréquemment sollicité pour fournir son expertise à d'importants comités au sein de la Chambre des communes du Canada, M. Tassé a également présenté des témoignages au Comité sénatorial permanent des banques, du commerce et du commerce du Sénat canadien.

Actuellement, M. Tassé apporte son expertise en tant que membre de plusieurs conseils et comités prestigieux du secteur public. Ceux-ci incluent le Comité d'audit et le Comité de gouvernance d'entreprise du Conseil canadien des normes, le Comité d'audit ministériel de Sécurité publique Canada et le Comité d'audit du secteur de l'éducation du Secrétariat du Conseil du Trésor de l'Ontario.

M. Tassé s'est vu décerner de multiples distinctions pour ses contributions significatives en tant que membre du corps professoral de la Faculté de droit de l'Université d'Ottawa et du programme Executive MBA Telfer. De plus, il est membre du corps professoral au Collège militaire royal du Canada, et son expertise lui a valu des invitations à donner de nombreuses conférences dans des institutions prestigieuses, y compris l'Université McGill et l'Université Harvard.

Julien Le Maux, Ph. D., M. Sc., CFE, Adm.A.

Monsieur Le Maux est professeur titulaire au Département de sciences comptables à HEC Montréal. Ses principaux champs d'intérêt sont la gouvernance d'entreprise, la lutte contre la fraude et la qualité de l'information comptable. Au cours de sa carrière, il a publié de nombreux articles dans des revues scientifiques et professionnelles, des chapitres de livres et des études de cas sur ces sujets. Il est également l'auteur de deux ouvrages : *Gouvernance, qualité de l'information financière et fraude* (Éditions JFD) et *Analyse financière* (Éditions Chenelière Éducation).

Il est titulaire d'un doctorat de l'Université Paris 1 Sorbonne sur le thème de la protection des actionnaires minoritaires au sein des entreprises cotées, d'un master en finance (Université Paris 1 Sorbonne), d'un master en droit des affaires (Université Paris 2 Assas) et du diplôme d'études supérieures comptables et financières. Il est membre de l'Ordre des administrateurs agréés du Québec et de l'Association des *Certified Fraud Examiners*.

Avant de se joindre à HEC Montréal, il était maître de conférences à l'Université Paris 1 Sorbonne.

Annie Lecompte, Ph. D., CPA auditrice, CFE, CFF

Possédant une expertise en prévention et détection de la fraude, éthique et gouvernance, elle s'intéresse particulièrement aux enjeux éthiques liés au domaine comptable. Professeure en éthique des affaires et en certification, elle contribue également à la vulgarisation de ces sujets à travers des interventions médiatiques. Forte d'une carrière de près de 20 ans en audit, incluant une expérience significative dans le secteur public, elle met à profit ses connaissances pour enrichir la pratique et la réflexion dans ces domaines.

Myriam Levesque, MBA, CPA, CFF

Myriam Levesque est associée chez Quantum Juricomptable inc. Elle est comptable professionnelle agréée (CPA) et spécialisée en juricomptabilité (Certified in Financial Forensics).

Elle possède plus de vingt années d'expérience, dont la majorité au sein de projets spéciaux en enquêtes, quantification de dommages dans le cadre de litiges ou de réclamations d'assurance, gestion des risques et comptabilité complexe.

Au cours de sa carrière, elle a réalisé divers types d'enquêtes en lien avec des actes répréhensibles, par exemple en lien avec des détournements de fonds, de la gestion contractuelle ou d'autres soupçons d'irrégularités. Par ses recommandations, elle a notamment contribué à améliorer les processus administratifs et la gouvernance de ses clients.

Elle a également animé de nombreuses formations et conférences portant notamment sur la prévention et la détection de la fraude, la norme ISO 37001 « Système de management anti-corruption » et les lignes de signalement des actes répréhensibles. De plus, elle a contribué à des publications en lien avec la gestion du risque de fraude.

Esther Léa Ledoux, CFE, DESS, M. Sc., Green Belt Lean Six Sigma

Après des études en finances, Esther Léa consolide son expérience en audit interne, contrôle de gestion et conformité dans de grands groupes comme Technomatix et General Electric, pour lesquels elle a travaillé en Europe (France, Hongrie, Espagne) et en Inde.

Après l'obtention de son Master en Sciences du Management, option Contrôle de Gestion et Systèmes d'Information, Esther Léa Ledoux immigre au Canada en 2009.

Forte de plus de 15 ans d'expérience, elle a exercé sa profession dans le développement international au sein de l'Unité de santé internationale (USI-UdeM) et pour Oxfam Québec, et elle a été gestionnaire principale finance et conformité au sein de Mission inclusion pour gérer les fonds des bailleurs, comme Affaires mondiales Canada, la Coalition Humanitaire et le MRIF (Ministère des Relations internationales et de la Francophonie) pour divers projets en Afrique, en Asie et dans les Caraïbes.

Passionnée par la lutte contre la fraude, la corruption, elle décide de s'inscrire à l'ESG UQAM afin de consolider ses connaissances avec le programme court de deuxième cycle sur la prévention et la détection de la fraude comptable; puis en obtenant un DESS en prévention et détection de la fraude comptable.

Esther Léa est actuellement conseillère risques spécialisés en sécurité au sein du Mouvement Desjardins. Elle est titulaire de la ceinture verte en Lean-Six Sigma et détient la prestigieuse certification CFE (Certified Fraud Examiner) de l'Association Certified Fraud Examiner (ACFE).

Elle publie en 2024, avec sa directrice de recherche Nadia Smaili, un article s'intitulant *Cryptocurrency Frauds : the FTX story* au *Journal of Financial Crime*–JFC-01-2024-0022.R2 (https://www.emerald.com/insight/1359-0790.htm).

Nancy Trépanier, CPA auditrice, CFF

Elle se passionne pour la juricomptabilité et fait carrière en enquête financière depuis plus de 14 ans. Possédant le titre de spécialisation en juricomptabilité Certified in Financial Forensics (CFF), en plus du titre de comptable professionnelle agréée (CPA) auditrice, elle occupe depuis 2020 un poste de juricomptable au sein du gouvernement du Québec. Titulaire d'un diplôme d'études supérieures spécialisées en comptabilité publique, elle a amorcé sa carrière en certification financière avant de développer son expertise en juricomptabilité. Elle a participé à plusieurs missions de juricomptabilité dans des contextes de litiges civils, d'enquêtes déontologiques et criminelles, au sein de cabinets comptables. Son parcours professionnel dans la fonction publique l'a amenée à être responsable d'enquêtes financières dans des contextes de droit administratif et pénal.

Depuis 2020, elle a la charge de la réalisation des missions de juricomptabilité pour des organismes d'application de la loi. Celles-ci l'amènent à rédiger des rapports d'analyses juricomptables qui peuvent être déposés comme preuve d'expert dans le cadre d'enquêtes criminelles, notamment en matière de fraude et d'abus de confiance. Elle a également développé et animé de nombreuses séances de formation sur la juricomptabilité auprès des enquêteurs des corps policiers et de l'administration publique québécoise.

Animée par le désir de transmettre son expertise et de faire découvrir la juricomptabilité, elle intervient régulièrement dans des cours universitaires et des événements pour des étudiants en comptabilité en tant qu'experte invitée. Elle contribue à cet ouvrage, estimant que cette diffusion de connaissances sera bénéfique aux nouvelles générations de juricomptables.

Alain Messi Enguene, M. Sc., EMBA

Alain Messi Enguene est actuellement étudiant au doctorat en sciences comptables à l'Université du Québec à Montréal (UQAM).

Il est titulaire d'un MBA pour cadres décerné par l'École des sciences de la gestion (ESG) de l'UQAM et d'une maîtrise en sciences comptables (ESG-UQAM). Il est également titulaire d'un Master II recherche en Management des Organisations de l'Institut d'Administration des Entreprises (IAE) de Bordeaux (Université Montesquieu Bordeaux IV).

Ses intérêts de recherche concernent la profession d'audit, la fraude et la corruption, ainsi que la gouvernance d'entreprise. Il partage son temps libre entre la lecture, le cinéma, le football et la course à pied. Il a participé à plusieurs demi-marathons dans les dernières années.

Jean-Louis Navarro

Jean-Louis Navarro a une double formation en expertise-comptable et en droit. Il est enseignant-chercheur depuis plus de 20 ans à la Faculté de droit de l'Université Lumière Lyon 2 (France). Il est spécialisé en droit comptable, en droit des sociétés et en gouvernement d'entreprise et éthique des affaires. Dans ces domaines, il est l'auteur de très nombreux travaux, en particulier l'écriture ou la coécriture de 13 ouvrages. Il dirige également le Master en droit des affaires comparé en collaboration avec l'Université de Montréal.

Rajendra Shroff

Rajendra (Raj) est directeur de la recherche en IA appliquée chez Blu Artificial Intelligence, une société de conseil spécialisée dans la stratégie en IA, les projets et la formation des cadres dirigeants. Il est également un conférencier public sur des sujets tels que l'IA, les technologies émergentes et le futur du travail.

Raj est chargé de cours invité dans des universités internationales, notamment à l'Université des Sciences et Technologies de Hong Kong (HKUST) et à l'Institut de Technologie d'Asie en Thaïlande, où il donne des cours axés sur l'IA et les mégadonnées (*Big Data*) pour les programmes EMBA,

Masters et les étudiants de premier cycle. Il anime également des cours et des séminaires pour des associations professionnelles et pour O'Reilly Media, une entreprise américaine de formation.

Raj a précédemment travaillé chez AXA, une multinationale française de l'assurance, où il a occupé divers postes en gestion de projets et en finance. Il est titulaire d'un B. Sc. en gestion de la London School of Economics et d'un MBA de l'Université de Hong Kong.

[illegible]

Préface

Les cas répétitifs de fraudes et le besoin de quantifier leurs dommages soulignent l'importance croissante de la juricomptabilité. Face à la multiplication des conflits, des litiges et des crimes financiers, la demande pour cette expertise ne cesse d'augmenter dans tous les secteurs d'activités. Les enquêtes juricomptables jouent désormais un rôle clé non seulement dans le monde des affaires, mais également dans les sphères politique et gouvernementale. Le rôle des juricomptables est de plus en plus reconnu dans la résolution de conflits et dans la détection et la prévention des fraudes. Ils sont souvent sollicités en urgence et doivent non seulement se concentrer sur leur mandat, mais aussi rassurer et gérer les émotions des clients. Leur expertise va bien au-delà de la maîtrise de la comptabilité et du droit. Des compétences en communication, en analyse et en gestion de crises sont indispensables.

La juricomptabilité est un domaine d'étude et de pratique fascinant. Elle englobe des connaissances en comptabilité, en finance, en droit, en criminologie, en analyse de données, en technologies d'informations, en psychologie et en communication. Les juricomptables disposent de plusieurs méthodes et outils pour mener à bien un mandat de juricomptabilité, tout en faisant preuve de pensée critique, d'objectivité et d'intégrité. Les domaines d'intervention des juricomptables sont aussi très vastes, allant de la détection des fraudes, à l'évaluation des actifs ou encore agir en tant que témoin expert devant les tribunaux.

La demande en juricomptabilité est en forte croissante pour plusieurs raisons. Les crises, les pressions financières, les transformations organisationnelles – comme celles observées durant la COVID-19 – favorisent l'émergence de nouveaux risques. Parallèlement, l'essor des technologies et la sophistication des schémas de fraude facilitent la commission de fraudes et de crimes financiers. L'expansion de facilitateurs de fraudes et de crimes, comme les avancées technologiques, la sophistication et la complexité des transactions et des structures amplifient les actes frauduleux et criminels.

Pourtant, la juricomptabilité demeure méconnue du grand public. Plusieurs personnes, tels que les avocats, les tribunaux, les conseils d'administration, les auditeurs, les dirigeants et propriétaires d'entreprises ont beaucoup à apprendre sur cette discipline et ses contributions. Dans cet ouvrage, nous tenterons de démystifier son rôle dans la société et dévoiler ses apports : Quelles sont les missions exactes du juricomptable ? Dans quels domaines intervient-il ? Qui peut exercer cette profession ? Quelle méthodologie applique-t-il pour mener à bien ses enquêtes ? Quels sont les responsabilités et les risques liés à son métier ? Est-ce qu'un auditeur peut exercer le métier de juricomptable ? Est-ce que les services en juricomptabilité dans le secteur public sont différents de ceux offerts dans les cabinets comptables ? Qu'est-ce que la juricomptabilité au Canada, aux États-Unis et en France ? À quels enjeux éthiques fait face un juricomptable ? À qui est-il redevable, au juge, le public ou au client ? Quel est l'avenir de la juricomptabilité ? Voici quelques questions que nous proposons de discuter dans cet ouvrage avec une équipe d'experts diversifiés provenant de divers secteurs.

Démystifier la juricomptabilité est un ouvrage collectif réunissant une équipe diversifiée d'académiques et de professionnels issus de divers horizons (droit, finance, comptabilité et TI) et provenant du Canada, des États-Unis, d'Asie et de France, qui mettent à profit leur riche expérience.

Cet ouvrage collectif met en lumière le rôle central de la juricomptabilité dans la lutte contre les crimes financiers. Nous discutons des compétences et des connaissances requises pour mener à bien un mandat de juricomptabilité, en détaillant les étapes d'enquête, les méthodes, les techniques, les stratégies et les processus de réflexion propres à la profession. De plus, nous abordons les normes professionnelles de pratique, l'éthique et l'influence de l'intelligence artificielle sur la pratique juricomptable.

La section 1 discute du rôle de la juricomptabilité et présente les compétences spécifiques aux juricomptables. La section 2 examine l'importance de la juricomptabilité dans la lutte contre les crimes financiers. La section 3 analyse la juricomptabilité à l'international. Enfin la section 4 discute des opportunités et défis de la discipline.

La première partie du livre est consacré à la définition du métier de juricomptable. Dans cette perspective, le premier chapitre de l'ouvrage collectif introduit le lecteur à la juricomptabilité et à ses domaines de spécialisation (Nadia Smaili et Jonathan Allard). Ce chapitre montre que la juricomptabilité va au-delà de la compréhension des chiffres et de la comptabilité et requiert de multiples connaissances. Les auteurs montrent que la juricomptabilité est une pratique assez complexe qui doit être démystifiée. Ils dressent aussi un portrait de compétences que devrait avoir un professionnel pour mener à bien un mandat en juricomptabilité.

Dans le second chapitre, Alain Messi montre que ces compétences vont au-delà des compétences requises pour un auditeur. Il définit la différence entre les métiers d'auditeurs et de juricomptables et précise ainsi le rôle et les objectifs de ces derniers.

Le troisième chapitre explore le rôle de la juricomptabilité au sein de la fonction publique. Nancy Trépanier y présente les spécificités de cette pratique dans le secteur public, en mettant en lumière les différences fondamentales avec le secteur privé. Elle explique en quoi le travail de juricomptable dans les institutions gouvernementales répond à des enjeux particuliers.

La seconde partie de l'ouvrage se concentre sur le rôle des juricomptables dans la lutte contre la fraude et la corruption. Dans le chapitre 4, Nadia Smaili discute des moyens de lutte contre la fraude financière dont dispose le juricomptable. Julien Le Maux, dans le chapitre 5, rappelle que les crimes à col blanc ont un caractère répétitif et appelle à bâtir une mémoire organisationnelle pour mieux appréhender les risques de fraudes futurs. Le chapitre 6 est consacré au processus d'enquête juricomptable. Myriam Levesque et Nadia Smaili expliquent de manière détaillée les spécificités de cette procédure. Le chapitre 7 est consacré au rôle du juricomptable dans la lutte contre la corruption. Marc Tassé y expose aussi les lois anti-corruption au Canada, aux États-Unis et en France. Le chapitre 8 examine le rôle de l'IA dans la détection des fraudes. Fabrice Fischer et Rajendra Shroff ont pour objectif de familiariser les juricomptables avec les plus récentes avancées technologiques. La seconde partie se termine avec un chapitre consacré aux fraudes liées aux cryptomonnaies. Esther Ledoux explique les schémas de fraude et les moyens de les prévenir en se basant sur l'analyse du cas FTX.

La troisième partie de l'ouvrage traite de la juricomptabilité dans un cadre international. Dans le chapitre 10, Kari Day traite de l'histoire de la juricomptabilité aux États-Unis, de ses débuts jusqu'aux problématiques actuelles. Dans le chapitre suivant, Lynda Boisvert et Ryna Ferlatte analysent le rôle du juricomptable dans le cadre d'enquêtes de fraude et de corruption dans un cadre international. Dans le dernier chapitre de cette partie, Jean Louis Navarro discute du déclin de la force informationnelle de la comptabilité et du rôle de l'expert-comptable dans le contexte français.

La quatrième partie de l'ouvrage porte sur les enjeux actuels et les perspectives relatives à l'exercice de la profession de juricomptable. Dans le chapitre 12, Audrey De Rancourt et Annie Lecompte mettent en avant la question de l'éthique personnelle comme principal atout des juricomptables. Elles exposent les dilemmes éthiques rencontrés par les juricomptables. Enfin, dans le chapitre conclusif, Nadia Smaili, Jonathan Allard et Julien Le maux proposent des avenues de recherche sur la profession et discutent du futur de la profession.

L'ouvrage collectif a donc été conçu pour permettre au lecteur de s'initier à la pratique juricomptable tout en consolidant des connaissances déjà acquises. Il s'adresse particulièrement aux universitaires qui veulent développer des cours et des programmes sur le sujet et aux étudiants qui souhaitent accéder à la profession de juricomptable ou simplement curieux d'en apprendre sur cette profession. Les différents chapitres de cet ouvrage sont utiles pour les enseignants et les professeurs impliqués dans des programmes en juricomptabilité, en lutte contre la fraude, en comptabilité, en finance, en droit et en criminologie. Il est aussi conçu pour les professionnels et les acteurs engagés dans la lutte contre les crimes financiers.

L'ouvrage couvre plusieurs thématiques essentielles à la juricomptabilité, incluant notamment l'éthique, la responsabilité, les processus d'enquête, et l'utilisation de l'IA. Il permet au lecteur de parcourir certains chapitres en fonction de ses besoins, que ce soit pour se préparer à la pratique ou pour se familiariser avec les concepts clés en vue de la préparation aux désignations professionnelles.

Nous espérons que ce livre éveillera votre intérêt pour cette discipline unique et vous encouragera à approfondir vos connaissances.

Nadia Smaili

Chapitre 1

Au-delà des chiffres : la juricomptabilité

Nadia Smaili
Jonathan Allard

Objectif du chapitre

L'objectif de ce premier chapitre d'ouvrage est de définir le champ de la juricomptabilité. Ce chapitre présente également les compétences nécessaires pour mener à bien un mandat de juricomptabilité. Cette analyse nous permet d'explorer la juricomptabilité en tant que profession qui se distingue de la comptabilité, de l'audit, et qui va au-delà de l'examen des chiffres.

1. Introduction

La juricomptabilité est un terme d'origine québécoise, apparu dans les années 80, pour désigner « *investigative and forensic accounting* » en anglais. Le terme anglais « *Forensic accounting* » a été introduit par Maurice Peloubet, comptable, en 1946, dans son article « *Forensic Accounting : Its Place in Today's Economy*[1] ». La juricomptabilité a depuis connu une évolution importante, surtout aux États-Unis. Tout d'abord, le Federal Bureau of Investigation (FBI) a joué un rôle important dans l'évolution de la profession en engageant dans les années soixante un important nombre de comptables pour lutter contre les crimes (Crain *et al.*, 2019). Au Canada, la juricomptabilité s'est professionnalisée lorsque l'Institut

1. Pour plus d'informations, se référer à l'article publié par *CPA Journal* en 2020 sur l'apport de Maurice Peloubet à la comptabilité et la juricomptabilité; https://www.cpajournal.com/2020/11/23/maurice-e-peloubet/

canadien des comptables agréés a mis sur pied un groupe d'intérêt, lequel a publié en 1995 le *Guide juricomptable – Introduction à la juricomptabilité* (McInnis *et al.*, 1995). La création de l'Alliance pour l'excellence en juricomptabilité a suivi en 1998 dans le but de mettre sur pied un programme d'agrément de spécialistes pour les comptables qui travaillaient dans ce domaine (ICCA, 2006). Puis, les scandales financiers et l'arrivée de Sarbanes-Oxley dans le tableau de l'économie américaine ont accéléré l'expansion de la pratique juricomptable.

La juricomptabilité est surtout connue par la mobilisation et l'utilisation des sciences comptables dans le but de résoudre ou d'aider à résoudre un problème juridique. Mais la pratique juricomptable a évolué et est devenue très diversifiée. Les juricomptables interviennent dans plusieurs types d'enquêtes (ex. : fraude, corruption). Ils apportent un soutien important aux litiges en fournissant un avis d'expert, en effectuant des analyses et en aidant à évaluer la valeur (Crain *et al.*, 2019). Récemment, la pratique a évolué en devenant une profession proactive (Crain *et al.*, 2019) et en se focalisant sur la prévention de problèmes litigieux. Les juricomptables apportent ainsi leur aide en matière de gestion des risques et de prévention de la fraude.

De nos jours, il existe des services de juricomptabilité dans des cabinets d'experts-comptables, des organismes gouvernementaux, des assureurs, des institutions financières et entreprises privées et dans des cabinets spécialisés se consacrant exclusivement à la juricomptabilité. Il existe des professionnels juricomptables dans différentes structures organisationnelles, et ces derniers interagissent très souvent avec les avocats. D'ailleurs, plusieurs professionnels et organisations ont recours aux services d'un juricomptable, notamment les tribunaux, les avocats, les autorités policières, les assureurs, les institutions financières, les gouvernements, les organismes publics et privés, etc.

2. La juricomptabilité : définition et objectifs

La juricomptabilité est une profession multidisciplinaire, ce qui complexifie toute tentative de définition. Elle est une spécialité à plusieurs branches et à vaste application. D'ailleurs, dans la plupart des cas, elle est définie par les compétences requises plutôt que par la définition du travail requis. Cette approche basée sur les compétences est d'ailleurs utilisée par les ordres comptables et les normes en juricomptabilité au Canada et aux États-Unis. Selon les normes d'exercices des missions de juricomptabilité (ICCA, 2006), les missions de juricomptabilité exigent des compétences particulières qui vont au-delà des compétences professionnelles en comptabilité.

Tout d'abord, il faut souligner que la juricomptabilité est une expertise comptable qui intervient dans un contexte et un environnement judiciarisé. Cette branche de la comptabilité comprend l'évaluation des préjudices en contexte de litiges et les enquêtes financières. Contrairement à la comptabilité, qui permet la préparation des états financiers et des données destinées aux différentes parties prenantes, et essentielle à leur prise de décision, la juricomptabilité s'intéresse à tout service comptable rendu dans un contexte judiciarisé ou susceptible de le devenir, que ce soit en matière civile, pénale ou criminelle.

Elle est ainsi une branche de la comptabilité qui intervient lors de litiges et de conflits, entre deux ou plusieurs parties. Elle porte sur des différends réels ou prévus, d'allégations de fraude, d'une situation de risque ou d'autres actes répréhensibles illégaux ou contraires à l'éthique (ICCA, 2006). Cette expertise intervient à différents moments, en prévention de litige, en cours de litige et même après. Elle apporte une ressource importante à la résolution des conflits sous forme de preuves, de moyens de prévention ou de la quantification des dommages dans des situations aussi diverses qu'un conflit entre propriétaires ou actionnaires, une séparation, une réclamation des dommages ou des soupçons de malversations.

Le champ de la juricomptabilité est vaste, d'où sa difficulté à la définir et à clarifier ses frontières dans la pratique. Les normes en juricomptabilité et les praticiens juricomptables définissent souvent la juricomptabilité par les compétences requises permettant de mener un mandat de juricomptabilité.

Il n'existe pas de définition unique de la juricomptabilité dans la littérature. Certains proposent une définition étroite, d'autres une définition plus large. La plupart des études se concentrent sur la portée étroite de la juricomptabilité, c'est-à-dire les questions d'enquête et de détection des fraudes (Alshurafat, 2022; Howieson, 2018). D'ailleurs, Bologna et Lindquist (1995, p. 47) définissent la juricomptabilité comme l'application de compétences financières et d'un esprit d'enquête sur des problèmes non résolus, menée au sein d'un contexte de recherche de preuve. En tant que discipline, elle englobe une expertise financière, une connaissance de la fraude et une bonne connaissance et une compréhension de la réalité des affaires et du fonctionnement du système juridique. Imoniana et Silva (2013, p. 175) ont illustré que « la juricomptabilité initie l'exercice de la prévention des incendies ».

D'autres définitions soulignent que la juricomptabilité est la mobilisation de compétences spécifiques autres que comptables pour assister un client dans des situations de conflits. Il en ressort surtout que l'on demande les services de juricomptables plus souvent à la suite d'une crise ou d'une fraude (autant en mode de gestion de crise que de prévention de crise).

3. Juricomptabilité versus autres professions

La comptabilité fournit les données comptables et financières nécessaires à la prise de décisions aux différentes parties prenantes d'une organisation, notamment les propriétaires-actionnaires. L'audit permet de valider ces données et offre une certaine assurance quant à la qualité de l'information comptable. Le juricomptable intervient généralement dans des situations où il y a déjà eu un événement négatif et néfaste (comme la fraude). Il intervient ainsi pour comprendre le comment et le pourquoi de cet événement, mais également pour pouvoir évaluer ses répercussions. Il vient répondre à une ou plusieurs questions à la suite d'un problème. La juricomptabilité identifie et collecte des informations, principalement comptables et financières, pour valider ou réfuter une hypothèse face à un problème. L'audit identifie les faiblesses de contrôle importantes. Contrairement à la comptabilité et à l'audit, la juricomptabilité se concentre généralement sur un problème ou un événement qui s'est produit. L'audit se concentre sur les risques qui ont une incidence sur une entreprise dans les périodes récentes, actuelles et futures (Crain *et al.*, 2019).

Les objectifs des mandats d'audit et de juricomptabilité sont différents. L'objectif des missions d'audit est d'exprimer une opinion générale d'audit sur la qualité des états financiers. De son côté, l'objectif de la juricomptabilité est plus particulier et se concentre sur un aspect ou un domaine particulier exprimé par les besoins du ou des clients.

De plus, contrairement aux mandats de la comptabilité et de l'audit, la portée de chaque mandat de juricomptabilité est souvent unique, et le travail produit découle de l'événement particulier qui s'est produit. Le juricomptable rédige souvent un rapport portant des conclusions et des recommandations et qui peut être présenté au tribunal. Lorsqu'il témoigne devant un juge en tant que témoin expert, le juricomptable exprime généralement ses conclusions sous forme d'avis d'expert. Le juricomptable, comme l'auditeur, utilise des techniques, examine des preuves et formule des avis (ou jugements) professionnels sur ce qui a été analysé. Les techniques et compétences ne sont pas les mêmes pour un auditeur ou un juricomptable. Les compétences d'un juricomptable et les techniques nécessaires lui permettant de mener à bien un mandat de juricomptabilité dépassent les compétences en comptabilité et en audit et les techniques utilisées par les comptables et auditeurs. Par exemple, un juricomptable devra maîtriser les techniques d'enquête.

4. Compétences, connaissances et responsabilités

La juricomptabilité implique l'application de compétences particulières telles que la comptabilité, les procédures d'audit, la finance, les méthodes quantitatives, la recherche et les enquêtes. Elle implique également la connaissance de certains domaines du droit. Ces connaissances combinées à ces compétences permettent aux juricomptables de recueillir, d'analyser et d'évaluer les éléments de preuve et de les interpréter et de les communiquer.

Selon les normes d'exercices des missions de juricomptabilité (ICCA, 2006), les missions de juricomptabilité exigent : 1) des compétences professionnelles en comptabilité; 2) des compétences en matière d'enquête; 3) un esprit d'investigation.

Le juricomptable a des compétences en comptabilité et dans le processus de production de l'information (identification, organisation et traitement). En d'autres termes, les compétences en comptabilité incluent les compétences de base qu'un comptable devrait avoir, comme une compréhension approfondie de la comptabilisation, du mode de documentation, de communication et de gestion de contrôle de l'organisation. Le juricomptable est en mesure d'identifier, d'obtenir, d'analyser et d'évaluer une information. Il devrait avoir la capacité de documenter, d'interpréter, de présenter et de tirer des conclusions des informations et des analyses effectuées (ICCA, 2006). Il a aussi la capacité de quantifier les répercussions financières d'une opération ou d'un événement réel ou prévu.

Les normes de juricomptabilité précisent aussi les compétences en matière d'investigation que devrait détenir un juricomptable. Tout d'abord, le juricomptable devrait comprendre et analyser le contexte de la mission (politiques et contrats liés à la mission, les lois, etc.), comparer divers types et sources d'informations, valider ces informations et détecter si elles sont fabriquées ou dissimulées. Le juricomptable est en mesure de faire des hypothèses et de constituer un dossier avec des informations susceptibles d'être présentées à titre d'élément de preuve et de présenter les conclusions de son enquête. Finalement, selon les normes, le juricomptable devrait avoir un esprit d'investigation, c'est-à-dire de faire preuve d'un certain degré de scepticisme dans le processus de production et de communication de l'information.

Différentes études antérieures ont suggéré que les juricomptables disposent de caractéristiques et de compétences leur permettant de mener à bien leur mandat de juricomptabilité. Plusieurs suggèrent l'importance de comprendre l'environnement juridique et réglementaire et la comptabilité (DiGabriele, 2008; Howieson, 2018; Van Akkeren et Tarr, 2022). Les juricomptables n'ont pas seulement une connaissance des lois pertinentes, mais ils travaillent étroitement avec les avocats et d'autres professionnels du droit. Ils devraient être en mesure de recueillir des preuves et d'agir en tant que témoins experts dans les procédures judiciaires.

D'autres auteurs insistent sur l'importance d'agir éthiquement (Davis *et al.*, 2010; DiGabriele, 2009). Récemment, Howieson (2018) a mentionné que la résolution de situations complexes auxquelles fait face un juricomptable lors de sa mission nécessite plus qu'une adhésion à des normes techniques, mais qu'il doit faire preuve de sagesse pratique et qu'il doit prendre en considération la dimension éthique.

Ainsi, il apparaît, selon la recherche en juricomptabilité et les normes professionnelles que, compte tenu de la nature particulière de la juricomptabilité, le juricomptable devrait disposer de plusieurs compétences qui vont au-delà de la comptabilité. Ces compétences prendront des pondérations différentes selon le domaine de spécialisation du juricomptable. Par exemple, un juricomptable qui se spécialise dans les enquêtes de fraudes devra disposer d'une expertise en méthodes d'investigation. Par contre, le juricomptable qui se spécialise en évaluation des dommages devra avoir une expertise en évaluation d'entreprise (Crain *et al.*, 2019).

Tout d'abord, les juricomptables sont avant tout des comptables. Une maîtrise de la comptabilité, du processus de production et de validation de l'information comptable et financière est une base importante dans la collecte et l'interprétation des données. Le juricomptable doit avoir des compétences en matière de procédures spécialisées de collecte de preuves. En effet, lorsque le juricomptable témoigne devant un juge en tant que témoin expert, il exprime ses conclusions sous forme d'opinion d'expert. Ces conclusions doivent être fondées sur des preuves, et les preuves doivent être recueillies et interprétées adéquatement. Le juricomptable doit ainsi être compétent dans la collecte et l'interprétation des preuves.

En outre, le juricomptable doit détenir des compétences au-delà de sa maîtrise de la comptabilité et des chiffres en incluant des compétences en droit, dans le domaine des enquêtes et même en psychologie. Ces compétences particulières comprennent la compréhension de la manière de mener une enquête. Par exemple, le juricomptable doit être en mesure d'identifier les schémas de fraudes, de comprendre comment le fraudeur peut cacher sa fraude, de savoir quels types de preuves il doit recueillir, de maintenir la chaîne de traçabilité, de connaître les droits légaux des personnes faisant l'objet d'une enquête et de savoir comment mener des entretiens. D'ailleurs, la criminologie lui permet de mieux comprendre la motivation du fraudeur et l'aide à mieux préciser la recherche des preuves et des informations.

De plus, des connaissances en criminologie sont importantes; elles lui permettent de contextualiser son mandat de juricomptabilité et de cerner les motifs des criminels. Ces connaissances lui permettront par exemple de bien bâtir son interrogatoire et ses entrevues. Des compétences en technologie d'information sont importantes, surtout pour l'analyse des données et la recherche de preuves dans les courriels. Certains logiciels permettent ainsi de guider le juricomptable dans sa recherche, comme l'analyse des réseaux de contacts et de courriels.

Une connaissance des dernières avancées en matière de technologies de l'information est un atout important. Le juricomptable devrait posséder des connaissances en éthique et en communication et d'autres aptitudes lui permettant une flexibilité et une meilleure adaptation à des mandats uniques. En effet, les juricomptables sont généralement confrontés à des tâches et à des situations nouvelles, et ils doivent travailler avec d'autres types de professionnels que les comptables.

Pour acquérir ces compétences, la plupart de ces comptables cherchent un titre comptable spécialisé en juricomptabilité, comme le Certified in forensic financial (CFF) délivré par l'AICPA, en plus de leur titre de comptable professionnel agréé. Pour consolider leurs compétences en enquête, ils cherchent aussi le titre Certified Fraud Examiner (CFE). Les juricomptables qui se spécialisent en évaluation des dommages sont plus intéressés par un titre d'évaluation comme le CBV. Domino *et al.* (2017) offrent une discussion intéressante de l'effet des certifications et des titres sur la qualité du travail d'un juricomptable.

Les juricomptables ont aussi une responsabilité. Les juricomptables, en tant que comptables, sont assujettis au *Code de déontologie des comptables professionnels agréés*. Ils ont ainsi un devoir d'intégrité, d'objectivité et de conformité aux normes. Des sanctions peuvent ainsi être imposées par l'ordre professionnel pour tout juricomptable qui enfreindrait les règles.

5. Domaines de spécialisation de la juricomptabilité

La juricomptabilité comprend quelques domaines de spécialisation qui requièrent des compétences similaires, mais des techniques et des démarches différentes. Les deux principaux domaines sont l'enquête financière et l'évaluation des dommages. Le juricomptable peut aussi offrir plusieurs autres services de juricomptabilité, dont celui d'être témoin à la cour, d'assurer la conformité réglementaire en matière de corruption ou de blanchiment d'argent et d'agir dans des mandats de prévention d'actes répréhensibles de nature financière. Dans la pratique, il est très courant qu'un juricomptable se spécialise dans l'un des deux principaux domaines, à savoir l'enquête et l'évaluation des dommages.

Enquête

À la différence du professionnel de l'audit proprement dit, le juricomptable a un rôle d'enquêteur et fait donc preuve de plus de méfiance (scepticisme) en vérifiant l'information et en décelant si cette dernière est biaisée ou dissimulée. La juricomptabilité apparaît alors comme une analyse comptable permettant de cerner la source du problème. Ce domaine de la juricomptabilité comprend souvent une enquête liée à des activités criminelles telles que le détournement de fonds, la fraude aux assurances, les commissions secrètes, le blanchiment d'argent, etc.

Les juricomptables peuvent enquêter sur plusieurs types de problèmes. Le plus fréquent est la fraude de nature financière. Le juricomptable enquête sur un soupçon d'acte répréhensible de nature financière, comme les fraudes, dans le but de faire la lumière sur les allégations, d'identifier les responsables, de congédier les coupables, de récupérer les sommes détournées, d'obtenir une condamnation criminelle ou de recueillir des preuves qui peuvent être présentées à la cour.

D'autres enquêtes en juricomptabilité portent sur la corruption, le blanchiment d'argent, les divorces, la recherche des sources de fonds en ce qui a trait au terrorisme, etc. D'ailleurs, l'article de DiGabriele *et al.* (2020) offre une panoplie de domaines d'enquête autres que ceux en matière de fraude et qui requièrent l'expertise d'un juricomptable.

Évaluation des dommages

La quantification des dommages est souvent liée aux services offerts par un juricomptable afin d'assister ses clients en matière de litiges. L'assistance en matière de litiges financiers dans les poursuites civiles consiste le plus souvent à quantifier les préjudices pécuniaires subis à la suite du conflit.

Le juricomptable fournit une assistance dans le cadre de procédures judiciaires ou réglementaires en cours ou imminentes dans le cadre de la résolution de litiges entre diverses parties. Il est souvent engagé par un avocat pour évaluer des actifs, des préjudices ou pour fournir un avis d'expert.

Tout comme en contexte d'enquête, le juricomptable qui évalue des préjudices financiers fera preuve d'un scepticisme professionnel accru en raison du biais potentiel des données qui lui seront fournies. Contrairement à l'enquête, où l'objectif est généralement de faire la lumière sur une situation passée, l'évaluation des dommages fait appel à la créativité du juricomptable pour modéliser l'impact financier d'une situation qui ne s'est pas produite, laquelle est la source du litige.

Autres domaines

En plus de ces principaux domaines, le juricomptable est souvent appelé à témoigner en tant que témoin expert et à agir en tant que consultant lié à la prévention de risques de fraudes et autres actes répréhensibles.

Compte tenu de leur expertise en détection de fraudes financières, les juricomptables sont amenés à mettre en place des programmes de prévention des fraudes. De plus, ils sont outillés pour fournir des recommandations et pour offrir des formations sur la prévention et la détection des fraudes. En outre, le juricomptable peut intervenir en tant que consultant dans plusieurs autres domaines, comme la résolution de conflits internes à une organisation, entre filiales ou services, en matière de successions, faillites et fusions et acquisitions, ainsi qu'en ce qui concerne la conformité réglementaire. Enfin, le juricomptable peut également agir comme arbitre pour la résolution de litiges financiers.

Conclusion

Le but de ce chapitre est d'introduire le lecteur à la juricomptabilité et à ses domaines de spécialisation. La juricomptabilité est une spécialité de la comptabilité qui évolue et qui comporte plusieurs domaines de spécialisation. Elle est multidisciplinaire et exige un ensemble de compétences pour le juricomptable, lui permettant de faire face à des mandats uniques. Ce chapitre montre que la juricomptabilité va au-delà de la compréhension des chiffres et de la comptabilité et qu'elle requiert de multiples connaissances. La juricomptabilité est une pratique complexe qui doit être démystifiée.

Références

Alshurafat, H. (2022). Forensic accounting as a profession in Australia ? A sociological perspective. *Meditari Accountancy Research, 30*(2), 395-423.

Bologna, J. et Lindquist, R. J. (1995). *Fraud Auditing and Forensic Accounting : new Tools and Techniques.* John Wiley and Sons Inc.

Crain, M. A., Hopwood, W. S., Gendler, R. S., Young, G. R. et Pacini, C. (2019). *Essentials of Forensic Accounting, AICPA* (2e éd.). Wiley.

Davis, C., Farrell, R. et Ogilby, S. (2010). *Characteristics and skills of the forensic accountant.* AICPA. http://thefraudgroupllc.com/tools/library/documents/forensic.pdf

DiGabriele, J. A. (2008). An empirical investigation of the relevant skills of forensic accountants. *Journal of Education for Business*, *83*(6), 331-338. https://doi.org/10.3200/JOEB.83.6.331-338

DiGabriele, J. A. (2009). Implications of regulatory prescriptions and audit standards on the evolution of forensic accounting in the audit process. *Journal of Applied Accounting Research*, *10*(2), 109-121.

DiGabriele, J. A., Heitger, L. E. et Riley, R. D. (2020). A Synthesis of Non-Fraud Forensic Accounting Research. *Journal of Forensic Accounting Research*, *5*(1), 257–277. https://doi.org/10.2308/JFAR-19-034

Domino, M. A., Giordano, G. et Webinger, M. (2017). An investigation of the factors that impact the perceived value of forensic accounting certifications. *Journal of Forensic and Investigative Accounting*, *9*(1), 637-653.

Howieson, B. (2018). What is the 'good' forensic accountant ? A virtue ethics perspective. *Pacific Accounting Review*, *30*(2), 155-167. https://cpaquebec.ca/fr/lordre/gouvernance-et-comites/comites/conseil-de-discipline/

Imoniana, J. O. et Silva, R. M. (2013). Revisiting the concepts of forensic accounting and corporate fraud. International Journal of Auditing Technology, *1*(2), 175-202. https://www.latribune.fr/entreprises-finance/banques-finance/industrie-financiere/crypto-les-regulateurs-americains-partent-en-guerre-contre-les-entreprises-du-secteur-957442.html

Institut Canadien des Comptables Agréés (ICCA). (2006). *Normes d'exercice des missions de juricomptabilité.*

McInnis, G. B., Crane, D. M., Gottschalk, I. et Wise, R. M. (1995). *Guide Juricomptable – Introduction à la juricomptabilité.* L'Institut canadien des comptables agréés.

Van Akkeren, J. K. et Tarr, J. A. (2022). The application of experiential learning for forensic accounting students : the Mock trial. *Accounting Education*, *31*(1), 39–66.

Chapitre 2

Juricomptabilité : rôles et objectifs

Alain Messi Enguene

Objectif du chapitre

Le rôle et les fonctions qu'exercent les juricomptables restent assez méconnus du grand public et même de certains professionnels du domaine financier, comparativement à leurs collègues auditeurs et comptables dont le travail est plus célèbre. De manière générale, on assimile les juricomptables à des experts qui mènent des enquêtes en matière de fraudes. Par exemple, CPA Canada indique sur son site Internet que « la juricomptabilité, qui comprend la comptabilité judiciaire et la comptabilité d'enquête, permet d'investiguer sur les cas de fraude, de manipulation financière et de blanchiment d'argent[1] » (CPA Canada, s. d.) Même si la détection de la fraude fait partie des responsabilités des juricomptables, la juricomptabilité couvre des sujets beaucoup plus variés. Que signifie juricomptabilité ? Quelle est son origine ? Quelles missions le juricomptable remplit-il ? De quelle manière le juricomptable se distingue-t-il de l'auditeur ? Ces différentes questions seront développées au cours des prochaines lignes.

1. https://www.cpacanada.ca/fr/ressources-en-comptabilite-et-en-affaires/juricomptabilite – consulté le 21-09-2024

1. Définition de la juricomptabilité

On trouve dans la littérature comptable et financière de nombreuses définitions de la juricomptabilité, dont le synonyme en anglais est *Forensic Accountants*. Les juricomptables vont donc souvent être des personnes qui portent en premier lieu la casquette de comptables.

L'Institut canadien des comptables agréés (ICCA), l'un des ancêtres de CPA Canada, expose que « la juricomptabilité peut être définie comme l'application de compétences financières et d'un esprit d'investigation à l'examen de questions non résolues, compte tenu des règles de preuve applicables » (ICCA, 1995, p. 1).

Cette définition assez large a le mérite de ne pas mentionner les enquêtes sur la fraude et de mettre l'accent sur les capacités qui sont requises du juricomptable, notamment des compétences en investigation.

De son côté, la définition suggérée par Crumbley *et al.* (2007) met le doigt sur une compétence centrale des juricomptables, à savoir celle d'agir dans les affaires qui sont portées devant la justice : « *Forensic accounting is the action of identifying, recording, settling, extracting, sorting, reporting and verifying past financial data or other accounting activities for settling current or prospective legal disputes or using such past financial data for projecting future financial data to settle legal dispute* »[2] (Crumbley *et al.*, 2007, chapitre 1, page 5).

Le litige représente ainsi une part importante du métier du juricomptable :

« *By definition, forensic work is affected by the legal system. In performing litigation services, forensic accountants assist in the legal and dispute resolution processes. Therefore the forensic accountant is familiar with the court systems, applicable federal and state rules of procedure, and rules of evidence.*

2. Traduction libre : « La juricomptabilité est l'action d'identifier, d'enregistrer, de régler, d'extraire, de trier, de rapporter et de vérifier des données financières passées ou d'autres activités comptables pour régler des litiges juridiques actuels ou futurs, ou d'utiliser ces données financières passées pour projeter des données financières futures en vue de régler des litiges juridiques. »

The forensic accountant often needs a basic understanding of various types of common-law and financial crimes such as conspiracy, money laundering and embezzlement»[3] *(Crain et al.,2015, p.8).*

En ce sens, les juricomptables agissent régulièrement en court comme témoin-expert. Non seulement le rapport émis par le juricomptable au terme de ses travaux d'enquête peut servir de preuve en justice, mais aussi lui-même est souvent appelé à témoigner à la cour afin de commenter un dossier, éclairer le juge ou le jury sur des questions très techniques et répondre aux questions des avocats.

2. Origines de la juricomptabilité

Les racines de la juricomptabilité sont presque millénaires, selon de nombreux auteurs. Par exemple, il y a plus de 10 000 ans, les prêtres dans le temple de Jéricho tenaient un inventaire de l'ensemble des troupeaux et veillaient à compter la récolte des céréales dans les villages (Crumbley *et al.*, 2007). De plus, plus de 3 000 ans avant Jésus-Christ, les scribes jouaient le rôle des premiers comptables en ayant la charge de tenir des registres au sujet de la richesse détenue. C'était le cas notamment dans l'Égypte ancienne au sein de laquelle les scribes devaient rendre compte au pharaon des récoltes de blés et des réserves d'or (Crumbley *et al.*, 2007). Afin de prévenir et de détecter la fraude, les scribes, qui étaient adeptes de la recherche de la vérité, pouvaient parfois user de techniques d'interrogation assez rudes et même parfois de la torture (Crain *et al.*, 2019).

En Amérique du Nord, la juricomptabilité puise ses origines dans l'affaire *Meyer vs. Sefton was inter alia* qui a vu un comptable témoigner pour la 1re fois en cour en 1817 à titre d'expert (Crain *et al.*, 2019; Crumbley *et al.*, 2007). La nature de la cause était de déterminer la valeur de la succession dans une faillite. À cette époque, les états financiers n'étaient

3. Traduction libre : « Par définition, le travail du juricomptable est influencé par le système juridique. Dans le cadre des services offerts en matière de litiges, les juricomptables interviennent dans les processus juridiques et de résolution des litiges. Ils maîtrisent donc parfaitement les systèmes judiciaires, les règles de procédure fédérales et étatiques applicables, ainsi que les règles de preuve. Ils doivent souvent posséder des connaissances de base sur divers types de délits de common law et de criminalité financière, tels que la conspiration, le blanchiment d'argent et le détournement de fonds. »

pas encore vérifiés par des auditeurs externes. Les tribunaux étaient les seuls endroits pour trancher les litiges. Des experts étaient ainsi invités à témoigner pour aider les juges à régler les défis que posaient certaines questions (Crumbley *et al.*, 2007).

Le terme *forensic accountants* lui-même est apparu plus de 100 ans plus tard, lorsqu'un certain Maurice Peloubet, comptable bien connu en son temps, a publié en 1946 un article dont le titre est : « *Forensic accounting – Its Place in Today's Economy* ». Depuis la publication de cet article, la profession de juricomptable a vraiment pris son essor. D'ailleurs, Crain *et al.* (2019) confirment que durant la Seconde Guerre mondiale, le FBI a engagé un nombre important de comptables afin de servir dans les opérations d'espionnage et de contre-espionnage. En 1960, le chef du FBI de l'époque, Edgar Hoover, embaucha une grande quantité de comptables dans sa lutte contre le crime organisé. La demande pour les juricomptables n'a cessé de croître après les scandales financiers des années 1980 et suivantes. La loi Sarbanes-Oxley, adoptée en 2002, dans son objectif de limiter efficacement les fraudes financières, a augmenté significativement cette demande pour les juricomptables.

3. Missions remplies par le juricomptable

Contrairement à l'auditeur dont la mission première est d'augmenter le niveau de confiance dans les états financiers préparés par une entreprise, les missions qui incombent au juricomptable sont nombreuses, diverses et variées. À ce titre, nous n'avons pas la prétention d'en présenter une liste exhaustive.

L'ICCA (1995) a présenté quatre grands thèmes qui rassemblent les missions dévolues aux auditeurs. Il s'agit de :

a) Détermination des préjudices financiers :

   Dans un litige entre plusieurs parties, le juricomptable agit ici afin d'aider l'avocat, par exemple, à déterminer et à quantifier le préjudice subi par l'une ou l'autre partie. Son mandat peut également s'étendre à enquêter sur les actes à l'origine du préjudice subi.

b) Enquêtes criminelles et autres enquêtes :

Les activités criminelles dont on parle ici sont celles liées à la criminalité de cols blancs ou aux crimes économiques. Le mandat du juricomptable dans ce domaine est d'enquêter sur des vols et tous types de fraudes (fraudes aux états financiers, détournements d'actifs, délits informatiques, etc.). Au terme de son enquête, le juricomptable publie un rapport qui informe sur la nature et la conduite du travail effectué, il établit les résultats obtenus et expose les conclusions qui en sont tirées.

c) Évaluation d'entreprises et services connexes dans le cadre de la résolution de différends :

Le juricomptable procède à l'évaluation d'entreprises dans le cadre de litiges civils ou fiscaux. Par exemple, il peut s'agir d'évaluer les parts détenues par un conjoint dans une entreprise en vue d'un partage. Le juricomptable peut également être appelé à déterminer la juste valeur des actions d'une entreprise dans un conflit opposant actionnaires majoritaires et minoritaires.

d) Arbitrage en matière de différends financiers :

Dans le cadre d'un litige, les parties peuvent s'entendre pour faire appel à un arbitre plutôt que d'aller devant les tribunaux. Le juricomptable peut ainsi agir aussi bien comme seul arbitre ou faire partie d'un groupe d'experts appelés à témoigner sur des questions financières.

Nous retrouvons également cet ensemble de missions au sein du découpage offert par l'AICPA. Selon Crumbley *et al.* (2007), en 1986, la juricomptabilité a été scindée en deux grands domaines par l'AICPA : les services d'investigation et les services de support aux litiges. Les services d'investigation sont ceux qui sont offerts par le juricomptable sans aucune implication de litige. C'est le cas, par exemple, lorsque le juricomptable participe aux travaux de mission d'audit. Les services offerts dans le cadre du support aux litiges se partagent au sein des six branches suivantes présentées dans le tableau 1 suivant.

Tableau 1 – Catégorisation des services

Types de services en litige	
Dommages	**Évaluation**
Profits perdus	Pratiques commerciales et professionnelles
Valeur perdue	Pension
Flux de trésorerie perdus	Intangibles
Revenus perdus	Propriété
Coût supplémentaire	
Analyses antitrust	**Consultations générales**
Fixation de prix	Analyses actuarielles
Parts de marché, définition de marché	Analyses statistiques
Prix en dessous du coût	Projections
Ventes à perte et autres discriminations par les prix	Génie industriel
Actions anticoncurrentielles	Analyses de marché
Monopolisation	Conseil en informatique
Comptabilité	**Analyses**
Faillites	Assiettes fiscales
Coûts des contrats et réclamations	Allocations de coût
Industries régulées	Traitement fiscal d'une transaction spécifique
Fraudes (civiles et criminelles)	
Analyses historiques	
Droit de la famille	

Sources : Crumbley *et al.,* 2007, notre traduction

Comme on peut le constater, les juricomptables remplissent un ensemble de missions qui sont au carrefour de plusieurs disciplines. À cet effet, l'AICPA (2006) rappelle que : « Les services de juricomptables impliquent généralement l'application de compétences particulières en matière de comptabilité, d'audit, de finance, de méthodes quantitatives, de certains domaines du droit et de la recherche, ainsi que des compétences d'enquête pour recueillir, analyser et évaluer des éléments de preuve et pour interpréter et communiquer les résultats [...] » (AICPA, 2006, p. 2).

4. Différences entre auditeur et juricomptable

Dans le but d'aider l'auditeur à améliorer sa performance en matière d'identification des risques de fraudes, les autorités de régulation de la profession suggèrent de faire appel au juricomptable, notamment pour les séances de remue-méninges. Il est donc important de souligner la contribution importante que le juricomptable peut apporter. Les travaux menés aussi bien par l'auditeur que le juricomptable comportent certaines similitudes, si l'on tient compte du simple fait que les deux ont recours à des procédures et qu'ils exercent un certain jugement professionnel dans le but de tirer des conclusions (Crain *et al.*, 2019). Toutefois, d'importantes différences affectent également leurs travaux. En lien avec ces différences, nous abordons successivement les responsabilités de chacun, du contexte général dans lequel leur travail se déroule, et enfin des procédures qu'ils mettent en œuvre.

Différences en lien avec leurs objectifs

D'après Chui et Pike (2013), la responsabilité de l'auditeur est de s'assurer que les états financiers de la compagnie, pris dans leur ensemble, donnent une image fidèle de sa situation financière, conformément au référentiel comptable. Le juricomptable, en tant que spécialiste de la fraude, a pour responsabilité première de déterminer si une fraude existe ou non, indépendamment du montant ou de l'ampleur de la fraude. Spécifiquement, il s'agit pour lui de quantifier l'étendue globale de la fraude (si elle existe), de décrire comment elle s'est produite et de suggérer comment une telle fraude pourrait être évitée dans le futur.

Différences en lien avec la manière dont le travail se déroule

D'importantes différences affectent la manière avec laquelle aussi bien l'auditeur que le juricomptable abordent leur travail.

Premièrement, plutôt que d'examiner toutes les transactions, l'auditeur se base sur un échantillon contenant quelques transactions bien ciblées. Il va donc porter une attention particulière à celles qui présentent une possibilité de contenir des anomalies significatives; ce qui confirme bien que l'auditeur ne fait pas attention aux anomalies mineures qui pourraient affecter les comptes de la compagnie. Pour sa part, le mandat du juricomptable vise habituellement l'examen d'un compte ou d'une transaction en particulier pour voir si une fraude existe. Le juricomptable n'a donc pas recours à la technique d'échantillonnage. Par contre, on s'attend à ce qu'il examine en profondeur tous les éléments liés au compte ou à la transaction pour laquelle il a reçu le mandat d'évaluer la fraude. En ce sens, il va s'attarder même sur les anomalies mineures afin de comprendre si elles comportent des indices de fraude (Chui et Pike, 2013).

Deuxièmement, l'auditeur travaille avec le niveau de matérialité, ce qui lui permet d'exercer son jugement en termes de récolte d'éléments probants. Le concept de matérialité n'est pas utilisé en juricomptabilité, étant entendu que la fraude pourrait survenir même lorsque le montant de la transaction qui fait l'objet de soupçon est en dessous d'un certain seuil (Chui et Pike, 2013).

Troisièmement, le temps est une donnée cruciale dans le travail effectué par l'auditeur. En effet, la mission d'audit dispose d'un budget défini à l'avance calqué sur un nombre d'heures imparti au travail à accomplir. En conséquence, l'auditeur a le devoir de traiter ces éléments avec diligence, sous peine de manquer de temps pour couvrir l'ensemble des procédures à accomplir. Le juricomptable, en matière de fraude, ne travaille pas avec une contrainte de budget/temps. Il mène un ensemble de recherches et d'investigations jusqu'à être satisfait de ses conclusions (Chui et Pike, 2013).

Différences en lien avec les procédures mises en œuvre

Dans le cadre des travaux de la mission d'audit, l'auditeur a recours à différentes procédures qui sont requises par les normes d'audit. On peut citer : examiner la documentation, interroger les employés et la direction de la compagnie auditée, procéder à des examens physiques de matériel comme les stocks, revérifier les calculs apparaissant au sein des écritures comptables à l'instar du calcul de la charge d'amortissement, observer comment les contrôles mis en place au sein de la compagnie sont suivis, et effectuer des procédures analytiques telles que le calcul des ratios financiers, par exemple (AICPA, 2006).

Alors que la documentation obtenue par l'auditeur est souvent fournie par la compagnie auditée, le juricomptable mène des recherches au sein d'archives publiques externes à la compagnie, pour trouver des éléments de fraude (AICPA, 2006).

Contrairement à l'auditeur qui fait des demandes d'information auprès des employés de la compagnie auditée, le juricomptable détient une formation en techniques d'entrevues qui lui permet d'obtenir l'information recherchée. Les informations obtenues des entrevues précédentes servent pour cibler de nouvelles personnes clés et pour collecter d'autres informations pertinentes. De plus, il utilise plusieurs sources alternatives d'informations aussi bien internes qu'externes dans le but d'évaluer la pertinence et/ou l'exactitude des informations récoltées (AICPA, 2006).

En dehors de l'examen physique, le juricomptable conduit des procédures afin de s'assurer de l'authenticité des documents qui lui sont fournis, par exemple à travers des analyses en laboratoire ou encore l'utilisation de logiciels permettant de récupérer des données électroniques modifiées ou détruites susceptibles de révéler des éléments compromettants. Il mobilise également des outils statistiques puissants pour tracer des tendances, identifier des incohérences de même que des transactions inhabituelles (AICPA, 2006).

Contrairement à l'auditeur qui va s'occuper d'observer que les procédures et contrôles fonctionnent adéquatement, le juricomptable utilise des techniques de surveillance pour juger de la qualité des contrôles en place (AICPA, 2006).

En fin de compte, alors que l'auditeur doit se référer aux normes d'audit et au cadre comptable dont relève la compagnie, le juricomptable a la latitude d'effectuer toute analyse permettant de détecter une possible fraude (AICPA, 2006). Par exemple, il peut se fier à son expérience en matière de fraude pour décider des moyens d'analyses et d'investigation à mettre en œuvre.

Références

Chui, L. et Pike, B. (2013). Auditors' responsibility for fraud detection : New wine in old bottles? *Journal of Forensic and Investigative Accounting, 5*(1), 204-233.

CPA Canada. (s. d.). *Juricomptabilité.* https://www.cpacanada.ca/fr/ressources-en-comptabilite-et-en-affaires/juricomptabilite

Crain, M. A., Hopwood, W. S., Gendler, R. S., Young, G. R. et Pacini, C. (2019). *Essentials of forensic accounting* (2e éd.). John Wiley & Sons.

Crain, M. A., Hopwood, W. S, Pacini, C. et Young, G. R. (2015). *Essentials of forensic accounting* John Wiley & Sons.

Crumbley, D. L., Heitger, L. E. et Smith, G. S. (2007). *Forensic and investigative accounting* (3e éd.). CCH.

Institut canadien des comptables agréés (ICCA). (1995). *Guide juri-comptable – Introduction à la juricomptabilité.*

Leclerc, G., Charrier, E. et Roy, M. (2012). *Investigation financière et juricomptabilité. Guide des bonnes pratiques.* Éditions Yvon Blais.

The American Institute of Certified Public Accountants (AICPA). (2006). *Forensic procedures and specialists : useful tools and techniques.* AICPA Committees.

Chapitre 3

La juricomptabilité dans la fonction publique

Nancy Trépanier, CPA auditrice, CFF

Objectif du chapitre

L'objectif de ce chapitre est d'analyser le rôle, les responsabilités et les objectifs du juricomptable dans la fonction publique. Ce chapitre examine également la différence entre les services en juricomptabilité dans les cabinets comptables et la fonction publique.

1. Besoin de services en juricomptabilité

Introduction

La juricomptabilité combine à la fois des compétences en comptabilité et en droit. Les entités font appel à l'expertise d'un juricomptable lorsqu'elles ont des préoccupations financières qui entraînent des conséquences juridiques, que ce soit de nature administrative, civile, pénale ou criminelle. Les situations où l'expertise d'un juricomptable est utile sont nombreuses. Les missions de juricomptabilité « portent sur des différends réels ou prévus, ou des situations de risque, de soupçon ou d'allégation de fraude ou d'autres comportements illégaux ou contraires à l'éthique» (ICCA, 2006). La juricomptabilité est souvent requise dans le cadre d'enquêtes, afin d'analyser des éléments financiers et comptables dans des situations de soupçon de fraude, de litiges financiers, de quantification de dommages et autres préjudices. Les autres domaines d'intervention des juricomptables sont généralement en prévention des risques, en conformité financière et en évaluation d'entreprise. Plusieurs autres situations peuvent nécessiter les services en juricomptabilité.

Les organismes publics peuvent avoir des besoins ponctuels de services en juricomptabilité, par exemple à la suite d'une utilisation de fonds non autorisée ou d'un désastre causant des dommages. L'organisme confiera à un consultant une mission en juricomptabilité selon ses besoins concernant l'événement. À la suite de cette mission, l'organisme prendra les actions appropriées sur la base du rapport juricomptable, sans requérir d'autres services en juricomptabilité par la suite.

D'autres organismes publics ont plutôt des besoins récurrents de services en juricomptabilité. Ces organismes ont généralement la responsabilité de veiller à l'application de la loi. Ils incluent notamment les corps policiers, les organismes qui régissent les marchés publics ainsi que d'autres ministères et agences. C'est de ces services et des enjeux en juricomptabilité au sein de ces organismes d'application de la loi situés au Canada qu'il sera question dans ce chapitre. La réalité est que l'« argent » est souvent le motif du crime. Ainsi, les services en juricomptabilité sont souvent requis dans les enquêtes sur les crimes financiers, mais ils le sont également dans les enquêtes sur la contrebande, les crimes contre la personne, la récupération d'actifs criminels, etc.

Contexte juridique

Les procédures et le fardeau de la preuve sont différents dans chacun des contextes juridiques, soit en droit civil, administratif, pénal et criminel. Les besoins en juricomptabilité des organismes d'applications de la loi sont plus limités que les besoins du large éventail des clients des cabinets comptables. Ces derniers ont notamment besoin d'un service en juricomptabilité en évaluation d'entreprise lors d'un rachat d'entreprise, en quantification de préjudice à la suite d'une rupture de contrat, en évaluation de la valeur d'actifs lors d'un divorce, en évaluation des contrôles internes en prévention des fraudes, ou encore en médiation. Ces exemples de missions en juricomptabilité sont dans un contexte de droit civil, c'est-à-dire que des personnes ou des entreprises sont en conflit entre elles et demandent à la cour de rendre une décision. Ce sont des types de missions que les juricomptables pratiquant dans un organisme d'application de la loi ne réalisent pas, puisque leurs besoins sont plutôt en enquête de natures administratives, pénales et criminelles.

Certains ministères et organismes publics appliquent des lois et règlements administratifs qui peuvent mener notamment à l'imposition de mesures et de pénalités administratives, ainsi que des poursuites pénales. Les départements d'enquête de ces ministères et organismes réalisent des enquêtes administratives et pénales. Certaines de ces enquêtes requièrent des services en juricomptabilité.

Les corps policiers réalisent plutôt des enquêtes visant des infractions pénales et criminelles. Les infractions pénales sont généralement de moindre importance dans le *Code criminel*, et les conséquences prévues sont généralement des amendes; tandis que les infractions criminelles peuvent être lourdes de conséquences et peuvent mener à des peines d'emprisonnement. Les enquêtes financières que réalisent les corps policiers sont souvent complexes et nécessitent des analyses sur une longue période. Ces enquêtes requièrent plus fréquemment des services en juricomptabilité.

2. Les employeurs et clients

Lorsqu'un juricomptable est employé d'un cabinet comptable, ce dernier offre ses services à des clients, donc à des tiers. Le professionnel, l'employeur et le client sont des personnes différentes. Le client est donc facile à identifier. Lorsque le juricomptable pratique à l'interne d'une organisation, la notion de client peut devenir plus subtile.

Dans le code de déontologie des comptables professionnels agréés (CPA) du Québec, la définition de « client » est la suivante : « Toute personne physique ou, le cas échéant, toute entité à qui le comptable professionnel agréé rend des services avec ou sans rémunération, quel que soit le lien contractuel, y compris le lien d'emploi, qui les unit. Le comptable professionnel agréé peut ainsi rendre des services à l'entité au sein de laquelle il exerce sa profession ou rendre des services à des tiers » (Gazette officielle du Québec, 2024). C'est-à-dire que l'« on désigne comme "client" non seulement le tiers auquel le CPA offre ses services, mais également l'employeur du CPA auquel il offre des services » (OCPAQ, 2024). Le juricomptable qui rend des services à l'interne d'un organisme d'application de la loi se retrouve donc à avoir son client comme employeur. Dans cette situation, le juricomptable doit garder en tête que son client est l'organisme. L'organe décisionnel de l'organisme, comme un conseil d'administration ou un comité de direction, est différent du gestionnaire opérationnel représentant l'employeur auprès du juricomptable. Le représentant de l'employeur/client avec lequel le juricomptable aura le plus souvent à entrer en contact est l'enquêteur qui demande les services du juricomptable, qui est également à l'interne de la même organisation. Ceci peut créer une certaine proximité qu'il est nécessaire de gérer adéquatement pour préserver l'indépendance du juricomptable, afin de pouvoir fournir une opinion juste, objective et impartiale attendue des experts par les tribunaux. Ce sujet sera abordé plus en détail dans la **section 4** sur l'admissibilité du juricomptable en tant qu'expert.

Le client d'un juricomptable d'un organisme d'application de la loi peut également être l'organisme poursuivant, comme le Directeur des poursuites criminelles et pénales (DPCP) (Gouvernement du Québec, 2025) et le Service des poursuites pénales du Canada (SPPC) (Gouvernement du Canada, 2025). Celui-ci sera représenté par un procureur. Cette situation peut se produire lorsque le procureur détermine que des analyses supplémentaires sont nécessaires à la suite de sa prise de connaissance de la preuve recueillie par les enquêteurs. Le procureur demandera un rapport complémentaire à l'enquêteur, en lien avec les travaux juricomptables déjà effectués. Alors, la décision de demander un rapport complémentaire au juricomptable devra être prise par l'enquêteur. Toutefois, dans certaines situations, il arrive que l'organisme poursuivant demande directement au juricomptable ce rapport complémentaire. C'est dans cette situation que l'organisme poursuivant devient le client du juricomptable.

Dans d'autres situations, il arrive que le procureur pratique au sein de la direction des affaires juridiques de la même organisation du juricomptable. Dans cette situation, l'organisme poursuivant est le même que l'employeur/client du juricomptable et du procureur.

En somme, tous ces acteurs travaillent ensemble au sein de la fonction publique.

3. Services offerts en juricomptabilité

Le rôle du juricomptable

Les organismes d'application de la loi font appel aux services en juricomptabilité lorsque leurs enquêtes comportent de l'information bancaire, financière ou comptable à analyser. Une enquête financière, c'est particulier ! Dans d'autres types d'enquêtes, il y a une période d'enquête qui se limite généralement à un court moment ou même à une seule date, soit celle où les faits se sont produits. Et généralement, il y a peu de documents à recueillir comme preuve. Dans le cas des enquêtes financières, la particularité est que les faits se sont produits bien souvent sur plusieurs mois, voire plusieurs années. La période d'enquête est beaucoup plus longue. Il n'est pas rare, dans une enquête financière, de devoir analyser des documents bancaires et comptables sur trois, et même parfois cinq années. La preuve documentaire peut donc devenir beaucoup plus volumineuse et complexe. C'est dans ce type d'enquête qu'un juricomptable peut assister les enquêteurs. Le juricomptable examine et analyse les documents et les informations recueillies par les enquêteurs, fait des liens entre les diverses informations, prépare des rapports d'expertise et peut témoigner lors de procès. La juricomptabilité est cruciale pour établir des faits financiers, et les juricomptables jouent un rôle important dans le système judiciaire en aidant à apporter des éclaircissements dans des enquêtes complexes.

Dans les organismes d'application de la loi, le juricomptable peut avoir deux rôles : le premier rôle, que nous appellerons « consultant », dans lequel le juricomptable participe aux activités de l'enquête; le second rôle, que nous appellerons « témoin expert », dans lequel le juricomptable émet une opinion à la suite de l'analyse des documents et informations recueillis grâce aux activités d'enquête. Notez que l'appellation du rôle du juricomptable et les tâches s'y rattachant peuvent différer d'un organisme à l'autre.

Consultant

Le rôle du juricomptable consultant dans un organisme d'application de la loi est de conseiller les enquêteurs dans l'orientation de leur enquête en apportant son expertise, afin de recueillir la meilleure preuve possible en lien avec les allégations. Le juricomptable consultant participe à l'enquête, notamment en assistant les enquêteurs dans leurs stratégies d'enquête. Ceci signifie qu'il assistera aux rencontres de l'équipe d'enquête. Il pourra alors participer à l'élaboration du plan d'enquête, déterminer où les items recherchés sont susceptibles de se trouver, puis déterminer quels sont les témoins à rencontrer et les analyses financières à réaliser.

Le juricomptable consultant peut également être sollicité pour la rédaction des demandes d'autorisation judiciaire, afin de s'assurer que tous les documents nécessaires aux analyses juricomptables y sont mentionnés, et ce, en utilisant les termes comptables adéquats. Une fois les autorisations judiciaires obtenues, le juricomptable sera parfois appelé à participer à l'exécution des perquisitions. Son rôle sur place est de déterminer si les documents retrouvés sont précisément ceux qui étaient recherchés. L'utilisation de l'expertise d'un juricomptable sur les lieux d'une perquisition permet notamment de limiter les documents saisis.

Les enquêteurs sont amenés à rencontrer des témoins qui sont des contrôleurs financiers, des directeurs financiers, des auditeurs, etc. L'enquêteur peut alors demander l'assistance du juricomptable consultant dans la préparation des questions qui seront posées lors de la rencontre de ces témoins. Il s'assure ainsi de poser toutes les questions nécessaires à l'avancement de l'enquête et également celles qui seront utiles au juricomptable qui aura à émettre une opinion d'expert, si cela s'avérait nécessaire. Le juricomptable consultant accompagne même parfois les enquêteurs dans les rencontres de ces témoins. Le but est non seulement de s'assurer de couvrir toutes les questions administratives et comptables, mais également d'avoir la possibilité de préciser certains éléments en formulant des questions devenues pertinentes en cours de rencontre à la suite d'une réponse du témoin. Ensuite, le juricomptable consultant pourra analyser les documents recueillis, faire des analyses factuelles et rédiger un rapport, si cela s'avère nécessaire.

Lorsque le juricomptable réalise une mission en juricomptabilité en tant que consultant, il peut être appelé à rendre un témoignage sur ce qu'il a vu et entendu durant l'enquête à laquelle il a participé, au même titre que les enquêteurs. Il aura donc à rendre un témoignage de faits. Les témoins de fait ne sont généralement pas autorisés à formuler d'opinion au tribunal, car cela est réservé au témoin qualifié en tant qu'expert. L'enjeu est qu'en étant impliqué dans l'enquête, le juricomptable consultant pourrait manquer de recul nécessaire pour émettre une opinion juste, objective et impartiale attendue des experts par les tribunaux. C'est donc par mesure de prudence, afin de préserver l'indépendance du juricomptable qui aura à émettre une opinion sur la preuve recueillie par les enquêteurs, que le rôle du juricomptable consultant et celui de l'expert sont effectués par deux professionnels différents. Enfin, le juricomptable consultant peut conseiller les enquêteurs sur la nécessité de requérir une opinion indépendante d'un juricomptable témoin expert.

Témoin expert

Le rôle du juricomptable témoin expert dans un organisme d'application de la loi est d'analyser la preuve recueillie par les enquêteurs et de fournir une opinion sur les éléments comptables et financiers de celle-ci concernant la mission. Le juricomptable utilise son jugement professionnel pour faire des liens entre divers documents et informations, formuler des hypothèses lorsque cela s'avère nécessaire, et émettre son opinion. Le juricomptable planifie la mission en déterminant les travaux à effectuer pour répondre à la mission, réalise les analyses, puis émet ses conclusions et son opinion dans un rapport. Ce type de rapport est généralement nommé « rapport d'expertise juricomptable » ou « rapport d'analyse juricomptable ». L'objectif de l'organisme d'application de la loi est que ce rapport puisse être déposé devant un tribunal dans le cadre d'une présentation d'une preuve d'expert. Le but ultime du juricomptable témoin expert est d'éclairer le tribunal dans le domaine de la juricomptabilité. L'opinion d'un juricomptable est nécessaire lorsque les analyses sont complexes et qu'elles nécessitent un éclairage technique que le juge et le jury ne maîtrisent pas. Le rôle et les obligations de l'expert sont abordés plus en détail dans la **section 4** sur l'admissibilité du juricomptable en tant qu'expert.

Le juricomptable témoin expert pratiquant dans un corps policier peut réaliser diverses analyses juricomptables qui ont pour but de déterminer s'il y a eu, notamment, un détournement de fonds, des manipulations comptables à des fins financières, des irrégularités, etc. Voici quelques exemples de ces analyses.

→ Déterminer la provenance et l'utilisation de fonds. Ce type d'analyse est particulièrement utile lorsque l'argent transite sur plusieurs comptes.

→ Quantifier des sommes irrégulières versées au bénéfice d'un individu ou d'une organisation. Le juricomptable devra alors déterminer ce qu'il qualifie d'irrégulier, par exemple les dépenses faites par un employé qui ne sont pas des dépenses engagées dans le cours normal des activités de son employeur. Cette analyse sera utile pour déterminer le montant d'un détournement de fonds allégué.

→ Analyser un processus spécifique, comme un processus d'achat, et identifier les irrégularités, le cas échéant. Ce type d'analyse peut aider à démontrer « un écart grave et marqué par rapport aux normes que serait censé observer quiconque occuperait le poste[1] » du suspect, c'est-à-dire que le comportement du suspect s'écarte de façon marquée du comportement normal qu'une personne prudente adopterait dans les mêmes circonstances.

→ Analyser la situation financière d'un individu ou d'une entreprise entre deux dates données. Ce type d'analyse est utile pour déterminer si, sans avoir encaissé les sommes soupçonnées d'être un détournement de fonds, le suspect aurait eu les fonds nécessaires pour assumer le coût de certaines dépenses.

→ Expliquer la nature et l'effet d'une transaction commerciale ou financière. Cette analyse est utile pour évaluer si le contrat, la transaction ou la structure financière a une substance économique. Sans substance économique, le contrat, la transaction ou la structure financière n'a pas de raison d'être, et cela peut cacher d'autres motifs.

Le juricomptable témoin expert rédige un rapport dans lequel il vulgarise le travail qu'il a effectué et les termes techniques utilisés, décrit la méthodologie utilisée pour réaliser ses analyses, explique les hypothèses formulées le cas échéant, puis émet ses conclusions et son opinion. Ce rapport peut servir dans le cadre d'un procès. Le juricomptable témoin expert doit réaliser ses travaux et rédiger ses rapports en gardant cela en tête.

Pour plusieurs raisons, peu de ces rapports se retrouvent devant les tribunaux. Une de ces raisons est que, lorsque les conclusions du juricomptable ne révèlent aucune irrégularité, l'enquête peut se terminer sans demande de dépôt d'accusations. Une autre raison est que, même s'il y a une demande d'intenter des procédures judiciaires de la part du corps policier, la décision de déposer des accusations revient au procureur. Il arrive parfois que le procureur ne soit pas en mesure, pour différentes raisons, de déposer des accusations. Il arrive également qu'à la suite du dépôt des accusations, l'accusé enregistre un plaidoyer de culpabilité, ce qui évite un procès. De plus, il arrive parfois qu'un arrêt des procédures soit prononcé. Ce ne sont que quelques-unes de ces raisons.

1. Jugement R. c. Boulanger, [2006] 2 R.C.S. 49, 2006 CSC 32, [58], https://decisions.scc-csc.ca/scc-csc/scc-csc/fr/item/2305/index.do, consulté le 3 octobre 2024.

L'opinion d'un juricomptable témoin expert et les conclusions de ses analyses exprimées dans son rapport peuvent aider les enquêteurs à comprendre certains éléments de la preuve recueillie, notamment les propos d'un témoin, les documents comptables ou financiers, une entente, un contrat, un processus administratif, etc. Le rapport du juricomptable amène parfois les enquêteurs à effectuer d'autres démarches d'enquête.

L'expertise d'un juricomptable témoin expert pratiquant au sein d'un corps policier est demandée dans différents types d'enquêtes, comme une enquête portant sur un stratagème de fraude de type pyramidal[2] (Sûreté du Québec, 2021), une enquête portant sur des malversations et pots-de-vin[3] (Gendarmerie royale du Canada, 2024), une enquête portant sur des ententes conclues avec un fonctionnaire[4] (UPAC, 2021), etc. Ce ne sont que quelques exemples du type d'enquête pour lesquels un juricomptable témoin expert peut être amené à produire un rapport.

4. L'admissibilité du juricomptable en tant qu'expert

Dans le cadre d'une poursuite judiciaire, le procureur a la possibilité de présenter une preuve d'expert, comme mentionné précédemment. Cela signifie que dans un premier temps, le procureur de la poursuite va divulguer le rapport du juricomptable à le ou les accusé(es) et son procureur, que nous appellerons « la défense », afin qu'elle en prenne connaissance. Après avoir pris connaissance du rapport du juricomptable et de son curriculum vitae, la défense a la possibilité d'admettre le statut d'expert du juricomptable ou d'en contester son admission. Ainsi, si le statut d'expert n'est pas contesté, le procureur demandera au juricomptable de présenter ses formations et expériences professionnelles, donc son curriculum vitae, en début d'interrogatoire, afin que le juge ou jury puisse connaître les compétences et expériences de l'expert. En revanche, lorsque l'admission du statut d'expert du juricomptable est contestée,

2. Jugement *R. c. Minina*, 2024 QCCS 3125, https://www.canlii.org/fr/qc/qccs/doc/2024/2024qccs3125/2024qccs3125.pdf, consulté le 3 octobre 2024.
3. Jugement *R. c. Morin*, 2024 QCCS 1391, https://www.canlii.org/fr/qc/qccs/doc/2024/2024qccs1391/2024qccs1391.pdf, consulté le 3 octobre 2024.
4. Jugement *R. c. Bissonnette*, 2022 QCCS 172, https://www.canlii.org/fr/qc/qccs/doc/2022/2022qccs172/2022qccs172.pdf, consulté le 3 octobre 2024.

ceci donne lieu à un processus appelé « voir-dire ». Dans le cadre du voir-dire, les procureurs de la poursuite et de la défense questionneront en interrogatoire et contre-interrogatoire le juricomptable sur son parcours professionnel, ses expériences et ses compétences. C'est le juge qui rendra une décision sur l'admissibilité du juricomptable en tant qu'expert en juricomptabilité.

« L'admission de la preuve d'expert repose sur l'application des critères suivants :

a) la pertinence;

b) la nécessité d'aider le juge des faits;

c) l'absence de toute règle d'exclusion;

d) la qualification suffisante de l'expert[5] ».

« L'expert a l'obligation envers le tribunal de donner un témoignage d'opinion qui soit juste, objectif et impartial. Il doit être conscient de cette obligation et pouvoir et vouloir s'en acquitter[6] ». Le rôle de l'expert est d'éclairer le tribunal sur des questions relevant de son champ de compétence, ayant une certaine complexité. Ce rôle est différent de celui du témoin « ordinaire », qui se limite à établir la trame factuelle en témoignant sur ce qu'il perçoit personnellement par ses sens. Le juricomptable doit s'assurer, lors de l'évaluation de la faisabilité de la mission, que les travaux qui lui sont demandés sont dans son champ de compétence.

L'expert n'est pas là pour assister une partie, mais bien pour aider le juge ou le jury en donnant son opinion sur des aspects qui dépassent leurs compétences. Le rôle de l'expert est donc d'aider le tribunal dans le processus de recherche de vérité. Son obligation est envers le tribunal et non pas envers la partie qui la cite. Compte tenu de ce rôle, l'expert se doit d'être impartial, sous peine d'affecter sa crédibilité et donc la valeur probante de son témoignage. Lorsque le témoignage de l'expert est crédible, celui-ci peut avoir un impact important sur les conclusions du juge.

5. Jugement *R. c. Mohan*, [1994] 2 R.C.S. 9, section III. Analyse, https://decisions.scc-csc.ca/scc-csc/scc-csc/fr/item/1131/index.do, consulté le 3 octobre 2024.

6. Jugement *White Burgess Langille Inman c. Abbott and Haliburton Co.*, 2015 CSC 23, [2015] 2 RCS 182, par. 10, https://decisions.scc-csc.ca/scc-csc/scc-csc/fr/item/15328/index.do, consulté le 3 octobre 2024.

Lorsque le juricomptable pratique dans un corps policier, il travaille pour le gouvernement, donc pour la partie poursuivante. Dans cette situation, l'indépendance de l'expert est généralement remise en question. Le procureur de la défense peut prétendre que le juricomptable n'est pas indépendant de son client, qui est la partie qui l'emploie, et donc que ses conclusions et opinions sont partiales. La Cour suprême, dans la cause *White Burgess Langille Inman c. Abbott and Haliburton Co.*, 2015 CSC 23, [2015] 2 RCS 182, a tranché et indique dans son jugement que « l'existence d'une simple relation d'emploi entre l'expert et la partie qui le cite n'emporte pas l'inadmissibilité de la preuve[7] ». C'est-à-dire que le fait qu'un juricomptable pratique à l'interne d'une organisation ne l'exclut pas d'emblée d'être qualifié en tant qu'expert. Toutefois, cette relation entre le juricomptable et son client sera questionnée. Le juricomptable doit être préparé à répondre à ce type de questions, notamment les suivantes :

→ À quelle fréquence avez-vous discuté ou rencontré les enquêteurs ?

→ De quoi avez-vous parlé ?

→ Où est situé votre bureau par rapport à ceux de l'équipe d'enquête ?

→ Dînez-vous dans la même salle que les enquêteurs ?

Le juricomptable témoin expert devra prendre en compte cet enjeu dans ses relations avec les enquêteurs. Notez que le processus d'admission d'un expert en juricomptabilité, tel qu'il a été décrit, est le même pour tous les types d'experts.

Ce n'est qu'une fois le statut d'expert du juricomptable admis que le procureur peut déposer le rapport juricomptable dans le cadre du procès.

5. Qualifications et compétences d'un juricomptable

Pour exercer le métier de juricomptable dans un organisme public, la personne aura besoin de diverses qualifications et connaissances. Ces postes exigent généralement que la personne possède préalablement le

7. Jugement *White Burgess Langille Inman c. Abbott and Haliburton Co.*, 2015 CSC 2 3, [2015] 2 RCS 182, par. 49, https://decisions.scc-csc.ca/scc-csc/scc-csc/fr/item/15328/index.do, consulté le 3 octobre 2024.

titre de comptable professionnel agréé (CPA) (www.cpaquebec.ca). Ceci assure à l'employeur que la personne possède minimalement les connaissances comptables, financières et une connaissance générale des affaires nécessaires pour remplir les responsabilités en lien avec le poste de juricomptable.

Ensuite, certains organismes publics exigeront ou considéreront comme un atout des titres professionnels ou certifications supplémentaires. C'est le cas par exemple du titre professionnel Certified in Financial Forensics (CFF) de l'American Institute of Certified Public Accountants (www.aicpa-cima.com), ainsi que des certifications Certified Fraud Examiners (CFE) (www.acfe.com) et Certified Anti-Money Laundering Specialist (CAMS) (www.acams.org/fr). Ceci assure à l'employeur que la personne possède des aptitudes fondamentales et des compétences pointues en lien avec le poste de juricomptable. Il faut savoir que CPA Canada ne reconnaît pas de titre ou de certification en juricomptabilité, mais a plutôt un partenariat avec l'AICPA et dirige ses membres vers le CFF.

Depuis quelques années, d'autres associations de juricomptables et organismes offrent des certifications dans des domaines de spécialisations des juricomptables, par exemple les associations de Certified Forensic Investigators of Canada (CFI) (www.acfi.ca) et Certified Financial Crime Specialists (CFCS) (www.acfcs.org), ainsi que des organismes dans le traçage de cryptomonnaie, comme le Certified Bitcoin Professional (CBP) (cryptoconsortium.org) et le Certified Cryptocurrency Investigator (CCI) (cryptoinvestigatortraining.com). Même si celles-ci ne sont que très rarement exigées par des organismes publics au Canada, ceux qui les possèdent ont des connaissances spécifiques, dont certains organismes d'application de la loi peuvent avoir besoin, et auront un avantage concurrentiel pour occuper un poste de juricomptable dans certains organismes d'application de la loi.

Il est courant que les juricomptables possèdent l'un ou l'autre, ou même plusieurs de ces titres professionnels et certifications en juricomptabilité. En certification, l'émission d'un rapport d'audit d'états financiers est un acte réservé au détenteur d'un permis de comptabilité publique d'un ordre professionnel portant le titre de CPA auditeur (OCPAQ, 2023). En comparaison, l'émission d'un rapport juricomptable n'est pas un acte réservé à un titre professionnel en particulier, c'est-à-dire que toute personne peut émettre un document intitulé rapport d'expertise juricomptable.

Cependant, ce type de rapport est généralement utilisé dans le cadre d'un procès. Lorsqu'un procureur veut produire une preuve d'expert, il doit s'assurer que le juricomptable et l'expertise qu'il a réalisée satisfont à tous les critères, établis par la jurisprudence, afin de pouvoir être admis comme preuve d'expert. Les titres professionnels, les certifications, les formations et les expériences antérieures du juricomptable sont notamment pris en compte dans cette évaluation. Ensuite, lors du procès, dans une éventuelle procédure appelée voir-dire, les qualifications du juricomptable peuvent être remises en question par le procureur de la défense. Plus le juricomptable possède de qualifications et d'expérience pertinente relative à la mission qui lui a été confiée, moins le critère de la qualification suffisante sera contesté par le procureur de la défense.

Certains programmes universitaires de 2e cycle existent dans le domaine de la juricomptabilité, la lutte contre la criminalité financière, la prévention et la détection de la fraude. Ces programmes sont pertinents afin de permettre aux juricomptables d'approfondir leurs connaissances.

En plus de posséder les titres professionnels et certifications exigés pour le poste, certaines connaissances et aptitudes supplémentaires sont nécessaires, pour avoir l'expertise et le savoir-faire nécessaires à la réalisation de missions en juricomptabilité dans la fonction publique. Des notions plus approfondies du système de justice et légales sont nécessaires, plus particulièrement dans les organismes d'application de la loi. Ces juricomptables ont également besoin de développer leur autonomie et leurs aptitudes en communication orale et écrite.

Notions juridiques

Le juricomptable a des connaissances poussées en comptabilité; cependant, sa formation de base offre moins de connaissances en droit. Dans le parcours universitaire de 1er cycle de baccalauréat en administration des affaires permettant ultimement d'obtenir le titre de CPA, les étudiants doivent réussir un cours en droit des affaires. S'ils possèdent d'autres titres et certifications, ils auront reçu d'autres formations sur le processus judiciaire et certaines règles de droit. Toutefois, plusieurs des titres et certifications en juricomptabilité étant offerts par des organismes originaires des États-Unis, leurs formations sont basées sur le système de justice américain. Peu de formations spécifiques en juricomptabilité prévoient des cours sur le système juridique canadien.

Les juricomptables qui travaillent dans des organismes publics doivent acquérir des connaissances plus spécifiques de certaines lois et certains règlements administrés par l'organisme public au sein duquel ils pratiquent. Par exemple, le juricomptable qui pratique au sein d'un ministère doit connaître la loi appliquée par ce ministère. Ces lois sont pour la plupart administratives et pénales. Cependant, si le juricomptable travaille dans un corps policier, ce dernier devra parfaire ses connaissances des infractions visées par le *Code criminel*, comme celles de la fraude, de l'abus de confiance, de fabrication de faux, etc. Le fait de connaître les éléments essentiels des infractions permet au juricomptable de produire des analyses et un rapport plus précis.

Autonomie

Le juricomptable pratiquant au sein d'un organisme d'application de la loi peut rapidement avoir la charge de la réalisation d'une mission de juricomptable. Ainsi, il aura la responsabilité de réaliser chacune des étapes d'une mission, allant de la rédaction d'une lettre de mission, la planification et la réalisation des analyses, puis la rédaction du rapport. Ce juricomptable engage sa responsabilité professionnelle en fournissant son opinion sur les éléments de la mission qui lui a été confiée. Lorsque le rapport qu'il a signé est déposé dans le cadre d'un procès, celui-ci peut être appelé à rendre un témoignage au tribunal.

Il peut être très stimulant d'avoir la charge de la réalisation d'une mission en juricomptabilité. Toutefois, le juricomptable doit s'assurer d'avoir les compétences nécessaires avant d'accepter une telle mission. Le gestionnaire de celui-ci n'étant parfois pas un juricomptable, il ne sera pas toujours en mesure de faire cette évaluation au moment de lui assigner une mission. Il est donc nécessaire que le juricomptable soit capable de faire une évaluation juste de ses compétences au moment d'évaluer la faisabilité de la mission. Il lui sera également nécessaire de posséder une bonne dose de confiance en ses capacités à mener à terme la mission demandée.

Bien que l'autonomie soit essentielle, le juricomptable pratiquant dans un organisme d'application de la loi évolue généralement au sein d'une équipe de juricomptables. Un contrôle de qualité des travaux juricomptables est effectué par un ou des membres de l'équipe.

Communication

Peu importe dans quel secteur le juricomptable pratique, il aura besoin de développer ses habiletés en communication, afin de vulgariser les conclusions de son rapport et de rendre un témoignage devant un tribunal. Toutefois, c'est dans un contexte différent de celui de la relation d'un cabinet comptable avec ses clients que le juricomptable pratiquant au sein d'un organisme d'application de la loi aura à développer ses habiletés de communication.

Le gestionnaire d'un juricomptable dans la fonction publique n'est pas toujours un juricomptable ni même un comptable. Ces gestionnaires ne connaissent pas nécessairement d'emblée les règles déontologiques auxquelles sont soumis les juricomptables appartenant à un ordre professionnel. Dans ce contexte, le juricomptable aura besoin d'expliquer les services qu'il peut offrir, le processus de réalisation de la mission en juricomptabilité, ses contraintes et la nécessité qu'un contrôle qualité soit effectué.

Lorsque le juricomptable offre ses services à des clients internes, le besoin de développer son réseau de contacts pour aller chercher des clients n'est pas un enjeu, alors que c'est un aspect important dans la pratique en cabinet comptable. Dans un contexte d'enquête criminelle, c'est souvent le procureur qui aura conseillé à l'enquêteur de faire appel au service en juricomptabilité pour présenter une preuve d'expert. Il faut dire que le métier de juricomptable n'est pas aussi connu que celui d'un médecin légiste ou d'un expert en balistique.

Comme mentionné précédemment, le juricomptable pratiquant au sein d'un organisme d'application de la loi aura rapidement la charge de rédiger des rapports. Il devra apprendre des techniques de rédaction efficaces. Peu de formations sont offertes, particulièrement en rédaction de rapports d'expertise. Ce n'est qu'en travaillant avec des juricomptables expérimentés sur diverses missions et avec l'expérience dans la rédaction de rapports que le juricomptable pourra acquérir cette compétence.

Comme le juricomptable pratiquant au sein d'un organisme d'application de la loi a rapidement la charge de la réalisation d'une mission, ses compétences et expériences acquises antérieurement, notamment en audit et en comptabilité, lui seront grandement utiles pour avoir l'expertise et le savoir-faire nécessaires pour réussir dans cet emploi.

6. Les enjeux

Délais

Les juricomptables pratiquant dans un organisme d'application de la loi sont confrontés à certains enjeux de délais. Ces délais doivent nécessairement être pris en compte dans l'évaluation de la faisabilité et dans la planification des missions en juricomptabilité.

Certaines infractions visées dans les enquêtes prévoient un délai de prescription, c'est-à-dire un certain délai pour entamer des poursuites judiciaires. Le délai de prescription et le moment où il débute dépendent du contexte juridique (administratif, civil, pénal, criminel) et du type d'infraction. Donc, plusieurs délais de prescription existent. Par exemple, le *Code civil du Québec* prévoit un délai de prescription de trois ans (LégisQuébec, 1991). Le délai pour poursuivre un acte criminel grave n'expire généralement jamais (CliquezJustice.ca, 2022). Pour une infraction sommaire qui constitue un crime considéré comme moins grave, le délai de prescription expire 12 mois après le moment où il a été commis (CliquezJustice.ca, 2022). Parfois, cela peut laisser peu de temps pour réaliser l'enquête et donc la réalisation de la mission en juricomptabilité.

D'autres enjeux de délais doivent être pris en compte. Dans certaines situations, les enquêteurs veulent obtenir des ordonnances judiciaires leur permettant notamment d'effectuer un blocage sur un compte bancaire avant que le suspect puisse effectuer un transfert. Dans d'autres situations, c'est dans le but d'imposer un arrêt d'agir pour mettre fin à une activité dangereuse, ou de prolonger le délai de rétention des biens, afin de continuer à détenir les biens ou documents saisis. Les enquêteurs demandent certaines analyses juricomptables qui peuvent parfois leur permettre d'obtenir les motifs nécessaires pour obtenir ces ordonnances. Ceci doit être pris en compte par le juricomptable, qui devra fournir à l'enquêteur ses constatations au moment opportun pour l'enquête, parfois dans un court laps de temps et dans un livrable utile pour obtenir les ordonnances visées. Lorsque cela est possible, le juricomptable peut alors planifier ses travaux par volet et fournir ses constatations et conclusions d'analyses à des moments précis dans la réalisation de la mission.

La preuve recueillie

En cabinet comptable, le juricomptable demande et obtient généralement de son client les informations et documents nécessaires à la réalisation de sa mission. Il y a donc des échanges entre le juricomptable et son client, qui est souvent la victime présumée. En échangeant avec son client, le juricomptable peut donc obtenir des documents supplémentaires si certaines informations s'avèrent manquantes.

Une des particularités du travail d'un juricomptable témoin expert pratiquant dans un corps policier est qu'il est tributaire de la preuve recueillie par les enquêteurs. C'est-à-dire que le juricomptable ne rencontre pas les témoins, mais il analyse les informations contenues dans la déclaration des témoins obtenue lors d'une rencontre avec des enquêteurs. Le juricomptable témoin expert analyse la preuve documentaire saisie lors d'une perquisition ou obtenue par remise volontaire lors de la rencontre d'un plaignant ou d'un témoin.

Certaines informations ou certains documents nécessaires dans la réalisation des travaux juricomptables demandés sont parfois manquants dans la preuve qui est soumise au juricomptable. Une information ou un document public peut être utilisé par le juricomptable dans le cadre de ses travaux, et il peut en conserver une copie qu'il joindra en pièce soutenant son rapport. Toutefois, certains documents, même s'ils sont publics, nécessiteront d'obtenir par les enquêteurs une copie certifiée conforme pour être admis en preuve, comme c'est le cas notamment des documents du Registraire des entreprises du Québec. Lorsque l'information ou le document n'est pas public, le juricomptable témoin expert doit demander à l'enquêteur s'il est en mesure de l'obtenir. La décision de recueillir cette information ou ce document est prise par l'enquêteur.

Parfois, pour diverses raisons, l'enquêteur ne sera pas en mesure d'aller chercher l'information ou le document demandé par le juricomptable. Par exemple, à la suite d'une perquisition, il est possible d'y retourner si l'enquêteur a des motifs de croire que les éléments recherchés s'y trouvent. Toutefois, les enquêteurs doivent obtenir un nouveau mandat de perquisition. Ceci démontre l'importance du travail du juricomptable consultant qui est fait en amont des perquisitions pour conseiller les enquêteurs sur les documents qui sont pertinents pour le juricomptable témoin expert à rechercher lors de la perquisition. Malgré cela, le juricomptable sera parfois confronté au fait qu'il y a une possibilité que le document demandé n'existe tout simplement pas.

Dans ces situations, le juricomptable témoin expert devra juger s'il est en mesure de poursuivre ses travaux. Le fait qu'il manque une information peut affecter la valeur probante des conclusions et opinions de son rapport. Dans certains cas, le juricomptable, en utilisant son jugement professionnel, posera une hypothèse qui permettra de poursuivre les travaux et d'émettre des conclusions et opinions. Toutefois, dans les situations où un document manquant est central dans l'analyse, le juricomptable peut ne pas pouvoir poursuivre sa mission et en avise l'enquêteur.

7. Défis professionnels et autres considérations

Les criminels innovent dans leurs façons de faire, et leurs stratagèmes sont de plus en plus sophistiqués. Les corps policiers sont toujours en adaptation suivant les façons de faire des suspects. L'adaptation aux nouveaux stratagèmes est un défi constant lorsque le juricomptable travaille pour un corps policier. Le juricomptable doit se tenir informé sur les nouveaux types de fraudes. La routine n'a pas le temps de s'installer!

Les fraudes sont en perpétuelle croissance. Le Centre antifraude du Canada (CAFC), dans son rapport annuel de 2022, mentionne qu'il « a reçu près de 91 000 signalements de fraude [...], qui représentent des pertes totalisant 530,4 millions de dollars. À titre de référence, en 2021, le CAFC avait observé des pertes totales d'environ 383 millions de dollars pour un nombre de signalements comparable à celui de 2022 » (Centre antifraude du Canada, 2022, p. 4). L'Association des directeurs de police du Québec (ADPQ), dans un communiqué de presse du 17 avril 2024, mentionne qu'« en 2023, près de 37 000 Québécois ont été victimes de fraudes : une augmentation de 15 % sur deux ans » (ADPQ, 2024). Il y a donc un nombre croissant d'enquêtes sur des crimes financiers menées par les corps policiers. L'expertise du juricomptable pratiquant au sein d'un corps policier est de plus en plus sollicitée. Le juricomptable a donc l'occasion de travailler sur des types d'enquêtes de plus en plus variées, et cela représente une occasion de développement professionnel.

Le CAFC, dans son rapport annuel de 2022, mentionne également que « les fraudes liées aux cryptomonnaies et à l'investissement prennent également de plus en plus de place; environ 97 millions de dollars de pertes ont été déclarés pour la fraude à l'investissement dans les cryptomonnaies » (Centre antifraude du Canada, 2022, p. 4). Statistique Canada, dans un rapport sur les crimes déclarés par la police au Canada, mentionne que « près du quart des affaires de tous les types de fraude (24 %) et près de la moitié des affaires d'extorsion (49 %) ont été déclarées comme des cybercrimes en 2023, et ensemble, ces infractions représentaient 60 % des cybercrimes » (Le Quotidien, 2024). Il appert que la progression de la fraude se fait plutôt par la cybercriminalité. Donc, un des défis du juricomptable pratiquant dans les organismes d'application de la loi est de se tenir informé sur les nouvelles technologies et les outils d'analyse de données pour détecter les fraudes. Les applications utilisant la chaîne de blocs sont en constante évolution en passant par plusieurs types de cryptomonnaies, les jetons non fongibles et les contrats intelligents. Les enquêtes policières nécessitant l'expertise d'un juricomptable sont complexes, car l'enquête présente généralement :

- → Plusieurs volets;
- → Plusieurs stratagèmes suspectés;
- → Plusieurs infractions visées;
- → Etc.

Ces missions en juricomptabilité dans le cadre de ces types d'enquêtes criminelles représentent des défis intellectuels stimulants pour le juricomptable.

Enfin, le type de mission d'un juricomptable pratiquant dans les organismes d'application de la loi n'est généralement pas le même que celui qui est réalisé en cabinet comptable. Le juricomptable travaillant pour un corps policier fournit son expertise dans le cadre d'enquêtes visant des infractions au *Code criminel* considérées comme graves, souvent passibles d'une peine d'emprisonnement. Un aspect important de ces enquêtes porte sur la récupération de biens infractionnels, c'est-à-dire des biens ayant servi à la perpétration d'un acte criminel, et la récupération des produits de la criminalité. Les sommes qui sont récupérées sont remises aux victimes s'il y a lieu, et partagées entre différentes ressources de l'État, dont les corps policiers.

Conclusion

Certains aspects de la pratique d'un juricomptable diffèrent s'il est employé d'un organisme d'application de la loi ou d'un cabinet comptable. Le tableau suivant résume quelques-unes de ces différences.

Tableau comparatif de certains aspects de la pratique d'un juricomptable

	Organismes d'application de la loi (services offerts à l'interne)	**Cabinets comptables (services offerts à des tiers)**
Rôles et contexte	Assistance interne auprès des enquêteurs en offrant des conseils et des expertises indépendantes dans le cadre d'enquêtes pouvant mener à des mesures ou pénalités administratives et des poursuites pénales ou criminelles.	Services auprès de clients tiers en offrant des conseils et des expertises indépendantes pour aider les organisations et individus à résoudre des litiges, effectuer des quantifications de préjudices et minimiser des risques financiers, généralement dans un contexte civil et administratif.
Notions juridiques	Demande une connaissance approfondie de certaines lois, du cadre légal des enquêtes pénales et criminelles, ainsi que des éléments essentiels de certaines infractions du Code criminel.	Demande des connaissances juridiques des procédures et ordonnances civiles.
Autonomie	Le juricomptable est généralement responsable de la réalisation de missions en juricomptabilité.	Les associés et directeurs sont généralement responsables de la réalisation de missions en juricomptabilité.

	Organismes d'application de la loi (services offerts à l'interne)	Cabinets comptables (services offerts à des tiers)
Communication	L'offre de services et le processus de réalisation de missions en juricomptabilité doivent être expliqués aux gestionnaires et aux enquêteurs.	Les activités de prospection sont un aspect important de la pratique.
Délais	Des délais relatifs à l'enquête (rétention des biens, blocage, arrêt d'agir, prescription, etc.) sont fréquents et doivent être pris en compte dans la faisabilité de la mission en juricomptabilité.	Le délai de réalisation de la mission doit être discuté et négocié avec le client.
Preuves recueillies	Les enquêteurs recueillent la preuve, et les juricomptables analysent la preuve soumise.	Les juricomptables obtiennent eux-mêmes les informations et documents qu'ils analysent.

En résumé, bien que les juricomptables offrent des conseils et réalisent des expertises indépendantes dans les deux contextes, les types de missions, les objectifs et les enjeux dépendront de leurs clients. Les juricomptables pratiquant au sein des organismes d'application de la loi apportent leur expertise dans des enquêtes habituellement complexes et longues. Ces organismes reçoivent de plus en plus de signalements de fraudes, et les stratagèmes se diversifient en utilisant l'évolution technologique. Ce contexte apporte de nombreux défis et plusieurs occasions de développements stimulants pour les juricomptables. L'expertise d'un juricomptable est recherchée et en demande dans ces organismes!

Références

American Institute of Certified Public Accountants (AICPA). (s. d.). *What is the CFF credential?* https://www.aicpa-cima.com/membership/landing/certified-in-financial-forensics-cff-credential

Association des directeurs de polices (ADPQ). (2024, 17 avril). *L'ADPQ révèle une hausse préoccupante des fraudes au Québec* [communiqué de presse]. https://www.adpq.qc.ca/medias/iw/Communique-de-presse-17-avril.pdf

Centre antifraude du Canada. (2022). *Rapport annuel 2022.* Gendarmerie royale du Canada. https://publications.gc.ca/collections/collection_2024/grc-rcmp/PS61-46-2022-fra.pdf

CliquezJustice.ca. (2022, 22 décembre). *Délai de prescription : les crimes expirent-ils ?* Consulté le 3 octobre 2024. https://cliquezjustice.ca/vos-droits/delai-de-prescription-les-crimes-expirent-ils

Gazette officielle du Québec. (2024, 24 avril). *156e année, no 17, Code de déontologie des comptables professionnels agréés, Chapitre 1 – Dispositions préliminaires, Article 3.* https://www.publicationsduquebec.gouv.qc.ca/fileadmin/gazette/pdf_encrypte/lois_reglements/2024F/83165.pdf

Gendarmerie royale du Canada. (2024, 24 avril). *Un second exécutif de SNC-Lavalin condamné.* https://www.rcmp-grc.gc.ca/fr/nouvelles/2024/second-executif-snc-lavalin-condamne

Gouvernement du Canada. (2025, 6 mars). *Service des poursuites pénales du Canada.* Consulté le 10 septembre 2024. https://www.ppsc-sppc.gc.ca/fra/

Gouvernement du Québec. (2025). *Directeur des poursuites criminelles et pénales (DPCP).* Consulté le 10 septembre 2024. https://www.quebec.ca/gouvernement/ministeres-organismes/directeur-poursuites-criminelles-penales

Institut Canadien des Comptables Agréés (ICCA). (2006). *Normes d'exercice des missions de juricomptabilité, art. 100.08b.*

LégisQuébec. (1991). *Code civil du Québec. Article 2925.* https://www.legisquebec.gouv.qc.ca/fr/document/lc/CCQ-1991?langCont=fr#ga:l_quatrieme-gb:l_deuxieme-h1

Le Quotidien. (2024, 25 juillet). *Statistiques sur les crimes déclarés par la police au Canada, 2023.* Statistique Canada. https://www150.statcan.gc.ca/n1/daily-quotidien/240725/dq240725b-fra.pdf

Ordre des comptables professionnels agréés du Québec (OCPAQ). (2023, 31 octobre). *Grille des actes réservés au sens de la Loi sur les CPA, en fonction des types de rapport prévus au Manuel de CPA Canada –Certification.* https://cpaquebec.ca/-/media/docs/membres-cpa/obligations-cpa/comptabilite-publique/grille-actes-reserves_fr.pdf

Ordre des comptables professionnels agréés du Québec (OCPAQ). (2024, 2 mai). *Entrée en vigueur du nouveau* Code de déontologie des CPA *le 9 mai.* https://cpaquebec.ca/fr/salle-de-presse/nouvelles-et-publications/entree-en-vigueur-du-nouveau-code-de-deontologie-des-cpa-le-9-mai/

Sûreté du Québec. (2021, 19 février). *Fraudes pyramidales – Montérégie* [communiqué de presse]. https://www.sq.gouv.qc.ca/communiques/fraudes-pyramidales-monteregie/

Unité permanente anticorruption (UPAC). (2021, 29 novembre). *Projet ÉPAULARD : Benoit Bissonnette plaide coupable* [communiqué de presse]. https://upac.gouv.qc.ca/actualites?tx_news_pi1%5Baction%5D=detail&tx_news_pi1%5Bcontroller%5D=News&tx_news_pi1%5Bnews%5D=569&cHash=7a1b59b3c50532a89f2f4cb979ac31cf

Chapitre 4

Juricomptabilité et risque de fraude comptable et financière

Nadia Smaili

Objectif du chapitre

L'objectif de ce chapitre est d'analyser le rôle du juricomptable dans la prévention et la détection des fraudes et des crimes financiers. Cette analyse nous permet d'abord d'examiner les moyens dont disposent les organisations pour lutter contre les fraudes. Ce chapitre explore également de nouvelles pistes pour renforcer le rôle des juricomptables dans l'écosystème de lutte contre les crimes financiers.

1. Introduction

Représentant une menace omniprésente pour tout type d'organisation, la fraude est devenue un acte récurrent, faisant partie intégrante de notre quotidien. L'ampleur est telle que les montants en cause peuvent atteindre des niveaux importants et mettre en péril la santé financière des organisations qui en sont victimes. En 2024, l'Association of Certified Fraud Examiners (ACFE) a montré qu'en moyenne, les pertes liées aux fraudes totalisent 5 % des revenus annuels d'une organisation. En plus de ces pertes, la fraude remodèle les comportements organisationnels et individuels et affecte significativement divers acteurs de l'économie. Sa prévention et sa détection sont ainsi très importantes.

La fraude en général comprend tout acte intentionnel ou délibéré visant à priver une autre partie de biens, d'argent ou d'informations éclairées. Dans la plupart des cas, la fraude comprend trois éléments principaux : un élément intentionnel, une volonté de dissimulation et un mode opératoire. Le fraudeur a recours à la fraude dans le but de tromper délibérément et de porter atteinte aux droits d'autrui en saisissant une occasion perçue (comme le manque de contrôle, des lois laxistes et faibles, la perception faible d'être dévoilé).

Elle est commise soit en interne par des employés, des gestionnaires, des dirigeants ou les propriétaires de l'entreprise, soit en externe par des clients, des fournisseurs, des cyberattaquants ou d'autres parties prenantes. La classification des fraudes retenues dans la littérature didactique et professionnelle est celle proposée par Wells (2007) et l'ACFE (2012), qui distinguent trois groupes de fraudes dans le milieu des affaires, à savoir le détournement de biens et services, la corruption et la publication d'états financiers falsifiés. Le détournement peut être défini comme un acte de vol ou d'appropriation d'un actif au détriment de l'entreprise. La corruption est une utilisation abusive d'un pouvoir à des fins privées, telles que l'enrichissement personnel ou d'un tiers en contrepartie d'un cadeau, d'argent ou d'autres avantages. Enfin, la fraude relative aux états financiers (ou fraude managériale) est une manipulation comptable non conforme, délibérément commise par les dirigeants, dans le but de tromper la perception des utilisateurs des états financiers (principalement les créanciers et les actionnaires).

Les organisations disposent de différents moyens pour contrer ces fraudes, tels qu'une saine gouvernance, un système de lancement d'alerte éthique efficace et des contrôles antifraude. Elles peuvent aussi faire appel aux compétences des juricomptables réactivement ou proactivement. Les juricomptables permettent de prévenir, de détecter et de quantifier les coûts de la fraude. Ils jouent ainsi un rôle important dans l'écosystème de lutte contre les crimes financiers. Pourtant, on en connaît peu sur leur rôle comme gardiens de conformité et de lutte contre la fraude. En effet, malgré une littérature abondante sur la prévention et la détection de la fraude, peu de chercheurs se sont intéressés au rôle des juricomptables dans la prévention et la détection de la fraude. Cette littérature s'est principalement concentrée sur l'examen des facteurs explicatifs de la fraude et ses conséquences (Amiram *et al.*, 2018; Beasley *et al.*, 2010; Smaili *et al.*, 2020).

Le but de ce chapitre est donc de faire état des connaissances des moyens de prévention et de détection de fraudes et de discuter du rôle crucial des juricomptables dans la prévention et la détection de la fraude comptable et financière.

2. Fraude comptable et financière

La fraude des professionnels et des employés implique l'utilisation de leurs connaissances professionnelles et du poste occupé à des fins d'enrichissement personnel ou pour autrui par l'utilisation abusive délibérée des ressources ou des actifs et des informations de l'organisation qui agit en tant qu'employeur (ACFE, 2024; Wells, 2007).

La fraude comptable et financière fait partie de ce qu'on appelle *crime à col blanc*, terme développé par Sutherland (1940), qui a inventé l'expression de crime à col blanc pour désigner les crimes financiers. La fraude financière se produit lorsque les dirigeants effectuent des activités qui trompent les investisseurs ou d'autres parties prenantes clés (Shi *et al.*, 2016). Cela implique souvent la corruption, la non-divulgation d'informations importantes, la falsification d'informations sur les performances de l'entreprise ou la dissimulation de problèmes systématiques (Baucus et Near, 1991). La fraude comptable et financière nuit particulièrement aux investisseurs et à d'autres parties prenantes.

Bien que la fraude financière puisse être commise de multiples façons, des études antérieures en comptabilité et en finance se sont concentrées sur la fraude aux états financiers (Amiram *et al.*, 2018; Beasley, 1996; Dechow *et al.*, 2010). Plusieurs acteurs économiques prennent d'importantes décisions en se fiant aux états financiers d'une organisation. Les états financiers sont une source primordiale d'informations pour les employés, les investisseurs, les autorités de réglementation, les créanciers et les autres parties prenantes. La plupart de ces articles se sont concentrés sur l'examen des déterminants et des conséquences de la fraude financière. Pourtant, le rôle d'acteurs clés dans la détection de ces fraudes est aussi important. En identifiant ces acteurs clés, les études scientifiques ont examiné le rôle des auditeurs internes, des auditeurs externes, du comité d'audit, du conseil d'administration et des autorités financières. Or, il est surprenant de voir que la recherche et même la scène publique et médiatique négligent le rôle des juricomptables.

3. Déterminants

Pendant des décennies, les chercheurs se sont intéressés à identifier les facteurs qui expliqueraient l'acte de fraude. Un des premiers modèles permettant de décortiquer l'acte de frauder est développé par Cressey (1950) : le triangle de fraude. Selon ce modèle, le potentiel fraudeur décide de frauder si trois critères sont présents : 1) la personne subit une pression (principalement financière) qu'elle ne peut partager ou faire subir à son entourage; 2) elle perçoit une occasion de réaliser une action frauduleuse; 3) elle arrive à rationaliser son acte en le justifiant. Cette rationalisation lui permet d'atteindre un certain confort moral. Des recherches antérieures en comptabilité et en finance ont examiné les motivations de la haute direction, particulièrement du PDG, à commettre une fraude, et se sont concentrées à examiner les opportunités perçues et les pressions.

Nous pouvons catégoriser les facteurs de fraudes comptables et financières en facteurs externes non contrôlables (faiblesse des lois et réglementations en vigueur, concurrence, les marchés [financiers et de l'emploi], situation économique [crise économique], etc.) et des mécanismes internes plus contrôlables par l'organisation (la rémunération des dirigeants, la gouvernance, les contrôles, etc.).

Ainsi, des facteurs externes sont susceptibles d'inciter les dirigeants à frauder, tels que la faible réglementation, les caractéristiques de l'industrie dans laquelle opère l'entreprise, et l'environnement économique ou la relation de l'entreprise avec ses parties prenantes (l'État et les banques). Certaines études ont montré, à titre d'exemple, que la structure de propriété de l'entreprise peut affecter le risque de fraude (Amiram *et al.*, 2018). Particulièrement, les chercheurs ont remarqué que les entreprises frauduleuses n'ont pas d'investisseurs institutionnels. Il apparaît alors que la présence des investisseurs institutionnels peut réduire le risque de fraudes financières, puisque ces derniers peuvent disposer de multiples outils pour contrôler les dirigeants (Shi *et al.*, 2017). De même, l'absence d'actionnaires majoritaires contrôlants peut augmenter le risque de fraude. Dans le même ordre d'idées, Dunn (2004) constate que la concentration de propriété est positivement associée à la manipulation frauduleuse des états financiers.

Parmi les facteurs internes, notons la composition de la rémunération de la haute direction.

La rémunération est la motivation la plus étudiée dans la recherche comptable et financière. Selon la théorie de l'agence (Fama et Jensen, 1983; Jensen et Meckling, 1976), la rémunération des cadres supérieurs, conçue principalement par les organisations pour aligner les intérêts des gestionnaires avec ceux des propriétaires, peut être détournée de son objectif initial et favoriser la fraude financière, au détriment des intérêts des actionnaires (Amiram *et al.*, 2018; Johnson et al., 2009).

Les dirigeants ont également intérêt à maintenir la cote de crédit de leur entreprise sur le marché financier et d'enregistrer une performance positive. L'une des motivations organisationnelles les plus connues est la recherche de nouveaux financements et la manipulation de la perception du risque de l'entreprise. Dechow *et al.* (1996) suggèrent que la fraude aux états financiers se produit pendant la période au cours de laquelle les organisations émettent de nouveaux titres. Le niveau d'endettement, la croissance, la rentabilité et la performance sont également des raisons importantes qui pourraient pousser un dirigeant à commettre une fraude. Un ratio d'endettement plus élevé peut augmenter la probabilité d'occurrence de fraude financière. De plus, face à des taux de croissance et de performance faibles, les dirigeants pourraient adopter des pratiques comptables non conformes pour cacher ces informations aux utilisateurs des états financiers et modifier la perception du risque de l'entreprise. Le délit d'initié peut être une autre motivation de la fraude financière.

La recherche a aussi mis en évidence la relation entre la faiblesse de la gouvernance et l'occurrence des fraudes financières. Par exemple, plusieurs chercheurs ont montré que la composition et les caractéristiques du conseil d'administration influencent l'occurrence de la fraude (Beasley *et al.*, 2010; Farber, 2005; Uzun *et al.*, 2004). Particulièrement, le comité d'audit a un impact majeur sur la probabilité qu'une fraude aux états financiers se produise (Abbott *et al.*, 2004; Farber, 2005). Marciukaityte *et al.* (2006) constatent que la compétence et l'indépendance du comité d'audit sont négativement associées à la survenance d'irrégularités comptables. Farber (2005) montre que les entreprises frauduleuses ont une proportion plus faible d'experts financiers dans leurs comités d'audit que les entreprises de contrôle apparié. D'autres recherches soulignent l'importance de la qualité de l'audit. Farber (2005) indique que les entreprises frauduleuses sont, en moyenne, auditées moins fréquemment par l'un des *Big Four* auditeurs en comparaison avec les entreprises de contrôle.

Carcello et Nagy (2004) suggèrent que les entreprises ayant trois ans ou moins d'existence sont plus susceptibles de faire face à des sanctions de la Securities and Exchange Commission (SEC).

4. Lutte contre les fraudes financières

Pendant des décennies et particulièrement après le scandale d'Enron, les organisations et les autorités réglementaires ont mis en place des contrôles de plus en plus stricts dans le but d'atténuer le risque de fraude financière. La majorité de la réglementation vise l'amélioration de la gouvernance, la qualité de l'information comptable et financière et le renforcement de la protection du lanceur d'alerte.

Partout dans le monde, le comité d'audit, le conseil d'administration et la gouvernance ont acquis de plus en plus de légitimité dans la lutte contre la fraude financière. D'ailleurs, la recherche montre que la gouvernance joue un rôle important dans la prévention et la détection de la fraude financière et comptable. Les études en comptabilité et en finance notent les avantages d'avoir un conseil d'administration et un comité d'audit indépendants.

En plus, les organisations sont tenues de mettre en place des mécanismes antifraude pour lutter contre la fraude et favoriser une culture organisationnelle éthique. Parmi les mécanismes antifraude les plus efficaces est le lancement d'alerte ou la dénonciation. La dénonciation consiste à signaler un acte répréhensible ou le risque de mauvaise conduite aux parties qui peuvent être en mesure de prendre des actions adéquates pour corriger la situation. Une des définitions les plus importantes dans la recherche sur le lancement d'alerte est celle de Near et Micelli (1985) selon laquelle la dénonciation est la divulgation par les membres (actuels ou anciens) d'une organisation de pratiques illégales, immorales ou illégitimes sous le contrôle de leurs employeurs, à des personnes ou à des organisations susceptibles d'agir. Dans l'article 922 de Dodd Frank[1], le lanceur d'alerte est défini comme tout individu qui fournit des informations relatives à une violation des lois sur les valeurs mobilières à la Commission, d'une manière établie, par une règle ou un règlement, par la Commission. La recherche a mis en évidence le rôle important de la dénonciation, surtout après la divulgation de la lanceuse d'alerte Cynthia

1. https://www.sec.gov/spotlight/dodd-frank/whistleblower.shtml

Cooper. D'ailleurs, selon Johansson et Carey (2016), les canaux de signalement, y compris ceux qui sont anonymes, font partie d'un système de contrôle conçu pour détecter la fraude dans les organisations. La mise en place d'un système d'alerte est ainsi importante pour lutter contre la fraude. Les organisations doivent toujours s'assurer que leur système de dénonciation fonctionne correctement et que les employés sont formés sur les politiques de dénonciation.

Améliorer l'interaction sociales dans l'organisation pourrait être un outil efficace pour prévenir les comportements contraires à l'éthique et renforcer une culture antifraude. D'ailleurs, Dimmock *et al.* (2018) montrent que les collègues influencent la propension d'un individu à commettre une inconduite financière. De plus, les organisations pourraient compter sur l'implication des employés dans la lutte contre la fraude. Les organisations qui responsabilisent leurs employés dans la lutte contre la fraude sont moins susceptibles d'être victimes de fraude. L'autonomisation des employés peut prendre différentes formes, comme encourager la dénonciation interne, offrir la bonne formation aux employés et renforcer la confiance entre l'organisation et les employés.

L'activisme des investisseurs et les autorités financières jouent un rôle important dans la réduction de l'opportunité perçue de frauder par les dirigeants. À titre d'exemple, Kedia et Rajgopal (2011) montrent que les retraitements annoncés par les entreprises sont plus faibles pour les entreprises situées à proximité d'un bureau de la SEC. Les auteurs suggèrent que les entreprises proches d'un bureau régional de la SEC sont plus susceptibles d'être ciblées par les mesures d'exécution de la SEC.

5. Rôle du juricomptable dans la prévention et la détection de la fraude financière : l'humilité de la discipline

La juricomptabilité comme branche de la comptabilité implique l'utilisation de techniques d'enquête basées entre autres sur la comptabilité pour découvrir des irrégularités comptables et financières. De nos jours, face à l'évolution et à la complexification du contexte financier et des avancées technologiques, les juricomptables sont une source capitale pour les organisations soucieuses de l'éthique, du respect de la conformité et de la pérennité financière. Ils agissent non seulement en réponse à des actes frauduleux, mais les organisations gagneraient à les impliquer très tôt de façon proactive. En effet, le juricomptable joue un rôle important dans la prévention et la détection de la fraude financière et comptable; en revanche, on parle peu de son rôle sur la scène publique, universitaire et médiatique.

Tout d'abord, il intervient lors des allégations de fraude financière pour enquêter et fournir une vérité objective basée sur des preuves. Il utilise des outils d'investigation lui permettant de vérifier si la fraude financière a eu lieu et de démystifier le schéma de fraude.

Avec la complexité croissante des transactions financières et l'évolution de la technologie, les méthodes de fraude financière deviennent de plus en plus sophistiquées. Les juricomptables, partant de leur expertise en comptabilité, jouent un rôle essentiel dans la détection des fraudes en examinant minutieusement les dossiers et divers rapports financiers leur permettant d'identifier les irrégularités. Après la détection de la fraude, ils peuvent mettre en œuvre des contrôles pour atténuer le risque de fraude et s'assurer que l'organisation est outillée pour faire face à ce risque.

En outre, le juricomptable intervient pour quantifier les dommages causés par la fraude financière. En plus de la détection, les juricomptables peuvent jouer un rôle plus important dans la prévention de la fraude et dans les services de gestion de risque de fraude auprès des différentes organisations. Les services juricomptables peuvent inclure entre autres la mise en place de contrôles préventifs et coercitifs pour lutter contre la fraude, l'accompagnement ou la mise en place d'un système de lancement d'alerte éthique et l'offre de formations aux employés. Ils peuvent intervenir en cas de détection de fraude et en mettant en œuvre des contrôles pour atténuer les risques.

Les juricomptables sont des experts en analyse et en enquête. Ils sont appelés à offrir également une assistance spécialisée dans les procédures judiciaires portant sur des questions financières. Ils analysent des données financières complexes, préparent des rapports et fournissent des témoignages d'experts afin d'assister les avocats et/ou les juges pour comprendre et démystifier les problèmes financiers liés aux litiges.

De plus, les juricomptables enquêtent en réponse à des suspicions d'irrégularités comptables. Ils mènent des enquêtes approfondies pour découvrir des preuves et apporter des clarifications sur les questions financières. Ils disposent d'outils pour trouver les fonds, analyser les états financiers et divers documents comptables, identifier certaines transactions, etc. Ils sont aptes et experts à interroger des personnes impliquées dans des transactions financières, ou des complices, ou pour recueillir des informations nécessaires à l'analyse. Ils peuvent aussi aider les avocats à mener des interrogatoires pour extraire des informations importantes sur les personnes concernées. De même, ils sont outillés pour analyser des relevés bancaires et de transactions et des factures leur permettant de cibler les transactions non autorisées, de suivre le flux des fonds et de découvrir des actifs cachés.

De plus, les juricomptables peuvent intervenir pour s'assurer que l'organisation respecte les lois et règlements en vigueur. À titre d'exemple, les juricomptables peuvent aider les organisations à assurer la conformité à la loi Sarbanes-Oxley ou à la loi False Claims Act, et à d'autres lois en vigueur relatives à la fraude financière et à la corruption. Les juricomptables peuvent effectuer des audits de conformité et évaluer les contrôles.

Les juricomptables jouent un rôle important dans la prévention et la gestion des risques. Leur expertise en analyse financière et en détection des fraudes peut aider les entreprises à anticiper et à gérer les risques. Ils permettent d'identifier et d'atténuer les risques financiers en évaluant les contrôles internes, en examinant les processus opérationnels et en mettant en œuvre des mesures pour prévenir les fraudes. Des services en prévention de fraude devraient inclure une communication continue avec les acteurs de gouvernance clés comme le comité d'audit et le conseil d'administration. Leur intervention permettrait d'améliorer la gestion des risques de fraude.

6. Défis des juricomptables dans la lutte contre les fraudes

La pratique et la recherche démontrent que les organisations du secteur privé font plus appel aux services des juricomptables que les autres formes organisationnelles. Bien que le champ d'intervention du juricomptable soit important dans la lutte contre la fraude financière, il est important de noter que les juricomptables devraient intervenir davantage dans les différentes formes organisationnelles. Les ministères et les OSBL sont aussi des cibles de corruption et de fraudes financières. L'intervention des juricomptables dans la prévention devrait être effectuée ailleurs dans le secteur privé. Les organisations gagneraient à investir davantage dans cette expertise et mettre en avant le rôle des juricomptables dans la prévention de la fraude.

Les juricomptables devraient également intervenir dans d'autres types de crimes organisationnels, tels que la corruption ou même les cyberattaques (qui ont des conséquences financières importantes), et ne pas limiter leurs interventions aux fraudes financières.

De plus, bien que la juricomptabilité combine essentiellement des compétences en comptabilité, en audit et en enquête pour analyser les dossiers financiers et fournir des preuves aux procédures judiciaires, les cabinets juricomptables devraient miser sur une approche multidisciplinaire pour offrir leurs services. Les cabinets gagneraient à avoir une équipe multidisciplinaire provenant du droit, de la psychologie et des technologies d'informations. Les fraudes financières peuvent être compliquées, et pour mieux les contrer, une équipe diversifiée sera plus efficace dans les cabinets juricomptables.

Conclusion

La fraude financière et comptable engendre des coûts directs et indirects pour l'organisation, les employés, les investisseurs et les différentes parties prenantes. La fraude continue de changer de méthode et de forme au fil du temps, créant une sorte de décalage constant entre l'acte de fraude et sa détection. Dans ce contexte, le juricomptable apparaît comme l'acteur le plus important dans la prévention et la détection des fraudes comptables et financières. Les acteurs de la gouvernance d'entreprise et les acteurs économiques devraient travailler étroitement et fréquemment avec les juricomptables afin de contrer les fraudes et de réduire le risque de fraude.

Références

Abbott, L. J., Parker, S. et Peters, G. F. (2004). Audit committee characteristics and restatements. *Auditing : A Journal of Practice & Theory, 23*(1), 69–87.

Amiram, D., Bozanic, Z. et Cox, J. D. (2018). Financial reporting fraud and other forms of misconduct : A multidisciplinary review of the literature. *Review of Accounting Studies, 23*, 732–783.

Association of Certified Fraud Examiners. (2012). *Report to the Nations on Occupational Fraud and Abuse : 2012 Global Fraud Study.*

Association of Certified Fraud Examiners. (2024). *Occupational Fraud 2024 : A Report to the Nations.*

Baucus, M. S. et Near, J. P. (1991). Can illegal corporate behavior be predicted ? An event history analysis. *The Academy of Management Journal, 34*(1), 9–36.

Beasley, M. S. (1996). An empirical analysis of the relation between the board of director composition and financial statement fraud. *The Accounting Review, 71*(4), 443–465.

Beasley, M. S., Carcello, J. V., Hermanson, D. et Neal, T. L. (2010). *Fraudulent financial reporting 1998–2007.* Committee of Sponsoring Organizations of the Treadway Commission (COSO).

Carcello, J. V. et Nagy, A. L. (2004). Audit firm tenure and fraudulent financial reporting. *Auditing : A Journal of Practice & Theory, 23*(2), 55–69.

Cressey, D. R. (1950). The criminal violation of financial trust. *American Sociological Review, 15*(6), 738–743.

Dechow, P. M., Ge, W. et Schrand, C. (2010). Understanding earnings quality : A review of the proxies, their determinants and their consequences. *Journal of Accounting and Economics, 50*(2–3), 344–401.

Dechow, P. M., Sloan, R. G. et Sweeney, A. P. (1996). Causes and consequences of earnings manipulation : An analysis of firms subject to enforcement actions by the SEC. *Contemporary Accounting Research, 13*(1), 1–36.

Dimmock, S. G., Gerken, W. C. et Graham, N. P. (2018). Is fraud contagious ? Coworker influence on misconduct by financial advisors. *The Journal of Finance, 73*(3), 1417–1450.

Dunn, P. (2004). The impact of insider power on fraudulent financial reporting. *Journal of Management, 30*(3), 397–412.

Fama, E. F. et Jensen, M. C. (1983). Separation of ownership and control. *Journal of Law & Economics, 26*(2), 301–325.

Farber, D. B. (2005). Restoring trust after fraud : Does corporate governance matter ? *The Accounting Review, 80*(2), 539–561.

Jensen, M. C. et Meckling, W. H. (1976). Theory of the firm : Managerial behavior, agency costs and ownership structure. *Journal of Financial Economics, 3*(4), 305–360.

Johansson, E. et Carey, P. (2016). Detecting fraud : The role of the anonymous reporting channel. *Journal of Business Ethics, 139*(2), 391–409.

Johnson, S. A., Ryan, H. E. et Tian, Y. S. (2009). Managerial incentives and corporate fraud : The sources of incentives matter. *Review of Finance, 13*(1), 115–145.

Kedia, S. et Rajgopal, S. (2011). Do the SEC's enforcement preferences affect corporate misconduct ? *Journal of Accounting and Economics, 51*(3), 259–278.

Marciukaityte, D., Szewczyk, S. H., Uzun, H. et Varma, R. (2006). Governance and performance changes after accusations of corporate fraud. *Financial Analysts Journal, 62*(3), 32–41.

Near, J. P. et Miceli, M. P. (1985). Organizational dissidence : The case of whistleblowing. *Journal of Business Ethics, 4*(1), 1–16.

Savage, M. (2009). *Le risque de fraude en période de difficultés économiques : Questions que les administrateurs devraient poser.* Institut Canadien des Comptables Agréés.

Shi, W., Connelly, B. L. et Hoskisson, R. E. (2017). External corporate governance and financial fraud : Cognitive evaluation theory insights on agency theory prescriptions. *Strategic Management Journal, 38*(6), 1268–1286.

Shi, W., Connelly, B. L. et Sanders, G. M. (2016). Buying Bad Behavior : Tournament Incentives and Securities Class Action Lawsuits. *Strategic Management Journal, 37*(7), 1354–1378.

Smaili, N., Le Maux, J. et Ben Amar, W. (2020). Corporate fraud : Avenues for future research. Dans H. K. Baker, L. Purda-Heeler et S. Saadi (dir.), *Corporate fraud exposed : A comprehensive and holistic approach* (p. 441–458). Emerald Publishing.

Sutherland, E. H. (1940). White collar criminality. *American Sociological Review, 5*(1), 1–12.

Uzun, H., Szewczyk, S. H. et Varma, R. (2004). Board composition and corporate fraud. *Financial Analysts Journal, 60*(3), 33–43.

Wells, J. T. (2007). *Corporate fraud handbook : Prevention and detection.* John Wiley & Sons.

Chapitre 5

Sans mémoire, la lutte contre la fraude ne finit jamais

Julien Le Maux
Professeur titulaire
HEC Montréal

Objectif du chapitre

L'objectif de ce chapitre est de montrer le caractère répétitif des schémas de fraude. L'auteur offre des pistes intéressantes aux juri-comptables pour prévenir et détecter la fraude.

1. Introduction

La complexité croissante du monde des affaires, qu'elle soit juridique, comptable ou technologique, pourrait laisser penser que la lutte contre la fraude devient un défi toujours plus difficile à relever. Dans cet univers en constante évolution, acquérir et maintenir une expertise approfondie devient un défi majeur, tant pour les organisations que pour les individus. Pourtant, derrière cette apparente complexité, une réalité inattendue se dégage : les schémas de fraude tendent à se répéter, souvent de manière presque identique à travers le temps.

Une meilleure connaissance de l'histoire des fraudes aurait permis d'éviter de nombreux désastres. Les criminels à col blanc, loin d'être de véritables innovateurs, se limitent souvent à adapter des méthodes éprouvées à des contextes ou technologies nouvelles. Selon Levi (Levi, 1987, Levi, 2008), le caractère créatif n'est souvent qu'une amélioration marginale d'une méthode déjà existante. Les criminels à col blanc se contentent d'adapter des techniques éprouvées à de nouveaux contextes ou technologies, sans véritablement innover[1]. Les récents scandales liés à l'utilisation frauduleuse des cryptomonnaies ou au détournement de données personnelles montrent comment des pratiques anciennes se réinventent sous des formes modernisées.

Au début des années 1990, dans l'introduction d'un ouvrage collectif portant sur l'éthique et la gestion de l'entreprise, Hubert de La Bruslerie écrivait : « Parler de morale des affaires aujourd'hui est peut-être faire preuve d'une certaine audace ! L'époque – la nôtre, et non pas celle de nos parents, ni, espérons-le, celle de nos enfants – serait celle des affaires, de la corruption, de l'appât du gain, des coups financiers, de l'argent sale Après les trente années « glorieuses » de croissance économique, faut-il parler des dix ou vingt "corrompues" qui caractérisaient ce siècle finissant » (La Bruslerie, 1992).

Près de 35 ans plus tard, ce constat demeure pertinent. Toutefois, nous ne parlons plus de 20 années corrompues, mais plutôt de 55 ans marqués par des scandales récurrents. Malgré l'évolution des systèmes de régulation et la multiplication des outils technologiques, les schémas de fraude persistent, mettant en évidence des vulnérabilités structurelles et organisationnelles qui demeurent inexploitées. Pour mieux comprendre et prévenir ces pratiques, il est essentiel d'analyser les mécanismes sous-jacents qui favorisent leur répétition et d'anticiper leurs formes futures dans un environnement en constante transformation.

Récurrence et simplicité sont les deux qualités des principales fraudes.

2. La répétition des schémas de fraude

Les crimes à col blanc ne cessent de se répéter dans l'histoire du monde des affaires. Pour expliquer cette récurrence, plusieurs raisons de nature structurelle et organisationnelle peuvent être citées. Comprendre les causes, les mettre en contexte avec des exemples et parvenir à une conclusion est l'objectif de cette première partie.

1. Exemple : l'hameçonnage par courriel est une adaptation des principes de tromperie classiques dans un environnement numérique.

3. Causes de la répétition

La répétition permanente de certains schémas de fraude peut s'expliquer de trois façons.

Une absence de mémoire collective dans les organisations

Les entreprises, les régulateurs et les institutions financières manquent d'une mémoire institutionnelle (Walsh and Ungson, 1991, Levitt and March, 1988). Cette mémoire pourrait pourtant se former à partir des fraudes passées. Toutefois, la rotation du personnel, la faible conservation des archives stratégiques et l'absence de systèmes de gestion de connaissances limitent la capacité des organisations à reconnaître des signaux d'alerte similaires (de Holan and Phillips, 2004). Ce problème s'est aggravé dans certaines organisations avec l'intégration de la culture du court terme, où les priorités sont davantage axées sur la rentabilité immédiate que sur la prévention des risques.

Des failles dans les apprentissages professionnels

Malgré l'existence de nombreux manuels universitaires et de formations spécialisées, la pédagogie en matière de lutte contre la fraude reste insuffisante. Par exemple, les auditeurs s'appuient sur des normes ou des méthodes standardisées qui ne sont pas assez mises à jour. Ce retard limite l'intégration des leçons tirées des échecs antérieurs (Power, 2003). Au niveau des organisations, ce constat s'explique par le sentiment de nombreuses directions qu'elles ne peuvent être victimes de fraudes (Beasley et al., 2010, Zahra et al., 2005).

Croire que l'évolution des technologies est synonyme de créativité criminelle

De nombreux experts en matière de lutte contre la fraude voient dans les évolutions technologiques récentes une source de développement de nouveaux schémas de fraude. Il est certain que les criminels exploitent les innovations pour commettre leurs fraudes et contourner les contrôles établis.

Toutefois, « s'adapter » ne signifie pas « innover ». La théorie des activités routinières (Felson, 1987, Miró, 2014) explique que les criminels à col blanc adaptent leurs comportements aux changements sociétaux, économiques et technologiques. Chaque avancée technologique, comme l'émergence des cryptomonnaies ou l'automatisation comptable, ouvre de nouvelles occasions de fraudes (Yermack, 2017).

Dans ce contexte, croire que les futurs schémas de fraude seront basés sur les nouvelles technologies et qu'il est donc inutile de connaître les schémas existants est une erreur. Ces adaptations au contexte technologique ne doivent pas être considérées comme de la créativité criminelle qui effacerait les fraudes passées. Connaître les fraudes passées et comprendre la technologie sont deux aspects complémentaires et non contradictoires.

4. Comparaisons de fraudes

L'objectif de cette section est de montrer que les schémas utilisés par les criminels à col blanc n'ont que peu évolué au cours des dernières décennies.

Entre manipulation financière et opacité organisationnelle : Sino-Forest vs YBM Magnex

Les fraudes d'YBM Magnex et de Sino-Forest présentent des similitudes dans leurs schémas et leur ampleur. YBM Magnex a longtemps été la plus importante fraude de l'histoire du Canada, avant que Sino-Forest ne prenne la première place sur le podium de la criminalité à col blanc.

YBM Magnex International, fondée en 1986 et introduite en bourse en 1994, était une entreprise canadienne spécialisée dans la fabrication d'aimants industriels. Fondée dans les années 1980, elle se présentait comme un acteur majeur dans son secteur, présente dans des marchés en forte croissance en Europe, en Amérique du Nord et en Asie. Elle attirait les investisseurs en mettant en avant son potentiel de croissance dans un domaine technologique de pointe.

En 1997, le cabinet d'audit Deloitte refusa de certifier les états financiers en raison de l'opacité dans les transactions avec des entreprises affiliées et de l'incapacité à vérifier certains actifs. Ce refus de certification a entraîné une enquête du Federal Bureau of Investigation (FBI), laquelle a révélé que l'entreprise était liée au crime organisé russe et que ses revenus déclarés étaient largement fictifs. Des entreprises affiliées et écrans, souvent situées dans des juridictions peu transparentes, ont été utilisées pour masquer des flux financiers frauduleux. Cette révélation a entraîné la faillite d'YBM Magnex. Le cabinet Deloitte a été poursuivi pour ne pas avoir détecté et signalé plus tôt les irrégularités dans les états financiers. Sans admettre ses fautes, Deloitte a accepté de verser 55 millions de dollars dans le cadre d'un règlement à l'amiable avec les investisseurs.

Près de vingt ans plus tard, une situation quasi similaire s'est déroulée et a provoqué d'importantes pertes pour les investisseurs. Sino-Forest Corporation était une société forestière inscrite à la Bourse de Toronto, mais opérant en Chine. Fondée en 1994, elle se présentait comme un leader de l'exploitation forestière, affirmant posséder et gérer d'importantes concessions de forêts en Chine. L'entreprise attirait l'attention des marchés financiers grâce à des promesses de rendement élevé, justifiées par la forte demande de bois en Chine. Elle a été valorisée à plusieurs milliards de dollars sur la Bourse de Toronto.

En juin 2011, Muddy Waters a publié un rapport accusant Sino-Forest d'avoir gonflé ses actifs forestiers et ses revenus grâce à des transactions fictives. Le rapport a également pointé le cabinet d'audit Ernst & Young pour ne pas avoir détecté ces manipulations. À la suite de ce rapport, la Commission des valeurs mobilières de l'Ontario (CVMO) a lancé une enquête officielle. Elle a conclu que les dirigeants de Sino-Forest avaient orchestré une fraude massive. Sino-Forest prétendait posséder des millions d'hectares de forêts en Chine. En réalité, beaucoup de ces actifs n'existaient pas ou étaient largement surévalués. De plus, l'entreprise comptabilisait des ventes de bois entre ses filiales et des partenaires commerciaux inexistants pour créer l'illusion d'un chiffre d'affaires élevé.

Ernst & Young a été critiquée pour son manque de diligence dans la vérification des actifs et transactions. En 2013, le cabinet a accepté de verser 117 millions de dollars pour régler un recours collectif intenté par les investisseurs de Sino-Forest, mais il n'a jamais reconnu une quelconque responsabilité.

Dans les cas des fraudes impliquant YBM Magnex et Sino-Forest, le rôle des auditeurs a suivi un schéma similaire. Tout d'abord, ces entreprises ont choisi des cabinets d'audit de renom pour renforcer la crédibilité de leurs états financiers auprès des investisseurs. Ensuite, ces cabinets ont échoué à détecter les transactions fictives et la surévaluation des actifs, ainsi qu'à signaler les irrégularités de manière proactive. Enfin, face à la découverte des fraudes, leur réaction a été comparable : sans jamais admettre leur responsabilité, ils ont conclu des règlements financiers importants avec les investisseurs lésés.

Tableau 1 – Comparaison des fraudes d'YBM Magnex et de Sino-Forest

	YBM Magnex	Sino-Forest	Similarités
Secteur d'activité	Fabrication d'aimants	Exploitation forestière en Chine	Secteurs complexes et difficiles à vérifier
Type de fraude	Surestimation des actifs et revenus fictifs	Surestimation des actifs et revenus fictifs	Manipulation des états financiers
Impact financier	Pertes de plusieurs millions	Perte de plusieurs milliards	Préjudices financiers importants
Région d'opération principale	Canada et Europe de l'Est	Chine et Canada	Juridictions internationales opaques
Révélation	Enquête criminelle aux États-Unis et au Canada	Enquête de la Commission des valeurs mobilières de l'Ontario (CVMO)[2]	Découverte par une analyse externe
Auditeur	Choix d'un auditeur réputé (Ernst & Young)	Choix d'un auditeur réputé (Deloitte)	Recherche de crédibilité pour renforcer la fiabilité auprès des investisseurs
Conséquences	Faillite de l'entreprise et poursuites judiciaires Dénonciation du travail de l'auditeur	Faillite de l'entreprise et poursuites judiciaires Dénonciation du travail de l'auditeur	Les auditeurs ont versé des sommes aux investisseurs lésés

2. *Ontario Securities Commission.*

Structures opaques et effondrements spectaculaires : Enron vs FTX

Les deux fraudes suivantes figurent parmi les plus importantes de l'histoire des marchés financiers, en raison de leur ampleur et de leur influence sur l'évolution de la législation en droit des affaires ainsi que sur la réglementation des marchés financiers.

En 1985, l'entreprise Enron est fondée après la fusion de Houston Natural Gas et d'InterNorth, devenant rapidement un acteur majeur du commerce d'énergie. Au cours des quinze années suivantes, Enron a mis en œuvre des stratégies de diversification et d'expansion, notamment dans le domaine des produits dérivés énergétiques. Sur le plan comptable, elle a adopté la méthode « *mark-to-market* », permettant ainsi d'enregistrer immédiatement les profits prévus sur des contrats à long terme, même si ces revenus n'étaient pas encore réalisés. Enron utilisait également une structure juridique de société particulière (*Special purpose entities, SPE*) pour transférer ses dettes hors bilan, dissimulant ainsi ses pertes et gonflant donc artificiellement ses états financiers.

En octobre 2001, Enron a admis avoir surévalué ses revenus de 1,2 milliard de dollars, ce qui entraîna un effondrement de la valeur de son action. Le 2 décembre 2001, Enron a déclaré faillite, devenant la plus grande de l'histoire économique américaine à l'époque. Son auditeur, le cabinet Andersen, l'un des cinq principaux cabinets d'audit mondiaux (*Big Five*) de l'époque, a été reconnu coupable de falsification de documents, ce qui a conduit à sa dissolution en 2002.

Près de 10 ans plus tard, FTX, fondée en 2019 par Sam Bankman-Fried, était une plateforme d'échange de cryptomonnaies rapidement devenue leader du secteur, atteignant une valorisation de 32 milliards de dollars en 2021. Cette valorisation reposait en partie sur la surévaluation de son *token* natif[3], le FTT, dont le prix était artificiellement manipulé par d'importants achats pour créer une fausse perception de valeur. Les

3. Un *token* est une unité numérique créée sur une chaîne de blocs, qui représente une valeur ou un droit. Les *tokens* peuvent avoir différents usages, comme représenter une monnaie (*stablecoin*), donner accès à un service, ou même représenter une part d'actif (NFT, *tokens* de sécurité). Ils sont souvent utilisés dans les écosystèmes de cryptomonnaies pour faciliter les transactions, récompenser les utilisateurs ou financer des projets. Un *token* natif est un token directement lié à une chaîne de blocs ou à une plateforme spécifique, jouant un rôle central dans son écosystème. Le *token* natif de la plateforme FTX est le FTT.

dirigeants de FTX ont également transféré les fonds des clients de FTX vers Alameda Research, une société de *trading* liée, en violation des principes de séparation des fonds.

Tableau 2 – Comparaison des fraudes d'Enron et de FTX

Catégorie	**Enron**	**FTX**	**Similarités**
Secteur	Énergie	Cryptomonnaies	Secteurs innovants mais peu régulés
Technique principale	Comptabilité frauduleuse et dettes masquées	Usage détourné des fonds apportés par les clients	Utilisation de techniques comptables et financières relativement simples
Manipulation des données	Bilan et état des résultats falsifiés	Surévaluation des tokens	Manipulation des chiffres pour dissimuler la vérité
Acteurs clés	Kenneth Lay, Jeffrey Skilling	Sam Banman-Fried, Caroline Ellison	Implication directe des dirigeants
Impact sur les parties prenantes	Employés, actionnaires et partenaires commerciaux	Clients et investisseurs	Pertes massives pour les parties prenantes
Conséquences	Faillite de l'entreprise Condamnation des dirigeants à des peines de prison Promulgation de la loi Sarbanes-Oxley	Faillite de l'entreprise Condamnation des dirigeants à des peines de prison Renforcement de la réglementation sur les cryptomonnaies	Changements réglementaires postscandale

En novembre 2022, un rapport de CoinDesk révéla des anomalies dans les états financiers d'Alameda, notamment sa dépendance excessive au FTT. Cette déclaration poussa Binance, le principal concurrent de FTX, à vendre ses *tokens* FTT, déclenchant une panique sur les marchés. Le 8 novembre 2022, FTX gela les retraits des clients, faute de liquidités pour couvrir les demandes. Trois jours plus tard, la plateforme déclara faillite, entraînant des pertes estimées entre 8 et 10 milliards de dollars.

Les similarités entre ces deux cas de fraudes sont nombreuses. Le premier point commun est l'excès de confiance accordée par les investisseurs pour ces entreprises qui étaient, respectivement, de grande taille, et qui appartenaient à un secteur en forte croissance. Dans le cas d'Enron, de nombreux analystes ont continué à recommander l'achat des actions, malgré des signaux d'alerte concernant la transparence financière de l'entreprise (Healy and Palepu, 2003, Barton and Waymire, 2004). Dans le cas de FTX, les analystes n'ont pas suffisamment posé de questions sur les pratiques opérationnelles et financières de l'entreprise (Mackenzie, 2024).

Fraudes industrielles et détournements des normes : Volkswagen dieselgate vs General Motors

Les scandales de Volkswagen et de General Motors représentent deux des fraudes les plus marquantes de l'industrie automobile. Bien qu'elles soient différentes dans leur nature et leurs conséquences, elles partagent des similitudes en termes de motivations et de techniques employées.

Fondé en 1937 en Allemagne, Volkswagen (VW) est l'un des plus grands constructeurs automobiles au monde. L'entreprise a toujours eu pour objectif d'être le leader sur les marchés mondiaux grâce à son innovation technologique, en particulier dans le domaine des véhicules diesel, vantés comme étant économiques et écologiques. Entre 2006 et 2009, Volkswagen cherchait à promouvoir ses moteurs diesel comme une solution écologique tout en conservant des performances compétitives.

Parallèlement, la réglementation américaine devenait plus exigeante avec des normes strictes sur les émissions. Pour contrer cela, Volkswagen a conçu un logiciel qui ajustait temporairement les performances du moteur pour réduire les émissions d'oxyde d'azote (NO_x) uniquement pendant les tests. En conditions réelles, les émissions pouvaient être jusqu'à 40 fois supérieures.

En 2015, des chercheurs de l'Université de Virginie-Occidentale et de l'International Council of Clean Transportation (ICCT) ont découvert une grande disparité entre les émissions en laboratoire et celles sur route. Cette découverte a déclenché une enquête de l'Agence américaine de protection de l'environnement (U.S. Environmental Protection Agency – EPA), qui a accusé Volkswagen de violation des normes.

Volkswagen a été reconnue coupable et a dû verser environ 30 milliards de dollars en pénalités, rappels et indemnisations. De plus, l'impact environnemental a été désastreux pour l'entreprise.

Quelques années plus tôt, General Motors (GM) a connu un problème en matière de sécurité. Fondé en 1908 à Détroit, GM était l'un des plus anciens et des plus grands constructeurs automobiles mondiaux. L'entreprise avait une longue histoire en matière d'innovations et possédait des marques renommées. Dès 2001, les ingénieurs de GM ont détecté un défaut dans les commutateurs d'allumage : une pression légère pouvait désactiver le moteur, coupant également les coussins de sécurité gonflables, la direction assistée et les freins. Toutefois, les dirigeants ont continué à utiliser les commutateurs défectueux.

En 2006, la compagnie les a discrètement modifiés sans avertir les régulateurs ni effectuer un rappel des véhicules vendus avec les anciennes versions. Après plusieurs accidents, une enquête a révélé, en 2014, que GM connaissait le défaut depuis plus d'une décennie, mais qu'elle n'avait pas pris les mesures nécessaires.

Ces deux affaires montrent que des dispositifs simples et une culture d'entreprise axée sur le profit peuvent entraîner des conséquences majeures, tant sur le plan financier qu'humain. Ces scandales ont finalement poussé à un renforcement des régulations, soulignant l'impact durable de ces manquements sur l'industrie automobile.

Tableau 3 – Comparaison des fraudes de Volkswagen et de General Motors

Catégorie	Volkswagen Dieselgate	General Motors	Similarités
Nature de la fraude	Dispositifs simples (logiciel ou pièce mécanique) pour dissimuler des défauts	Techniques exploitant des failles dans le contrôle réglementaire	Les deux fraudes impliquent la dissimulation intentionnelle d'un problème connu.
Motivation	Réduction des coûts et maintien d'une image écologique	Réduction des coûts de production et évitement des rappels	Motivations financières et protection de l'image de marque.
Conséquences	• Impact environnemental (pollution massive) • 30 milliards de dollars en pénalités, rappels et indemnisations • Perte massive de confiance dans la marque	• Décès (124 morts) et blessures (275 blessés) • 2,6 milliards en pénalités, rappels et indemnisations • Crédibilité entamée sur la sécurité des véhicules	Les coûts humains et financiers de deux fraudes sont considérables.
Impact sur la réglementation	Renforcement des normes sur les émissions	Contrôle accru des rapports sur les défauts	La pression accrue sur le signalement rapide des défauts

5. Analyse des impacts

Les fraudes répétées ne se contentent pas de causer des dommages immédiats, elles ont également des conséquences durables et multidimensionnelles.

Effets sur les investisseurs et les parties prenantes

La récurrence des fraudes détruit progressivement la confiance des investisseurs sur les marchés financiers et des parties prenantes dans le monde économique en général. Chaque scandale réduit la crédibilité non seulement des entreprises impliquées, mais aussi des régulateurs et des auditeurs, perçus comme inefficaces, voire complices.

Par exemple, les faillites d'Enron et de FTX ont toutes deux entraîné des pertes massives pour les parties prenantes, mais aussi une remise en question du rôle des institutions censées garantir la transparence et la fiabilité des informations financières (Healy and Palepu, 2003, Dyck et al., 2010).

De nouvelles législations bienvenues, mais tardives

Chacune des fraudes significatives a entraîné une vague de réformes législatives et réglementaires. La loi Sarbanes-Oxley a, par exemple, été promulguée en même temps que le scandale d'Enron pour renforcer la transparence des états financiers.

Toutefois, ces mesures ne sont pas toujours adaptées à la prévention des fraudes futures (Coates, 2007). Les criminels à col blanc innovent plus rapidement que les régulateurs, contournant les nouvelles règles ou exploitant des failles laissées ouvertes(Jensen and Meckling, 1994).

Le paradoxe de la sophistication des contrôles

Alors que les systèmes de contrôle de détection et de contrôle deviennent de plus en plus sophistiqués et complexes, les fraudeurs adoptent des schémas simples et efficaces, exploitant souvent des erreurs humaines ou des lacunes organisationnelles.

Kevin Mitnick, célèbre pirate informatique dans les années 1980 puis reconverti dans la sécurité informatique, a souvent démontré que les failles humaines sont les plus faciles à exploiter (Mitnick and Simon, 2002). La conclusion du développement des nouveaux systèmes est simple : les milliards de dollars investis dans des technologies avancées ne suffisent pas à contrer les stratégies de fraude élémentaires mais ingénieuses.

6. La simplicité des techniques de fraude

Dans un monde où la technologie progresse à un rythme rapide, une hypothèse selon laquelle les techniques de fraude deviennent de plus en plus complexes et sophistiquées pourrait être formulée. Cependant, la réalité montre souvent le contraire : la simplicité reste un pilier central des pratiques frauduleuses.

Pourquoi la simplicité fonctionne-t-elle encore ?

La simplicité, dans le contexte des fraudes, peut être définie comme l'utilisation de techniques rudimentaires ou accessibles qui tirent parti des faiblesses humaines, organisationnelles et technologiques. Cette simplicité des techniques de fraude n'est pas un frein aux activités des criminels à col blanc. Au contraire, elle est une qualité recherchée qui leur permet d'être toujours aussi efficaces dans un monde où les systèmes de sécurité deviennent de plus en plus sophistiqués.

Exploitation des failles humaines

Les individus constituent souvent le maillon faible des systèmes. Une réalité que les fraudeurs exploitent en tirant parti de divers comportements humains. La négligence, par exemple, se manifeste lorsque des employés surchargés ou insuffisamment formés omettent de suivre les protocoles essentiels, comme le renouvellement régulier des mots de passe ou la vérification des accès aux systèmes (D'Arcy and Hovav, 2009).

La confiance excessive dans les systèmes de protection informatique représente une autre faille majeure. Les individus ont tendance à accorder une confiance parfois aveugle à des interlocuteurs ou à des processus internes qu'ils jugent légitimes, sans toujours vérifier leur validité (Murphy and Dacin, 2011).

Enfin, le manque de formation reste un problème récurrent. De nombreux employés ne reçoivent pas une éducation adéquate sur la cybersécurité ou sur les risques liés à leur fonction, ce qui les rend plus vulnérables à des attaques comme l'hameçonnage (Siponen and Vance, 2010, Beer et al., 2016).

Les failles organisationnelles

Les organisations peuvent contribuer involontairement à faciliter la survenue de fraudes en raison de certaines faiblesses structurelles ou culturelles. Tout d'abord, des contrôles internes insuffisants, qu'il s'agisse de politiques de sécurité mal définies ou de leur mauvaise application, ouvrent la porte à des fraudes internes comme externes (Brazel et al., 2009, Hoitash et al., 2009).

Parallèlement, la culture du silence constitue un autre facteur aggravant. Dans des environnements organisationnels où les employés hésitent à signaler des comportements suspects, par peur de représailles ou en raison d'un manque de mécanismes pour le faire de manière sécurisée, les fraudes peuvent persister et s'intensifier (Verhezen, 2010). Ce silence, souvent nourri par une méfiance envers la hiérarchie ou un climat d'indifférence, freine la détection précoce des irrégularités.

Enfin, des priorités conflictuelles au sein des organisations peuvent également compromettre les efforts de prévention. Lorsque l'accent est mis sur la productivité ou les objectifs financiers, parfois au détriment des mesures de sécurité, les systèmes et les processus deviennent plus vulnérables aux abus (Pinto et al., 2008, Demetriades and Owusu-Agyei, 2022). Cette quête de la performance peut reléguer les préoccupations liées à la prévention des fraudes à un second plan, favorisant ainsi un terrain propice à des comportements illégaux.

Exploitation de failles technologiques

Malgré la complexité croissante des systèmes de sécurité, des vulnérabilités élémentaires continuent de persister, rendant les organisations vulnérables aux attaques. Une des failles les plus fréquentes réside dans l'utilisation de mots de passe faibles ou réutilisés. Ces mots de passe génériques ou prévisibles, souvent choisis pour leur simplicité, offrent un accès facile aux fraudeurs, cherchant à compromettre des systèmes insuffisamment protégés.

Une autre faille courante est l'absence de mises à jour régulières des logiciels et des systèmes. Lorsqu'une organisation ne corrige pas rapidement des vulnérabilités connues, elle s'expose à des attaques exploitant ces failles (Arora *et al.*, 2008). Ces retards dans les mises à jour créent des occasions pour les fraudeurs de s'introduire dans les systèmes et d'extraire des données confidentielles.

Enfin, les techniques d'hameçonnage, qui reposent sur l'ingénierie sociale et la crédulité des utilisateurs, demeurent une méthode simple et efficace. Ces attaques ne nécessitent pas de compétences technologiques avancées, ce qui les rend accessibles même aux fraudeurs peu expérimentés. Ces vulnérabilités, bien qu'élémentaires, continuent d'être exploitées avec succès, soulignant l'importance de mesures préventives robustes et de la sensibilisation des utilisateurs.

Comparaisons des fraudes

L'objectif de cette section est de montrer que les schémas utilisés par les criminels à col blanc reposent souvent des techniques simples et ne nécessitant pas d'expertise particulière.

De simples failles humaines et internes exploitées : NASA vs Desjardins

Deux cas similaires illustrent la simplicité des schémas de fraude sur le plan technologique : le cas de la NASA, en 1999, et celui de Desjardins, en 2019.

La NASA a été victime en 1999 d'une fraude liée au vol de données confidentielles. Un jeune salarié britannique, Gary McKinnon, a réussi à s'introduire dans les systèmes informatiques de l'agence spatiale américaine en exploitant des failles élémentaires dans leur sécurité, comme l'absence de mots de passe complexes et la configuration inadéquate des systèmes. Sa méthode reposait sur des techniques informatiques simples utilisant des logiciels libres disponibles sur Internet. Il a recherché des informations sur des projets classifiés, causant des millions de dollars de dommages liés à la sécurité et aux réparations des systèmes.

Vingt ans plus tard, au Canada, le Mouvement Desjardins a été victime d'une fraude interne. Un employé a volé les données personnelles de près de 9,7 millions de membres, incluant les noms, adresses, numéros de téléphone et informations financières personnelles. Cette fraude a été rendue possible par des lacunes dans les processus internes de protection des données et un manque de contrôle des accès. L'employé a simplement extrait les données à l'aide d'une clé USB et les a vendues à des tiers. La méthode utilisée était élémentaire et exploitable, sans technologies avancées ou expertise particulière.

La comparaison entre ces deux cas de fraude repose sur la simplicité des outils technologiques utilisés pour voler des données : des logiciels libres disponibles pour tous sur Internet dans le cas de la NASA, et une clé

USB dans le cas de Desjardins. De plus, ces outils étaient d'autant plus efficaces que les systèmes de protection étaient très peu efficaces (Mitnick and Simon, 2002).

Tableau 4 – Comparaison des fraudes chez Desjardins et la NASA

Catégorie	NASA	Desjardins	Similarités
Nature de la fraude	Cyberattaque externe : piratage des systèmes informatiques par un pirate.	Vol interne : extraction des données personnelles par un employé malveillant.	Accès non autorisé à des données confidentielles.
Méthodes utilisées	Piratage à l'aide de logiciels libres exploitant des failles élémentaires (absence de mots de passe robustes).	Extraction physique des données à l'aide d'une clé USB et d'un accès légitime mal utilisé.	Techniques simples, exploitant des failles humaines et organisationnelles.
Origine des failles	Faiblesse dans la sécurité informatique.	Taille dans la gestion des accès et la sécurité des systèmes.	Failles de base dans la gestion des accès et la sécurité des systèmes.
Durée avant détection	Plusieurs mois avant d'identifier l'intrusion et de corriger les failles.	Plusieurs mois avant la découverte et l'identification de l'auteur de la fuite.	Délais importants indiquant des carences significatives dans la détection des menaces.
Leçon	Importance des mots de passe robustes, des pare-feu et nécessité de tests réguliers de vulnérabilité.	Nécessité de processus rigoureux pour limiter les accès, surveiller les activités et sensibiliser les employés.	Importance des mesures de sécurité de base.

La dissimilation dans l'industrie pharmaceutique : Purdue Pharma vs Chemie Grünenthal

La simplicité des schémas de fraude est une caractéristique récurrente dans le secteur de la santé. Bien que ce dernier puisse sembler complexe, il s'avère relativement accessible pour ceux qui cherchent à en tirer un profit frauduleux. Afin de le démontrer, deux cas de fraudes basés sur la commercialisation de médicaments peuvent être comparés : Purdue Pharma et Chemie Grünenthal (Stephens and Brynner, 2001).

Durant la période 1957-1961, la thalidomide, un médicament utilisé pour traiter les nausées chez les femmes enceintes, a été vendue en grande quantité par l'entreprise Chemie Grünenthal. Les revenus générés par le médicament étaient élevés, se chiffrant en centaines de millions de deutsche marks. Toutefois, il a provoqué des malformations graves chez près de 10 000 enfants. L'entreprise n'a pas correctement testé les effets secondaires du médicament avant sa mise sur le marché. De plus, les risques connus ou potentiels n'ont pas été communiqués aux régulateurs. Le cas de la thalidomide a conduit à des réformes dans de nombreux pays en matière de tests cliniques et de procédures d'approbation des médicaments.

Quarante ans plus tard, un nouveau cas de fraude fondé sur la non-divulgation des dangers d'un médicament s'est déroulé dans des conditions similaires. Le cas de l'entreprise pharmaceutique Purdue Pharma commence avec le lancement en 1996 du médicament OxyContin, un analgésique opioïde, et il se termine dans les années 2020 avec la fin des poursuites judiciaires. Lors de la mise sur le marché de l'OxyContin, Purdue Pharma a affirmé que le médicament avait un faible potentiel de dépendance, en manipulant des données scientifiques et en utilisant des études biaisées. De plus, l'entreprise a eu recours à une politique commerciale excessive pour encourager les médecins à prescrire le médicament, en offrant notamment des bonis pour des volumes élevés. Ainsi, l'entreprise est devenue un leader mondial de l'industrie pharmaceutique en matière de lutte contre la douleur; elle a généré 35 milliards de dollars de ventes[4] et a reversé près de 13 milliards de dollars à la famille Sackler[5].

---

4. National Geographic, *L'OxyContin, l'antidouleur qui a rendu l'Amérique accro*, 2 décembre 2021.
5. Wall Street Journal, *Sacklers Received as Much as $13 Billion in Profits From Purdue Pharma*, 4 octobre 2019.

Tableau 5 – Comparaison des fraudes Purdue Pharma et Chemie Grünenthal

Catégorie	Purdue Pharma	Chemie Grünenthal	Similarités
Produits	OxyContin (opioïde contre la douleur)	Thalidomide (antinauséeux pour femmes enceintes)	Médicaments promis comme innovants et sûrs
Techniques de fraude	Manipulation des données, omissions des risques	Absence de tests rigoureux, omissions intentionnelles	Utilisation pour des populations vulnérables (patients en souffrance)
Simplicité des techniques	Surévaluation des bénéfices, sous-estimation des risques, pression commerciale	Absences de tests, déni des effets secondaires	Exploitation de lacunes réglementaires et absence de surveillance indépendante
Conséquences humaines	Épidémie de dépendance et des millions de décès liés aux opioïdes	Naissances d'enfants avec des malformations graves et décès prématurés	Conséquences tragiques sur la vie humaine à grande échelle
Conséquences légales et judiciaires	En 2007, une amende de 634 millions de dollars pour commercialisation frauduleuse a été payée. En 2020, un règlement de 8,3 milliards de dollars a été négocié pour fraude et violation de la législation anticorruption. Les membres de la famille Sackler, propriétaires de l'entreprise, ont accepté de payer 6 milliards de dollars dans le cadre d'un accord civil.	En 1970, Chemie Grünenthal a versé 31 millions de dollars aux victimes allemandes du médicament. De nombreuses réformes des réglementations pharmaceutiques ont été réalisées dans le monde.	Impacts réglementaires importants sur l'industrie pharmaceutique

Dans les deux cas, la clientèle visée par ces médicaments était composée essentiellement de populations vulnérables : les patients souffrant de douleurs chroniques pour l'OxyContin et les femmes enceintes pour la thalidomide. De tels publics cibles favorisent les occasions favorables pour les fraudeurs qui prétendent pouvoir les aider.

La vulnérabilité technologique exploitée : Equifax vs TJX Companies

Les fraudes d'Equifax et de TJX Companies mettent en lumière la facilité avec laquelle des vulnérabilités technologiques peuvent être exploitées lorsque les systèmes ne sont pas suffisamment protégés. Elles partagent un dénominateur commun : l'exploitation de failles simples, rendue possible par des négligences humaines et un manque de vigilance dans la cybersécurité.

En 2007, TJX Companies, un détaillant américain, a été victime d'une fraude massive impliquant le vol de données de cartes de crédit et de débit de millions de clients. Les attaquants ont exploité une faiblesse dans le chiffrement de son réseau Wi-Fi pour s'introduire dans le système de traitement des paiements.

Les pirates informatiques ont accédé au réseau via une méthode appelée *piratag Wi-fi*[6] pour trouver des failles dans le chiffrement WEP obsolète. Ils ont ainsi intercepté des transactions de paiement et récupéré des numéros de carte, des dates d'expiration et d'autres informations personnelles.

Dix ans après, Equifax, l'une des principales agences de crédit dans le monde, a subi une violation de données massive affectant près de 147 millions de consommateurs américains. Cette violation a été causée par une faille dans un logiciel Web, qui n'avait pas été mise à jour malgré une alerte publique sur cette vulnérabilité en mars 2017.

Les pirates informatiques ont utilisé une faille connue pour accéder aux systèmes d'Equifax. Les données confidentielles (noms, numéros d'assurance sociale, dates de naissance, informations de crédit, etc.) ont été extraites sur une longue période.

6. Le *wardriving* est une technique utilisée pour rechercher des réseaux Wi-Fi à proximité à l'aide d'un ordinateur ou d'un appareil connecté. L'origine du mot provient de la méthode qui consiste à se déplacer dans une zone en voiture pour détecter des réseaux sans fil dans le but de trouver des connexions mal sécurisées ou non protégées.

Tableau 6 – Comparaison des fraudes Equifax et TJX Companies

Catégorie	Equifax	TJX Companies	Similarités
Nature de la fraude	Violation massive de données personnelles	Vol massif de données de cartes bancaires	Atteinte à la confidentialité des données
Technique utilisée	Exploitation d'une faille logicielle connue	Intrusion dans la base de données via un réseau Wi-Fi mal sécurisé	Exploitation de failles techniques simples
Facteur humain	Négligence dans les mises à jour et la surveillance	Utilisation d'un chiffrement dépassé	Négligence en matière de cybersécurité
Durée de l'attaque	Plusieurs mois sans détection	Plusieurs mois sans détection	Long délai avant la détection
Données ciblées	Informations personnelles et financières	Informations de paiement	Données critiques exploitées
Impact financier	147 millions de consommateurs affectés	Plus de 45 millions de cartes compromises	Grande échelle et dommages financiers
Conséquences	Amendes et perte de réputation	Amendes, poursuites judiciaires et perte de réputation	Perte de réputation et régulation accrue

Dans les deux cas, les fraudes ont été rendues possibles aisément par une négligence dans la mise en jour des systèmes informatiques et par un manque de contrôle sur les accès aux bases de données.

7. Conséquences de la simplicité

Dans le domaine de la lutte contre la fraude, la simplicité reste paradoxalement l'arme la plus efficace des fraudeurs. Alors que les organisations investissent massivement dans des technologies de pointe, telles que l'intelligence artificielle et les systèmes automatisés de détection, les fraudeurs continuent d'exploiter des failles élémentaires et des approches rudimentaires. Ce paradoxe met en lumière une réalité troublante : la sophistication technologique ne garantit pas une sécurité infaillible.

Limites des outils sophistiqués de lutte contre la fraude

Les avancées technologiques sont de plus en plus utilisées pour détecter et prévenir les fraudes, promettant une révolution dans la sécurité organisationnelle. Ces outils, reposant sur des algorithmes complexes et des systèmes d'apprentissage automatique, permettent d'analyser d'immenses volumes de données pour identifier des anomalies et des comportements suspects. Cependant, malgré leurs promesses, ces technologies montrent des limites significatives qui en réduisent l'efficacité.

Une des principales limites réside dans leur capacité de détection restreinte. Les systèmes d'intelligence artificielle sont souvent conçus pour repérer des schémas complexes et des comportements anormaux dans les données. Cependant, ils peuvent passer à côté de fraudes simples, car celles-ci échappent aux critères d'anomalie définis par les algorithmes. Par exemple, un employé qui utilise une clé USB pour extraire des données confidentielles peut contourner les systèmes de détection avancés.

Une autre problématique importante est liée aux faux positifs générés par les outils technologiques. Ces outils, dans leur quête de précision, peuvent signaler un grand nombre d'alertes qui, après vérification, se révèlent infondées. Cela peut engendrer une surcharge de travail pour les équipes de sécurité et détourner des ressources importantes de la gestion des véritables menaces.

Enfin, l'automatisation excessive des contrôles peut également poser des risques. Si les organisations s'appuient trop sur des systèmes automatisés, elles risquent de réduire la vigilance humaine, un élément essentiel dans la lutte contre les fraudes. Les fraudeurs tirent parti de cette dépendance technologique en adoptant des approches simples, souvent ignorées par les systèmes automatisés.

Importance des facteurs humains et organisationnels

Malgré l'adoption croissante d'outils technologiques avancés, les facteurs humains et organisationnels continuent de jouer un rôle central dans les vulnérabilités des systèmes de sécurité. Les failles humaines, souvent exploitées par des fraudeurs, rappellent que la prévention repose autant sur les individus que sur les outils technologiques. Une formation adéquate et une sensibilisation des employés constituent des défenses clés contre les techniques de fraude, en particulier celles qui reposent sur la simplicité. Une main-d'œuvre ainsi informée et alerte est mieux préparée à identifier des comportements suspects (Puhakainen and Siponen, 2010).

Au-delà de la formation, le rôle du leadership et de la culture organisationnelle est essentiel. Une direction qui établit un ton ferme en faveur de la transparence et de la vigilance peut influencer positivement les comportements à tous les niveaux de l'organisation (Hu *et al.*, 2012). Par exemple, des cadres supérieurs qui encouragent la déclaration proactive d'activités suspectes ou qui valorisent la conformité envoient un message clair sur l'importance de la lutte contre la fraude.

Parallèlement, l'évaluation régulière des processus internes joue un rôle crucial dans la détection et la prévention des fraudes (Ege, 2015). Les audits périodiques permettent d'identifier et de corriger les lacunes dans les systèmes, les politiques ou les pratiques organisationnelles.

Finalement, bien que les outils technologiques soient essentiels dans la lutte contre la fraude, leur efficacité dépend largement de l'engagement des individus et de la solidité des pratiques organisationnelles. La combinaison d'une main-d'œuvre formée, d'un leadership fort et de processus internes régulièrement révisés reste la meilleure approche pour réduire les vulnérabilités et renforcer la résilience face aux menaces.

Conclusion

L'analyse des schémas de fraude met en évidence une réalité : malgré les efforts pour les prévenir, ces schémas continuent de se répéter. Cette récurrence s'explique notamment par l'incapacité des organisations, des régulateurs et des individus à exploiter les leçons des fraudes passées. Les mémoires institutionnelles sont souvent fragmentées ou inexistantes. Elles échouent à conserver et à appliquer les apprentissages nécessaires pour anticiper les menaces similaires.

Parallèlement, la simplicité est une caractéristique des techniques utilisées par les fraudeurs. Bien que les systèmes de détection et de contrôle deviennent de plus en plus sophistiqués, les approches rudimentaires conservent une efficacité significative. En exploitant des failles humaines, organisationnelles ou technologiques, les criminels à col blanc parviennent à contourner des dispositifs pourtant complexes. Ce paradoxe souligne les limites des outils modernes, qui ne sauraient se substituer à une vigilance accrue et à une culture organisationnelle proactive (Dorminey et al., 2012, Holtfreter, 2005).

Références

Arora, A., Telang, R. et Xu, H. (2008). Optimal Policy for Software Vulnerability Disclosure. *Management Science, 54*(4), 642-656.

Barton, J. et Waymire, G. (2004). Investor protection under unregulated financial reporting. *Journal of Accounting and Economics, 38*(1), 65-116.

Beasley, M. S., Carcello, J. V., Hermanson, D. et Neal, T. L. (2010). *Fraudulent Financial Reporting 1998-2007, an analysis of U.S. public companies.* Committee of Sponsoring Organization of the Treadway Commission (COSO).

Beer, M., Finnström, M. et Schrader, D. (2016). Why Leadership Training Fails – and What to Do About It. *Harvard Business Review,* 94, 50-57.

Brazel, J. F., Jones, K. L. et Zimbelman, M. F. (2009). Using Nonfinancial Measures to Assess Fraud Risk. *Journal of Accounting Research,* 47, 1135-1166.

Coates, J. C. I. V. (2007). The Goals and Promise of the Sarbanes-Oxley Act. *Journal of Economic Perspectives, 21*(1), 91-116.

D'Arcy, J. et Hovav, A. (2009). Does One Size Fit All? Examining the Differential Effects of IS Security Countermeasures. *Journal of Business Ethics,* 89, 59-71.

De Holan, P. M. et Phillips, N. (2004). Remembrance of Things Past? The Dynamics of Organizational Forgetting. *Management Science, 50*(11), 1603-1613.

Demetriades, P. et Owusu-Agyei, S. (2022). Fraudulent financial reporting : an application of fraud diamond to Toshiba's accounting scandal. *Journal of Financial Crime, 29*(2), 729-763.

Dorminey, J., Fleming, A. S., Kranacher, M.-J. et Riley Jr, R. A. (2012). The Evolution of Fraud Theory. *Issues in Accounting Education, 27*(2), 555-579.

Dyck, A., Morse, A. et Zingales, L. (2010). Who Blows the Whistle on Corporate Fraud? *Journal of Finance,* 65, 2213-2253.

Ege, M. S. (2015). Does Internal Audit Function Quality Deter Management Misconduct? *The Accounting Review, 90*(2), 495-527.

Felson, M. (1987). Routine activities and crime prevention in the developing metropolis. *Criminology, 25*(4), 911-932.

Healy, P. M. et Palepu, K. G. (2003). The Fall of Enron. *The Journal of Economic Perspectives, 17*(2), 3-26.

Hoitash, U., Hoitash, R. et Bedard, J. C. (2009). Corporate Governance and Internal Control over Financial Reporting : A Comparison of Regulatory Regimes. *Accounting Review, 84*(3), 839-867.

Holtfreter, K. (2005). Is occupational fraud "typical" white-collar crime? A comparison of individual and organizational characteristics. *Journal of Criminal Justice, 33*(4), 353-365.

Hu, Q., Dinev, T., Hart, P. et Cooke, D. (2012). Managing Employee Compliance with Information Security Policies : The Critical Role of Top Management and Organizational Culture*. *Decision Sciences, 43*(4), 615-660.

Jensen, M. C. et Meckling, W. H. (1994). The nature of man. *Journal of Applied Corporate Finance, 7*(2), 4-19.

La Bruslerie, H. D. (1992). *Éthique, déontologie et gestion de l'entreprise.* Economica.

Levi, M. (1987). *Regulating fraud : white-collar crime and the criminal process.* Tavistock Publ.

Levi, M. (2008). *The phantom capitalists : the organization and control of long-firm fraud* (édition révisée). Routledge.

Levitt, B. et March, J. G. (1988). Organizational Learning. *Annual Review of Sociology,* 14, 319-340.

Mackenzie, S. (2024). Crypto collapse : the cult of personality and the normalisation of fraud in FTX and Celsius. *Journal of Financial Crime, 32*(2).

Miró, F. (2014). Routine Activity Theory. Dans J. Mitchell Miller (dir.), *The Encyclopedia of Theoretical Criminology* (p. 1-7). Blackwell.

Mitnick, K. D. et Simon, W. L. (2002). *The art of deception : controlling the human element of security.* Wiley.

Murphy, P. R. et Dacin, M. T. (2011). Psychological Pathways to Fraud : Understanding and Preventing Fraud in Organizations. *Journal of Business Ethics,* 101, 601-618.

Pinto, J., Leana, C. R. et Pil, F. K. (2008). Corrupt organizations or organizations of corrupt individuals ? Two types of organization level corruption. *Academy of Management Review, 33*(3), 685-709.

Power, M. K. (2003). Auditing and the production of legitimacy. *Accounting, Organizations and Society, 28*(4), 379-394.

Puhakainen, P. et Siponen, M. (2010). Improving Employees' Compliance Through Information Systems Security Training : An Action Research Study. *MIS Quarterly, 34*(4), 757-778.

Siponen, M. et Vance, A. (2010). Neutralization : New insights into the problem of employee information systems security policy violations. *MIS Quarterly, 34*(3), 487-502.

Stephens, T. D. et Brynner, R. (2001). *Dark remedy : the impact of thalidomide and its revival as a vital medicine.* Perseus Pub.

Verhezen, P. (2010). Giving Voice in a Culture of Silence. From a Culture of Compliance to a Culture of Integrity. *Journal of Business Ethics,* 96, 187-206.

Walsh, J. P. et Uingson, G. R. (1991). Organizational memory. *Academy of Management Review, 16*(1), 57-91.

Yermack, D. (2017). Corporate Governance and Blockchains. *Review of Finance, 21*(1), 7-31.

Zahra, S. A., Priem, R. L. et Rasheed, A. A. (2005). The Antecedents and Consequences of Top Management Fraud. *Journal of Management, 31*(6), 803-828.

Chapitre 6

Missions d'enquêtes juricomptables : entre théorie et pratique

Myriam Levesque
Nadia Smaili

Objectif du chapitre

L'objectif de ce chapitre est de discuter des étapes d'une enquête juricomptable. Il vise aussi à dresser un portrait du cadre normatif disponible pour réaliser des enquêtes juricomptables. Il présente les bonnes pratiques pour réaliser un mandat d'enquête en juricomptabilité.

1. Introduction

Des enquêtes de nature financière peuvent être réalisées par plusieurs professionnels, par exemple des policiers, des enquêteurs internes dans les organisations, des enquêteurs privés ou des juricomptables. Ces professionnels peuvent être employés de firmes externes (par exemple : des firmes de comptables professionnels agréés) ou à l'interne des organisations. En effet, plusieurs grandes entreprises, compagnies d'assurances et organisations publiques emploient des enquêteurs dont la mission est d'effectuer des mandats pour prévenir et détecter des actes répréhensibles commis à l'intérieur de l'organisation ou par des tiers.

L'enquête est un de ces moyens mis en œuvre lorsque des indices d'actes répréhensibles (par exemple, une transaction qui n'a pas suivi le processus habituel d'approbation, des paiements incohérents avec les pièces justificatives, des ajustements inexpliqués dans les états financiers, des remboursements de dépenses extravagantes, l'utilisation de ressources de l'entreprise de façon inhabituelle...) sont détectés par divers moyens (dénonciation d'un collègue ou d'un tiers, révision d'un supérieur immédiat, analyse de l'équipe d'audit interne...).

Ce chapitre s'adresse aux professionnels qui débutent dans le domaine des enquêtes juricomptables. Il vise notamment à dresser un portrait du cadre normatif disponible pour réaliser des enquêtes juricomptables. De plus, il met en commun les différentes sources de bonnes pratiques pour expliquer les principales étapes qui seront réalisées par l'enquêteur pour être en mesure de fournir son opinion d'expert indépendant au terme de ses travaux d'enquête.

2. Enquête interne ou externe?

Tout au long du chapitre, nous ne ferons pas de distinction significative entre les enquêtes juricomptables réalisées par un enquêteur employé à l'interne de l'organisation ou celles réalisées par un consultant externe mandaté par l'organisation. Les principales étapes d'enquête demeurent les mêmes ainsi que les bonnes pratiques auxquelles se référer. En effet, un enquêteur interne ou externe est interpellé lorsqu'il existe un soupçon d'acte répréhensible ou à tout le moins une potentielle dérogation à une règle, à une loi ou à un principe reconnu. Dans tous les cas, un mandat d'enquête est donné, car une personne en autorité a des décisions à prendre, et pour ce faire, elle a besoin de faire la lumière sur les faits et circonstances des événements. C'est ce qui lui sera rapporté par l'enquêteur, interne ou externe, au terme de ses travaux. Ainsi, nous désignerons par le terme *client* le décideur qui octroie le mandat d'enquête. Que l'enquêteur travaille dans la même organisation que ce client ou non, il mettra en œuvre les mêmes étapes afin de fournir des conclusions utiles à la prise de décision du client. Il demeure toutefois possible que les mots utilisés pour désigner les différentes étapes varient selon si nous sommes un enquêteur interne ou externe, alors que l'objectif de chaque étape d'enquête demeure le même. Par exemple, un enquêteur interne pourrait voir son mandat balisé par un mémo ou une note de service interne, alors que l'enquêteur externe recevra une lettre mandat ou une lettre mission. Dans tous les cas, il s'agit de résumer par écrit les attentes du client qui a demandé l'enquête afin de bien se comprendre. Ainsi, tous les enquêteurs pourront se retrouver dans la méthodologie décrite dans ce chapitre, en adaptant les termes à ceux qui sont couramment utilisés dans leurs organisations.

3. Trois éléments clés à protéger

L'enquêteur doit être au fait du cadre juridique de la juridiction dans laquelle il œuvre. Le cadre juridique dépasse la portée de ce chapitre. Par ailleurs, dans toutes les juridictions, l'enquêteur mènera son enquête en gardant en tête trois éléments clés qu'il doit protéger :

→ Protéger les actifs. Ainsi, avant de lancer l'enquête, il est important d'avoir une discussion franche sur la gestion des risques avec le client et les mesures à mettre en place afin de limiter les risques que l'organisation perde d'autres actifs pendant le processus d'enquête. Par exemple, est-ce que le fraudeur a toujours les accès informatiques pour continuer le stratagème et continuer de réaliser des transferts bancaires non autorisés ? Dans la majorité des cas, l'entreprise souhaitera bloquer les accès, mais dans certains cas précis, il pourrait être nécessaire de prendre le fraudeur sur le fait. Dans ce cas précis, il faut aussi évaluer s'il ne serait pas bénéfique de tout de même renforcer les contrôles de surveillance afin de limiter les pertes de l'entreprise.

→ Protéger la preuve. Les éléments de preuve qui disparaîtraient en cours d'enquête ne permettraient pas à l'enquêteur de fournir une conclusion claire. Ainsi, cette préoccupation doit suivre l'enquêteur dans le choix de ses travaux d'enquête, des personnes à rencontrer et de l'ordre dans lequel elles seront rencontrées, etc. Par exemple, avant de faire les premières demandes d'entrevues ou de documents, l'enquêteur devrait s'assurer que l'entreprise a en main des copies des principaux documents (répertoires informatiques, boîtes courriel, informations dans un classeur), car il faut se rappeler qu'une personne mal intentionnée pourrait décider de faire « un peu de ménage » lorsqu'elle est informée de la tenue d'une enquête.

→ Protéger la réputation des gens mis en cause et de l'organisation. L'enquêteur est neutre et objectif. Il sait qu'au terme de ses travaux, les allégations seront soit confirmées ou infirmées. Dans tous les cas, l'enquêteur et le client doivent mettre en œuvre tous les moyens à leur disposition pour s'assurer du plus haut niveau de confidentialité sur l'enquête. Pour protéger la réputation de l'organisation, il est important de faire enquête afin de départager les faits des rumeurs. Une fois ceci dit, bien sûr, les gens rencontrés seront mis au fait qu'il y a des travaux d'analyse sur certains sujets. Par contre, tout est dans la façon de présenter la situation. Dans bien des cas, il est possible d'obtenir leur version franche des événements en expliquant le mandat d'enquête de façon neutre et simple, sans que l'enquêteur ait à donner de détails. Ainsi, les gens rencontrés n'ont pas à savoir qui a fait la divulgation de soupçons, à qui la personne s'est confiée, ce que les autres témoins ont révélé à l'enquêteur, etc.

Cadre normatif des missions d'enquête

En 2006, l'Alliance pour l'excellence en juricomptabilité, créée par l'Institut canadien des comptables agréés (ICCA), avait développé des « normes d'exercice des missions de juricomptabilité » qui visaient à protéger le public en assurant le respect systématique de critères d'exercice minimaux. Il s'agissait de grands principes qui visaient à guider l'exercice du jugement professionnel.

L'unification des trois ordres comptables canadiens a mené à la création des Comptables professionnels agréés du Canada (CPA Canada). Les normes d'exercice des missions de la juricomptabilité ont été mises à jour par CPA Canada. Par la suite, elles n'ont pas été maintenues dans le référentiel officiel de CPA Canada. Ainsi, CPA Canada dirige maintenant ses membres juricomptables vers d'autres référentiels disponibles, notamment ceux de l'Association of International Certified Professional Accountants (AICPA). Du point de vue des auteurs de ce chapitre, bien que les normes de CPA Canada ne soient plus en vigueur dans un référentiel officiel, celles-ci représentent toujours une source de référence intéressante pour les professionnels en enquête. Nous nous permettrons donc de nous y référer tout au long de ce chapitre.

Les juricomptables qui détiennent le titre de CFF[1] ont l'obligation de respecter le « *Statement on Standards for forensic services No. 1* » de l'AICPA (2020b), qui rappelle les règles générales qui encadrent la réalisation de mandats juricomptables, qu'ils soient liés à des enquêtes ou à des litiges. Ainsi, peu importe si l'enquête est réalisée à l'interne d'une organisation ou par un professionnel externe, ces normes peuvent être utiles pour guider l'enquêteur sur les attentes en termes de compétences professionnelles requises, de soins à apporter dans l'exercice de la profession, de la planification et la supervision des services professionnels ainsi que de l'obtention de données suffisantes pour soutenir les conclusions.

1. *Certified in Financial Forensics* (CFF), titre professionnel décerné par l'*American Institute of Certified Public Accountants* (AICPA).

Il est également possible de s'inspirer de diverses bonnes pratiques pour guider les professionnels qui doivent réaliser une enquête. Par exemple, les guides pratiques publiés par l'AICPA et l'Association of Certified Fraud Examiners (ACFE) constituent de bonnes sources de références.

De plus, il ne faut jamais oublier que tout dossier d'enquête pourrait éventuellement être déposé à la cour. En conséquence, il est nécessaire de connaître les principales attentes des tribunaux pertinents au dossier, par exemple les règles de preuve ou les attentes envers les rapports et les témoignages d'experts indépendants.

Principales étapes d'une enquête juricomptable

Nous avons illustré les cinq principales étapes de toutes les enquêtes à la figure 1. Le but de notre illustration est de démontrer qu'une enquête doit être structurée pour atteindre tous ses objectifs dans un délai raisonnable.

En pratique, l'envergure de chacune des étapes variera en fonction de l'envergure de l'enquête. Par exemple, la phase d'analyse préliminaire peut représenter quelques heures ou quelques jours, selon la nature des allégations, le nombre d'allégations à enquêter, le nombre de témoins potentiels, les processus de l'organisation visés par l'enquête, etc.

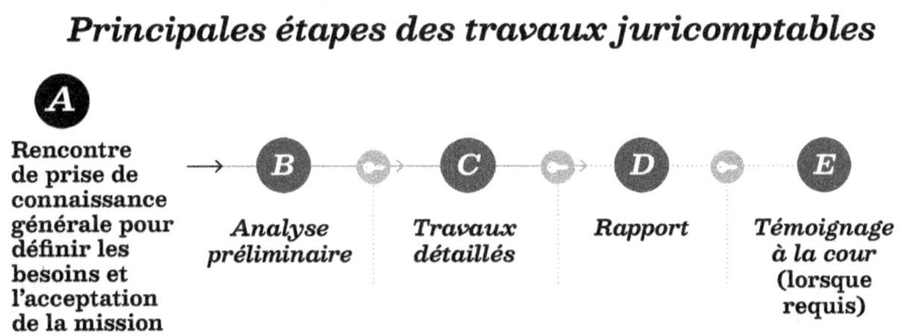

Figure 1 – Méthodologie des enquêtes internes et externes

Chacune des étapes peut être désignée par des noms légèrement différents en pratique, mais elles visent toutes les mêmes résultats. À la suite de la première discussion avec le client pour bien comprendre ses préoccupations, et après l'acceptation de la mission par l'enquêteur (étape A), les principaux jalons se définissent ainsi :

→ Étape B : L'analyse préliminaire peut aussi être appelée notamment « planification de la mission », « analyse de recevabilité » ou « étude préliminaire ». Peu importe le terme préféré, cette étape est cruciale afin de déterminer si des travaux détaillés d'enquête sont véritablement requis pour conclure sur les allégations reçues et si c'est le cas, de préciser la nature et l'envergure de ces travaux d'enquête.

→ Étape C : Les travaux détaillés, ou « exécution du mandat », constituent le cœur de la mission. Ils permettront de recueillir tous les éléments probants pour être en mesure de conclure si les allégations sont fondées ou non.

→ Étape D : Au terme des travaux, il est important de communiquer les conclusions d'enquête. Que ce soit sous forme de rapport verbal, mais le plus souvent écrit, ces informations permettront aux décideurs de prendre les mesures appropriées.

→ Étape E : De plus, dans certains cas, un témoignage de l'enquêteur sera requis par la cour. Dans d'autre cas, le tribunal pourrait se contenter du rapport d'enquête et n'identifiera pas de questions additionnelles à adresser à l'enquêteur.

À chacune des étapes de la mission, le juricomptable doit avoir un esprit d'investigation. L'esprit d'investigation nécessite que le juricomptable « fasse preuve d'un certain degré de scepticisme dans l'identification, la recherche, l'analyse et l'évaluation des informations pertinentes par rapport à chaque mission, en étant conscient qu'elles sont susceptibles d'être biaisées, fausses ou incomplètes. L'esprit d'investigation est notamment présent dans l'identification et l'évaluation des questions pertinentes, l'analyse de la plausibilité des hypothèses sous-jacentes, l'analyse de la primauté de la substance de la forme, et l'élaboration d'hypothèses de travail pour ses recherches sur les divers éléments faisant l'objet de l'enquête» (CPA Canada, 2007, par. 100.11, p. 3). Par exemple, en pratique, cela peut vouloir dire qu'il faut aller questionner davantage lorsque les réponses obtenues soulèvent d'autres doutes. L'enquêteur doit faire attention notamment à l'information qu'il reçoit de la part des témoins. Il peut se questionner : est-ce qu'un document appuie la version apportée par le témoin ? Est-ce qu'une autre personne était présente et pourrait donc corroborer le tout de façon crédible ? Dans d'autres cas, il pourrait être attentif aux documents reçus : existe-t-il une possibilité qu'il reçoive un document altéré ou créé récemment afin de justifier les événements ?

À la figure 1, nous avons identifié par des « clés » les principaux moments « clés » où nous jugeons qu'il peut être intéressant de prendre un pas de recul avant de passer à la prochaine étape. Cette « clé » est une illustration tirée de notre expérience personnelle qui est simple à appliquer en pratique. Le client est toujours satisfait de comprendre globalement où l'enquêteur est rendu, et cela lui permet de s'approprier l'orientation du dossier. Par exemple, que ce soit pour approuver des éléments de nature juridique ou pour valider l'évolution dans les besoins des clients, un état de situation verbal, accompagné au besoin d'un bref écrit, est pertinent pour le client avant de commencer les travaux de la prochaine étape. Cela permet de s'assurer que les efforts d'enquête sont investis au bon endroit et que les besoins nouveaux ou ceux modifiés par le client sont rapidement pris en compte dans la planification. Par exemple, il est possible qu'au terme de l'analyse préliminaire, les informations obtenues viennent tout de suite grandement nuancer ou infirmer les allégations examinées. Dans ce cas, le client peut se questionner sur ses besoins et envisager de requérir à un diagnostic de climat de travail, à des services de médiation ou à un autre type de service professionnel pour régler les enjeux de communication identifiés, plutôt que de poursuivre les travaux d'enquête.

4. Compréhension et acceptation du mandat

Cette étape préliminaire sert essentiellement à comprendre les attentes du client et à mettre en place les bonnes bases pour réduire le risque lié à la pratique juricomptable.

D'ailleurs, l'AICPA rappelle et énonce que les juricomptables doivent « faire preuve d'un jugement d'affaires astucieux pour décider d'accepter ou de refuser une mission d'enquête sur la fraude. En règle générale, les enquêtes sur les fraudes exposent [les juricomptables] à des risques uniques par rapport à d'autres types d'affectations de consultation » (AICPA & CIMA, 2020a, p. 28, traduction libre). Par exemple, certains rapports d'enquête peuvent amener une organisation à prendre la décision de mettre fin à l'emploi d'une personne. Dans d'autres cas, le rapport d'enquête peut être diffusé publiquement et amener des réactions diverses. Ainsi, les travaux du juricomptable peuvent être remis en cause par les personnes concernées qui subissent des conséquences sur leur emploi ou sur leur réputation. Le juricomptable doit donc s'assurer qu'il comprend bien la mission et ses répercussions potentielles, et qu'il accepte le mandat en toute connaissance de cause.

Comprendre les besoins réels du client

Lors de la rencontre initiale avec le client, le juricomptable devrait obtenir certaines informations contextuelles et situationnelles lui permettant de prendre une décision éclairée sur les besoins du client, même ceux que le client n'est pas en mesure d'exprimer clairement. Il faut se rappeler qu'à part pour des organisations pour lesquelles les enquêtes font partie de la mission (par exemple, les corps policiers ou une organisation gouvernementale responsable de la surveillance de l'application d'une loi ou d'un règlement), peu d'organisations octroient des mandats d'enquête de façon régulière. Ainsi, le juricomptable doit questionner son client et s'assurer que ses travaux viseront le bon objectif.

En pratique, il est utile de bien comprendre les motivations de la personne qui mandate l'enquêteur afin de lui proposer un mandat adapté à la situation. Par exemple, le client confie-t-il un mandat afin de :

- → *Transmettre le dossier aux corps policiers afin qu'ils démontrent des actes de nature criminelle ? OU*
- → *Récupérer des montants d'argent détournés ? OU*
- → *Démontrer la rupture du lien de confiance avec la personne mise en cause et justifier son congédiement ?*

Le juricomptable peut réaliser des travaux pour répondre à l'une ou l'autre de ces attentes. Souvent l'une d'elles est prioritaire pour son client. Il faut parfois lui poser des questions précises pour l'aider à définir son besoin. L'enquêteur ne doit jamais oublier que le client ne gère pas nécessairement régulièrement des allégations d'actes répréhensibles, il doit donc lui faire profiter de son expertise pour clarifier les objectifs visés par le mandat d'enquête et influencer la portée de ses travaux.

En l'absence de mandat clair, le risque est d'investir trop de temps dans la phase des travaux pour recueillir des détails non pertinents pour l'objectif du client. La priorité du client oriente la planification des travaux, puis son exécution. Par exemple, il est aussi possible de prioriser une allégation plus importante que les autres, qui serait suffisante pour démontrer la rupture du lien de confiance avec un employé. Dans un autre contexte, le client accordera davantage d'importance à faire enquêter toutes les allégations qui ont des incidences financières importantes s'il souhaite récupérer les sommes d'argent, car c'est l'accumulation de tous ces montants qui a de la valeur dans cette situation.

Informations contextuelles

De même, le juricomptable pourrait demander des informations sur la capacité budgétaire du client, car cela peut l'amener à prioriser des travaux et à circonscrire l'envergure du mandat proposé. De plus, s'il s'agit d'une enquête portant sur des allégations de fraude, le juricomptable pourra suggérer à son client de s'enquérir de sa couverture et des termes de ses assurances afin de vérifier s'il pourrait être couvert et, le cas échéant, déterminer ce qui est requis pour présenter une réclamation.

À cette étape également, le juricomptable précise avec son client à qui devrait être adressé le rapport de juricomptabilité (le conseil d'administration, la direction, etc.).

Validation de l'indépendance

En pratique, la validation de l'indépendance devrait être la première étape à réaliser avant d'accepter un mandat d'enquête potentiel. Dès que l'identité des personnes potentiellement mises en cause, ainsi que le ou les lanceurs d'alerte s'il y a lieu, est connue, il faut s'assurer que le jugement de chacun des membres de l'équipe ne pourrait pas être affecté par des liens personnels ou professionnels avec les personnes au cœur de l'enquête.

Les codes de déontologie applicables aux comptables agréés décrivent bien les exigences détaillées en termes d'indépendance. Il est primordial de retenir que les membres de l'équipe ne doivent pas seulement être indépendants, il faut aussi qu'ils aient l'air indépendants. En d'autres termes, lorsque leur indépendance peut être raisonnablement mise en doute par un tiers, le juricomptable doit alors se retirer de la mission. En effet, l'indépendance et la neutralité de l'expert sont essentielles à son rôle et à la crédibilité de ses conclusions. Par exemple, si un membre de l'équipe d'enquête interne a travaillé pendant plusieurs années au sein d'un service de l'entreprise, il pourrait être perçu comme non indépendant pour réaliser une enquête dans ce service. Il possède une belle expertise dans le secteur, mais en même temps, il pourrait avoir un biais par rapport aux personnes impliquées dans les allégations, et ce, avant même d'avoir commencé ses travaux.

De plus, si un membre de l'équipe identifie la présence d'un conflit d'intérêt réel, potentiel ou apparent, il pourrait être approprié d'envisager d'ériger une « Muraille de Chine[2] » avec ce membre de l'équipe. Cette séparation, qui se veut la plus étanche possible, vise à le protéger de tout soupçon d'ingérence dans l'enquête et aussi à éviter que le conflit d'intérêts potentiel d'une personne ne nuise à l'indépendance de l'ensemble de l'équipe d'enquête.

Déterminer sa capacité à bien répondre aux besoins du client

Le juricomptable doit posséder les connaissances nécessaires dans les processus impliqués pour être en mesure de tirer des conclusions crédibles eu égard à la situation alléguée. Par exemple, il est relativement simple pour un comptable professionnel de tirer des conclusions si le virement bancaire était justifié ou non, à la suite de l'analyse de la preuve documentaire. Par contre, dans certains cas, les allégations font référence à des normes techniques ou des standards de bonnes pratiques hors de son champ primaire de compétences, comme des coûts liés à des normes de construction du bâtiment ou de la cryptomonnaie.

Dans ce cas, le juricomptable doit se questionner sur la possibilité d'intégrer dans son équipe d'autres experts nécessaires à la bonne exécution du mandat, comme un ingénieur, un spécialiste des technologies de l'information, etc. De plus, pour les enquêtes de fraude, le mandat nécessitera en général d'acquérir rapidement des compétences dans différents secteurs d'activités, qui ont chacun leurs langages et leurs codes. Les auditeurs, les examinateurs de fraude, les gestionnaires, les avocats, le personnel informatique, le personnel de sécurité et d'autres professionnels sont fréquemment associés aux enquêtes sur les fraudes (ACFE, 2020).

Sélectionner les bons membres de l'équipe est essentiel pour un examen efficace de la fraude. D'ailleurs, l'AICPA énonce que la nature et la complexité des services demandés à un juricomptable dans le cadre d'une

2. Ensemble des règles et moyens mis en œuvre pour empêcher la circulation d'informations internes dans le cadre des activités.

enquête sur une fraude ont augmenté, et continueront probablement d'augmenter, en raison de la complexité toujours croissante des affaires. Les juricomptables sont ainsi souvent amenés à constituer des équipes multidisciplinaires de professionnels ayant des connaissances, une formation et une expérience spécialisées afin que l'enquête soit menée de manière efficace, efficiente et compétente (AICPA & CIMA, 2020a, p. 13-14, traduction libre).

Évaluation des risques

En pratique, d'autres éléments doivent être considérés, par exemple, un risque lié au client (l'équipe doit ici réaliser une analyse du client potentiel : antécédents, réputation, etc.) ou un risque lié à la mission (c.-à-d. : une mission qui donnera lieu à beaucoup de publicité, dont les honoraires professionnels seront très élevés, qui implique des normes réglementaires que le juricomptable connaît peu, un mandat qui sera réalisé majoritairement dans une autre juridiction, etc.).

Selon l'AICPA, le juricomptable devra examiner « attentivement » la nature de l'engagement de l'enquête sur la fraude, sa capacité à fournir les services avec compétence et les risques personnels et professionnels qui peuvent être impliqués (AICPA & CIMA, 2020a, p. 26-27, traduction libre). Au besoin, le juricomptable devra examiner avec un avocat les règles, règlements ou lois applicables qui peuvent influencer la décision d'accepter la mission. Dans certains pays, les règlements en place sur le permis d'exercice des détectives privés peuvent limiter la nature des procédures que les juricomptables peuvent effectuer.

De plus, le juricomptable qui accepte une mission de juricomptabilité à l'étranger doit posséder une connaissance adéquate des normes pertinentes ainsi que des dispositions réglementaires et légales qui s'appliquent dans le ressort territorial en cause, et s'y conformer (CPA Canada, 2007, par. 100.21, p. 4).

Voici quelques raisons qui pourraient entraîner le refus d'un mandat, par exemple (CPA Canada, 2007, par. 200.04 à 200.06, p. 5) :

- → Le juricomptable n'a pas l'assurance raisonnable que son équipe dispose collectivement de l'expertise, des compétences, des ressources et du temps nécessaire pour exécuter la mission.
- → Leur indépendance pourrait raisonnablement être mise en doute.

→ Il ne croit pas être en mesure de mener à bien l'achèvement de la mission pour quelque raison que ce soit ou lorsqu'il existe des contraintes connues de nature à empêcher sa réalisation conformément aux normes professionnelles et aux dispositions réglementaires et légales.

En pratique, il est utile pour le juricomptable de se créer une liste de «points à valider avant l'acceptation du mandat». Il l'utilisera pour y laisser des traces de son analyse pour chaque mandat. Cette liste peut être très simple. Elle lui permet simplement de ne rien oublier. Elle est conservée à son dossier et il est en mesure de démontrer qu'il respecte ses obligations professionnelles liées à l'acceptation de nouveaux mandats.

Clarifier le mandat par écrit

Le juricomptable qui accepte une mission est invité à rédiger ou à obtenir une lettre de mission ou une note au dossier.

Par la suite, tous les changements devront être approuvés au préalable par le client afin de s'assurer d'une compréhension commune pour continuer la mission. Cela évite par la suite des incompréhensions, par exemple sur des travaux additionnels qui ont été requis en cours de route et qui ne pouvaient être identifiés au début de la mission.

Une lettre de mission comprend les principaux paramètres de la mission qui sont établis avec le demandeur des travaux. Ces paramètres sont idéalement consignés par écrit et conservés au dossier de l'enquêteur (CPA Canada, 2007, par. 200.01 et 200.02, p. 5) :

→ Le rôle du juricomptable;

→ Le ou les objectifs des travaux et l'étendue générale des travaux à exécuter (par exemple, les allégations détaillées qu'il faudra valider);

→ La nature de tout rapport qui devra être produit;

→ Les conditions de la mission (échéanciers convenus, honoraires, etc.).

L'Association of Certified Fraud Examiners (ACFE) propose un exemple d'une lettre mission provenant du *Fraud Examiners Manual 2020 International Edition* (ACFE, 2020). L'AICPA explique également l'importance d'une lettre mission et ce qu'elle doit contenir (AICPA & CIMA, 2016, p.7-9, traduction libre).

Dans le cas où le juricomptable serait appelé à témoigner à la cour, il pourrait devoir fournir cette lettre mission afin que tous aient accès au libellé complet du mandat qui lui a été confié et à ses modalités de réalisation.

Questions pratiques

En résumé, voici les principales questions que le juricomptable devrait se poser lors de cette étape :

→ *Est-ce que j'ai bien compris les objectifs du client ?*

→ *Est-ce que je suis capable d'exécuter le mandat qui répond aux besoins du client (compétences spécifiques, échéancier…) ? Est-ce que j'accepte les risques liés à cette mission ?*

→ *Est-ce que tous les membres de l'équipe de mission proposée sont indépendants et sont-ils aussi perçus comme indépendants ?*

→ *Est-ce que les principales conditions de la mission ont été convenues par écrit avec le client afin de pouvoir s'y référer dans le futur ?*

5. Planification

La particularité unique et la diversité des mandats en juricomptabilité demandent une rigueur dans l'étape de la planification. En pratique, la planification évoluera tout au long du mandat.

Une bonne planification initiale permettra de structurer l'enquête. Il faut se rappeler que l'enquêteur peut prendre différents chemins pour arriver à ses fins, l'important est qu'il ait à tout le moins déterminé ses priorités. En pratique, il peut être facile de s'égarer en cours de route. L'enquêteur recevra souvent un lot important d'informations de différentes sources. Parfois, des témoins ajouteront, à tort ou à raison, de nouvelles allégations d'actes répréhensibles. Il devient alors tentant d'analyser toutes les allégations portées à son attention. Dans les faits, le client préférera généralement des conclusions à l'échéancier convenu sur un nombre limité d'allégations, plutôt que des conclusions qui tardent, à la suite de travaux qui se sont multipliés en cours de mandat.

Chaque mission de juricomptabilité est unique, et la planification de la mission doit être adaptée et doit évoluer au fil de son avancement, ce qui requiert l'exercice répété du jugement professionnel pour (CPA Canada, 2007, par. 200.02, p. 7) :

- l'identification des objectifs des travaux à réaliser pour mener à une conclusion pertinente pour les besoins du client. Par exemple, dans un cas où les allégations à enquêter visent un employé précis, l'enquêteur peut-il totalement écarter la possibilité qu'il y ait plusieurs personnes impliquées dans un stratagème de collusion ou doit-il garder en tête cette possibilité dans la planification de ses travaux ?
- l'acquisition d'une compréhension suffisante des circonstances de la mission et du contexte normatif (ex. : les lois, les règlements, les politiques ou les contrats pertinents par rapport à la mission). Par exemple, lorsque le mandat consiste à déterminer si l'employé a commis un vol de temps, il est aussi important que l'enquêteur confirme auprès des conseillers juridiques s'il y avait des éléments précis à démontrer. Dans ce cas, il est en général pertinent que les conclusions expliquent si le temps non réalisé par l'employé pourrait avoir été toléré ou autorisé par son supérieur immédiat, pour une raison ou une autre.
- l'identification de limitations du travail, par exemple, lorsqu'un accès est refusé ou que l'information ne peut être obtenue ou fournie. Par exemple, dans ce cas, l'enquêteur doit évaluer si cette limite dans les travaux qu'il souhaite effectuer pourrait l'empêcher de conclure, ou de vérifier de quelle façon il pourrait obtenir l'information requise différemment. Par exemple, est-ce qu'un tiers (le fournisseur, le client…) pourrait fournir les données manquantes à l'interne ?
- l'évaluation des ressources nécessaires et la composition de l'équipe afin de mener à bien le travail.

Rencontres de quelques témoins ou de personnes de référence

Selon la situation, il peut être approprié de rencontrer un nombre limité de personnes à l'étape de l'analyse préliminaire. Ces personnes doivent être sélectionnées avec soin afin de ne pas compromettre la confidentialité des travaux d'enquête et pour protéger la preuve. De plus, ces rencontres visent essentiellement à mieux comprendre les allégations et les façons de faire habituelles dans l'organisation. En pratique, dans une enquête de moyenne envergure, nous avons l'habitude de rencontrer de deux à quatre personnes à cette étape.

À cette étape, s'il n'a pas déjà l'information fournie par son client, l'enquêteur doit combler rapidement certains besoins d'information, par exemple :

→ Connaître les processus généraux du secteur et/ou les liens entre les différentes personnes nommées dans les allégations. Dans ce cas, il peut choisir d'interpeller le supérieur hiérarchique de la personne mise en cause. Il est bien sûr nécessaire que ce supérieur hiérarchique ne soit aucunement visé par les allégations. Par exemple, il ne faudrait pas qu'il soit allégué que ce supérieur ait toléré des comportements inacceptables de la personne mise en cause dans le passé. Si c'était le cas, ce supérieur serait bien sûr rencontré pour obtenir sa version des faits. Il sera rencontré plus tard, pendant l'étape des travaux détaillés d'enquête. L'enquêteur aura à ce moment une meilleure idée des faits, ce qui lui permettra de formuler des questions plus précises pour finaliser son analyse des faits et circonstances des événements.

→ Identifier les politiques et procédures les plus pertinentes pour ses travaux. Par exemple, selon la nature des allégations, il peut être intéressant de rencontrer un responsable des ressources humaines qui clarifiera à l'enquêteur les politiques et façons de faire de l'organisation à cet égard. Dans d'autres cas, cela pourrait être le responsable de la gestion contractuelle ou le responsable du contentieux. Le but poursuivi par l'enquêteur est d'obtenir rapidement le cadre normatif auquel la personne mise en cause est assujettie, à quel moment ce cadre normatif lui a été communiqué, de quelle façon, etc. Par exemple, l'enquêteur doit être en mesure de circonscrire rapidement ce que dit la politique ou le règlement à l'égard du comportement allégué. Est-ce que l'action ou la conduite attendue est claire et bien communiquée ? Les réponses à ces quelques questions orienteront assurément ses travaux, car si la procédure de travail était inexistante ou alors si la règle était imprécise, en cours d'être mise à jour ou non accessible aux employés visés, cela pourrait modifier la portée de ses travaux d'enquête. En effet, l'enquêteur accordera moins d'efforts à démontrer le non-respect d'une règle, si cette règle n'a jamais été communiquée clairement aux employés. Dans ce cas, il pourrait suggérer des recommandations à cet égard pour améliorer les communications dans l'entreprise. En général, l'enquêteur fournira des recommandations uniquement si le client souhaite en obtenir, en complément à son rapport d'enquête.

→ Clarifier les allégations. Par exemple, lorsqu'une personne a fait une dénonciation, formelle ou non, il peut être utile pour l'enquêteur de rencontrer la personne qui a soumis des préoccupations dès l'analyse préliminaire. L'enquêteur s'assure ainsi de bien comprendre les allégations, les personnes impliquées, les témoins potentiels, etc. Il est préférable de solliciter cette rencontre rapidement, car elle est très utile à la définition de la portée du mandat. Certains détails rapportés à l'enquêteur par personnes interposées pourraient manquer de nuances ou même être involontairement erronés. Par exemple, il n'est pas rare que l'enquêteur ait besoin de préciser les dates de certains événements, car l'ordre des événements a de l'importance pour bien comprendre le contexte des allégations. L'enquêteur reçoit parfois une liste de témoins potentiels, mais il doit aussi préciser quelle personne a été témoin de quel événement pour cibler les gens à rencontrer prioritairement. L'enquêteur doit éviter les rumeurs ou les interprétations dès le début de ses travaux d'enquête. Cela lui permet de bien définir les travaux qui seront utiles pour ses conclusions et de planifier les rencontres qui seront nécessaires avec les témoins réels de chacun des événements à éclaircir dans le cadre de l'enquête.

Cadre normatif

Lors de cette étape de planification initiale, il est primordial d'obtenir et d'analyser sommairement le cadre normatif lié aux allégations à analyser.

Le juricomptable devra obtenir les lois, les politiques et les procédures applicables à la situation et les comparer à ce qui est généralement fait en pratique dans l'organisation. Ainsi, dès cette étape, le juricomptable pourrait être en mesure de déceler si les allégations peuvent résulter d'une incompréhension ou d'un manque de clarté de certaines politiques. Dans ce cas, il pourrait suggérer des travaux limités pour régler la situation, plutôt que de planifier une enquête détaillée.

À cette étape, le juricomptable doit se demander s'il a aussi besoin d'une expertise juridique supplémentaire et il doit aviser son client en conséquence. Par exemple, le juricomptable devra évaluer la nécessité d'obtenir un avis juridique indépendant par un avocat sur des questions particulières. Dans tous les cas, le juricomptable devra travailler en collaboration avec le conseiller juridique du client, car c'est ce dernier qui fournira des avis légaux au client par rapport aux faits recueillis (CPA Canada, 2007, par. 300.04 et 300.05, p. 7).

Planifier l'étendue du travail

Une fois qu'il comprend mieux la dynamique de l'équipe ou de l'organisation, les principaux témoins potentiels et le cadre normatif, le juricomptable doit identifier ce qu'il compte faire pour démontrer ou infirmer chacune des allégations portées à son attention (CPA Canada, 2007, par. 300.01 à 300.03, p. 7).

Par exemple, pour chacune des allégations, il doit déterminer :

→ *Quels témoins dois-je rencontrer? À quel moment?*

→ *Quels sont les approches, procédés ou techniques qui me permettront d'atteindre les objectifs de la mission, tout en respectant les contraintes de temps, de coût et de disponibilité de l'information?*

→ *Quelles sont les informations à récupérer rapidement? Qui pourrait me les fournir discrètement?*

Questions pratiques

En résumé, voici les principales questions que le juricomptable devrait se poser lors de cette étape :

→ *Quelles sont les principales allégations? Suis-je en mesure de résumer chacune d'elles pour définir ce qui doit être démontré?*

→ *Compte tenu de l'information disponible, est-ce qu'il y a un risque raisonnable que ces allégations soient fondées en tout ou en partie?*

→ *Quels sont les éléments importants du cadre normatif (loi, politique, règlement...) à considérer dans les analyses?*

→ *Quelle est la période couverte par les travaux?*

→ *Quels sont les travaux d'enquêtes qui permettront de confirmer ou d'infirmer chacune des allégations?*

→ *Dans quel ordre est-il préférable de rencontrer les témoins et les personnes mises en cause?*

→ *Quelle est la composition optimale de l'équipe de travail?*

6. Travaux détaillés

Le plus important travail d'un juricomptable dans cette étape est la collecte d'informations qui lui permettront éventuellement de conclure sur le bien-fondé des allégations.

Les types d'informations qu'il peut recueillir sont de nature multiple, allant de la motivation de la personne mise en cause, jusqu'aux faits démontrables. Le juricomptable doit obtenir toutes les informations nécessaires pour conclure sur les allégations. Il doit évaluer la pertinence et la crédibilité des informations reçues en continu (CPA Canada, 2007, par. 400.01 à 400.05 et 400.10 à 400.13, p. 9 et 10).

Tout au long de sa collecte d'informations, le juricomptable doit connaître et préserver la chaîne de possession (des originaux en particulier, documents électroniques, métadonnées) depuis l'origine jusqu'à la disposition de tous les documents. Il doit établir des procédés de contrôle et de gestion appropriés afin de protéger la confidentialité et l'intégrité de tous les documents en sa possession ou qui sont créés au cours d'une mission de juricomptabilité, ou d'en assurer la préservation. Il doit aussi consigner en dossier de façon appropriée toutes les informations pertinentes obtenues verbalement (CPA Canada, 2007, par. 400.06 et 400.09, p. 9-10).

Types de travaux (procédés, approches, techniques)

Selon les allégations, il faut déterminer les procédures d'enquêtes les plus appropriées. L'objectif est toujours d'obtenir des éléments probants fiables, au prix d'un effort raisonnable. Examinons deux exemples d'allégations :

- → Dans le cas d'un détournement de fonds, les travaux prioritaires seront axés autour de l'analyse documentaire et des analyses de données. Dans ce cas, il faut des preuves solides de qui a fait quoi, quand, qui l'a autorisé, etc.
- → Dans une autre situation où il y a des allégations selon lesquelles un haut dirigeant d'entreprise serait en situation de conflits d'intérêts lorsqu'il octroie des contrats à une firme externe, il faut assurément planifier des entrevues avec les autres personnes qui ont été impliquées dans le processus afin de valider la conformité du processus, identifier des indices d'irrégularités, déterminer les documents physiques ou électroniques les plus pertinents à obtenir, etc. Selon les résultats des

entrevues, l'enquêteur pourra juger si la recherche d'éléments probants dans des boîtes courriel ou l'analyse des données cellulaires professionnelles de la personne mise en cause pourraient être pertinents.

Dans un premier temps, voici quelques exemples courants :

1. Entrevues : elles peuvent être réalisées auprès de gens de l'organisation ou de tiers externes. Elles doivent être planifiées avec soin. La formulation et l'ordre des questions sont importants afin d'obtenir des éléments probants fiables. Il faut se rappeler que les premiers témoins rencontrés ont moins de risques d'avoir entendu parler, par un collègue, des questions qui lui seront adressées par l'enquêteur. Dans la majorité des situations, les témoignages des personnes servent à l'enquêteur à aller chercher des preuves documentaires, à bien interpréter les preuves documentaires en main ou à préciser des éléments de contexte. L'enquêteur doit demeurer prudent pour éviter de donner des informations sur l'enquête aux témoins. Il doit également juger de la crédibilité des témoignages reçus et valider sa compréhension de l'information fournie. De plus, l'enquêteur doit évaluer à quel moment les personnes mises en cause seront rencontrées. Il est important qu'elles aient l'occasion de présenter leur version des faits. Par contre, il lui sera souvent utile d'avoir rencontré les témoins pertinents avant de valider sa compréhension auprès des personnes mises en cause.
2. Analyses documentaires : ces documents peuvent être obtenus auprès des dirigeants ou des témoins rencontrés. Ces preuves documentaires sont essentielles pour corroborer la version d'un témoin. Si des incohérences ou des questionnements sont soulevés lors de l'analyse de ces documents, il est important que l'enquêteur valide son interprétation directement auprès des personnes impliquées dans ces processus dans l'organisation. En effet, des incohérences dans des dates, des notes ou des montants peuvent confirmer des doutes ou amener des explications plausibles qui n'avaient pas été envisagées à première vue. Il est donc primordial de ne pas les laisser de côté et d'aller chercher les explications requises auprès de la bonne personne.
3. Recherches de courriels dans des boîtes courriel : ces recherches doivent être faites en tout respect des règles de protection de la vie privée et des règles de protection des renseignements personnels applicables dans la juridiction. De plus, il faut s'assurer que l'extraction de ces boîtes courriel est réalisée par une personne qui a l'expertise pour le faire, car il faut toujours être en mesure de démontrer qu'il n'y a pas eu de

modification ou d'altération dans le processus. Il est important de cibler les informations recherchées pour faire ressortir les bons courriels en utilisant un outil d'analyse de courriels. Par exemple, cibler des mots-clés, comme le nom du contrat ou du projet, peut mener à des centaines de courriels à lire. Il faut donc s'assurer de préciser la période de temps au cours de laquelle le juricomptable est le plus susceptible de retrouver des informations pertinentes, de déterminer un mot-clé complémentaire comme *appel d'offres* ou *soumission*. Bref, tous les critères permettant de raffiner la recherche seront pertinents. Il est facile d'être submergé par le lot de courriels à analyser, et il n'est pas efficace de tous les lire; il faut donc établir une stratégie pour maximiser les résultats tout en conservant les efforts à un niveau raisonnable. Différents logiciels sont aussi disponibles pour faciliter ce type de recherches. En pratique, les recherches courriel sont utiles pour corroborer la version de certains témoins, par exemple lorsqu'ils expliquent que la décision A est arrivée avant l'événement B. Par ailleurs, en utilisant ce procédé, il est important de se rappeler que les gens qui veulent masquer un acte répréhensible écriront rarement un courriel explicite à partir de leur adresse courriel professionnelle à un complice qui confirme les détails du stratagème. Il faut donc déterminer un objectif précis qui justifie le recours aux recherches dans des boîtes courriel ou des répertoires informatiques qui contiennent des milliers de fichiers afin de s'assurer que le temps investi est profitable à recueillir des éléments probants pertinents au dossier.

4. Analyses de données : il s'agit d'analyser des lots de données (grand livre comptable, journaux des accès informatiques, contrats, processus, appels d'offres, évaluation des soumissions, réclamations, allocations de dépenses, etc.) pour identifier des tendances ou anomalies. Différents outils existent pour faciliter ces analyses, du tableur traditionnel (Excel) aux outils spécialisés très nichés dans un secteur d'activité qui utilisent l'intelligence artificielle, en passant par différents logiciels d'analyse de données largement répandus comme IDEA, Power BI, etc. En pratique, ces outils sont particulièrement utiles face à des allégations générales sur un stratagème potentiel de fraude. En effet, lorsqu'il y a peu d'informations concrètes, ou alors, lorsqu'il est démontré qu'une personne a commis un acte répréhensible et que le juricomptable veut déterminer s'il y a des indices d'autres activités problématiques, il devient utile d'analyser des lots de données pour déceler des tendances. Ce sont deux exemples de situations où l'utilisation de logiciels d'analyse permettra de détecter

si des transactions s'écartent des attentes, s'il y a des approbations inhabituelles qui soulèvent des doutes, si des ratios sont inexpliqués à certains moments, etc. Bref, l'analyse à l'aide d'outils d'analyse de données permet d'orienter les travaux du juricomptable et l'amène à cibler ses efforts sur les risques identifiés plutôt que de passer en revue chacune des transactions individuellement, ce qui est impossible dans des processus impliquant des milliers de données et plus.

5. Observation : dans certaines circonstances, le juricomptable peut juger intéressant de visionner des caméras de surveillance, par exemple pour corroborer des versions contradictoires de témoins par rapport à un événement significatif qui pourrait avoir été capté par les caméras du client. Dans d'autres cas, le juricomptable pourrait suggérer qu'un membre de l'équipe soit chargé de surveiller les allées et venues d'une personne mise en cause, afin d'apporter un élément de preuve contemporain additionnel. Un autre type d'observation courante peut être de demander à un expert du processus de l'exécuter en présence du juricomptable, par exemple pour vérifier s'il est possible de contourner certains contrôles internes sans laisser de trace apparente.

6. Recherche dans des documents publics : dans toutes les enquêtes, certains éléments de preuve peuvent être disponibles publiquement. Par exemple, il est courant d'obtenir la liste des administrateurs d'une ou de plusieurs entreprises en utilisant un registre des entreprises publiques[3]. Des données sur les propriétaires d'immeubles sont aussi disponibles dans plusieurs juridictions. Ces informations peuvent notamment aider à identifier des liens apparents entre des personnes. De plus, divers articles de journaux ou autres publications peuvent être d'intérêt pour cerner les enjeux à haut niveau d'un secteur d'activités ou d'une région, par exemple. De plus, des décisions de la cour concernant des personnes mises en cause ou des situations similaires peuvent être d'intérêt. Ainsi, diverses sources ou bases de données facilement accessibles peuvent permettre, par exemple, d'adresser des questions pointues aux témoins ou de cerner rapidement les documents les plus pertinents à obtenir pour démontrer le caractère régulier ou irrégulier d'un événement.

---

3. Par exemple, au Québec, cette information est retrouvable via le Registraire des entreprises du Québec à l'adresse Internet du gouvernement du Québec : www.registreentreprises.gouv.qc.ca

Questions pratiques

En résumé, voici les principales questions que le juricomptable devrait se poser lors de cette étape :

→ *Est-ce que j'ai collecté assez d'informations pour offrir des constats et une conclusion éclairée sur chacune des allégations ?*

→ *Est-ce que les informations collectées pourraient mener à une autre conclusion que celle anticipée au départ ? Si oui, dois-je procéder à des validations additionnelles ?*

Le dossier du juricomptable

Les normes, par exemple le *Code de déontologie des comptables professionnels agréés* (Légis Québec, 2024a, art. 21), mentionnent que le professionnel doit conserver à son dossier le raisonnement au soutien du document produit ou des recommandations faites au client. Ainsi, le juricomptable conserve à son dossier toutes les informations utilisées et sur lesquelles il s'est appuyé pour conclure.

Les documents inclus dans le dossier de juricomptabilité comprennent au minimum (CPA Canada, 2007, par. 500.01, p. 12) :

→ Les recherches;

→ Les documents comptables, bancaires et autres documents d'entreprises, et les accords;

→ Les documents relatifs aux recours judiciaires, c'est-à-dire tous les actes de procédures, transcriptions d'interrogatoires et pièces déposés au litige qui sont pertinents aux travaux juricomptables;

→ La ou les lettres mission et les autres correspondances avec le client;

→ Les rapports délivrés;

→ Les tableaux et les calculs, y compris les explications nécessaires;

→ Les notes relatives aux entrevues, réunions et discussions pertinentes dans le dossier;

→ Les documents portant sur les questions clés considérées et les principales hypothèses posées;

→ Les documents décrivant la ou les approches adoptées et les techniques particulières utilisées;

- → Les documents de planification portant sur la nature, l'étendue et le calendrier des procédés mis en œuvre et sur les résultats de l'application de ces procédés;
- → Les documents permettant de retrouver qui a fait les travaux et la preuve que le travail de l'équipe a été supervisé et révisé;
- → Lorsque le travail de tiers est utilisé, les documents contenant leurs constatations et leurs conclusions.

Les sources de référence en juricomptabilité donnent aussi des détails sur la forme et le contenu des dossiers. Il est ainsi mentionné que ces derniers sont influencés par les conditions de la mission de juricomptabilité, la nature du rapport demandé, des activités et de leur complexité, le degré de supervision et de révision du travail des assistants. En pratique, il n'est pas nécessaire de préserver toutes les observations, tous les aspects ou toutes les conclusions tirées, ce serait utopique de penser y arriver. En revanche, il faut consigner en dossier ce qui, selon le jugement du professionnel, est important pour étayer son travail et/ou a été pertinent pour dégager ses constatations, ses opinions et/ou ses conclusions (CPA Canada, 2007, par. 500.02 et 500.03, p. 13). En pratique, l'envergure et la complexité de l'enquête auront une grande incidence sur le volume de documentation au dossier. Dans des dossiers d'envergure limitée, tous les points pertinents y seront documentés de façon plus succincte.

Les dossiers de travail doivent être tenus de manière organisée. Le juricomptable doit prendre des mesures raisonnables pour garder ses dossiers de travail en sûreté, et les conserver pendant une période assez longue pour satisfaire aux exigences de la mission de juricomptabilité ainsi qu'à toute obligation légale pertinente ayant trait à la conservation des dossiers (CPA Canada, 2007, par. 500.04 et 500.05, p. 13).

En pratique, il est souvent utile d'élaborer une *checklist* qui peut servir dans tous les dossiers. Celle-ci rappelle les éléments clés du dossier, et le fait de la réviser avant la sortie d'un projet de rapport permet de s'assurer que tous les éléments ont été regroupés dans le dossier. Ainsi, à chaque fin de dossier, chacun des membres de l'équipe signe les éléments de la *checklist* dont il était responsable. Par exemple, un conseiller peut être responsable de revoir l'addition de tous les tableaux. Il pourra signer ce point de la liste lorsque ce sera fait. À un autre niveau, l'associé signera les points qui concernent sa supervision de l'équipe et la révision du rapport, avant que le projet de rapport ne soit transmis au client. Cette *checklist* peut prévoir différents rappels, notamment celui de s'assurer que tous les courriels ou communications qui comportent des informations de nature personnelle qui ne sont pas consignés sont détruits en fonction du calendrier de conservation de l'organisation.

Questions pratiques

En résumé, voici les principales questions que le juricomptable devrait se poser lors de cette étape :

→ *Est-ce que j'ai atteint tous les objectifs fixés lors de la planification du dossier ? Est-ce que j'ai réalisé tous les travaux prévus ? Sinon, pourquoi ? Dois-je en informer le lecteur du rapport en y inscrivant une note de limitation ?*

→ *Est-ce que j'ai complété toute la* checklist *de mon dossier ?*

→ *Est-ce que j'aurais pu recevoir des informations par courriel ou sur des documents en format papier que je dois m'assurer d'ajouter au dossier électronique ?*

7. Rédaction du rapport de juricomptabilité

Format du rapport juricomptable

Le juricomptable peut communiquer ses constatations et ses conclusions d'enquête sous diverses formes : rapport écrit, verbal ou visuel, préliminaire, provisoire ou définitif. Enfin, le rapport peut être schématique ou narratif, sous la forme d'une communication officielle ou d'une lettre (CPA Canada, 2007, par. 600.01, p. 14).

Le juricomptable a tout intérêt à inclure dans son rapport des graphiques, des tableaux ou d'autres illustrations qui permettront au lecteur de capter rapidement les messages clés à retenir. Il doit aussi éviter de tenir pour acquis que tous les lecteurs maîtrisent toutes les étapes du processus analysé et qu'ils connaissent tous les gens rencontrés impliqués dans les événements. Le modèle de rapport du juricomptable pourrait donc inclure dans la majorité des cas une liste des abréviations courantes de l'organisation, un organigramme et un schéma du processus, par exemple.

Contenu de base du rapport

Selon l'ACFE (2020), les sections d'un rapport d'enquête de fraude contiennent ces éléments : le contexte, un sommaire des conclusions, l'étendue, l'approche, les résultats, le résumé, l'impact, le suivi et les recommandations.

Le juricomptable doit tenir compte de plusieurs éléments lors de la rédaction de son rapport, comme le but et l'utilisation prévue du rapport, le respect des bonnes pratiques d'exercice, la qualité, la quantité et la fiabilité des informations disponibles. Il est important d'avoir suffisamment de contenu et de constatations, et que le rapport soit présenté de manière objective et impartiale (CPA Canada, 2007, par. 600.04, p. 14). Par exemple, même si une partie des travaux donne des résultats contraires aux attentes du juricomptable, il est souhaitable qu'il en fasse état dans son rapport et qu'il en explique l'incidence ou non sur ses conclusions. En pratique, il est possible en cours d'enquête d'obtenir des témoignages qui sont contradictoires. Le fait d'intégrer des opinions contraires permet au lecteur du rapport de comprendre comment le juricomptable les a considérées dans l'élaboration de sa conclusion finale. Le fait de démontrer qu'il a considéré les deux côtés de la médaille pourra ajouter à la crédibilité de ses conclusions.

Le juricomptable doit limiter ses constatations et ses conclusions aux éléments considérés, aux principes et aux méthodes qui font partie de son champ de compétence, y compris ses connaissances, ses habiletés, son expérience et sa formation. En pratique, il est également possible d'utiliser le travail d'autres professionnels pour combler les besoins d'expertise de l'équipe et contribuer à ses conclusions. Parmi les exemples courants, le juricomptable peut faire appel à un évaluateur agréé d'immeuble dans un mandat impliquant des transactions immobilières, à un fiscaliste dans un mandat impliquant des transactions financières, etc., ce qui l'amènera à évaluer également si le travail effectué par ces professionnels lui est utile.

Il est reconnu que le rapport devrait contenir les informations relatives au juricomptable, comme son nom et ses titres professionnels, ainsi que le cabinet responsable du rapport, la date de celui-ci, les objectifs et les circonstances de la mission de juricomptabilité. D'autres informations doivent aussi être incluses dans le rapport, par exemple les techniques et procédés appliqués dans la préparation du rapport, les hypothèses sous-jacentes le cas échéant, et les raisons de leur utilisation, les constatations et conclusions dégagées, ainsi que les analyses et tableaux connexes si nécessaire (CPA Canada, 2007, par. 600.08, p. 15).

Contrôle qualité

De plus, il est important d'évaluer le rapport de juricomptabilité pour s'assurer de sa qualité. Cette évaluation peut être effectuée par un pair qui n'a pas participé aux travaux. Cette révision permet assurément de clarifier certains éléments dans la rédaction du rapport, car une personne non initiée au dossier pourra confirmer si le sujet est bien vulgarisé et si les conclusions du juricomptable sont claires.

Qualité globale : répondre aux besoins du client

En pratique, un rapport de qualité apportera des conclusions claires sur les allégations qui sont à l'origine du mandat. En d'autres mots : ces allégations étaient-elles fondées totalement, en partie, ou étaient-elles entièrement non fondées ? Il faut être en mesure de le justifier simplement.

Comme mentionné précédemment, la forme du rapport peut varier d'un professionnel à un autre ou d'un sujet d'enquête à un autre. Par contre, dans tous les cas, un bon rapport d'enquête fera état des faits et circonstances qui permettent de répondre aux questions initiales du client (CPA Canada, 2007, par. 600.03, p. 14). Le client appréciera donc un sommaire lui permettant d'obtenir les grandes conclusions.

Par ailleurs, comme le suggèrent les bonnes pratiques, le juricomptable ne doit pas négliger d'expliquer dans quel contexte il est arrivé à ces conclusions : qu'est-ce qui lui a été demandé au départ, quels procédés a-t-il mis en œuvre, etc. ? Cette mise en contexte est primordiale pour lui permettre de remplir ses obligations professionnelles. Il ne faut jamais oublier que des tiers pourraient être en désaccord avec les conclusions du juricomptable. Ces tiers pourraient remettre en question la crédibilité du professionnel, sa démarche ou ses conclusions. Ainsi, il est nécessaire que le rapport contienne ces éléments pertinents pour guider la lecture du client et d'autres utilisateurs du rapport.

Sources d'informations consultées

Comme mentionné auparavant, il est requis de conserver des copies de tous les documents et autres éléments pertinents par rapport aux conclusions (CPA Canada, 2007, par. 400.08, p. 9).

Lorsque des recours juridiques sont engagés, il faut aussi s'assurer de pouvoir fournir la liste des documents consultés. L'enquêteur doit aussi être en mesure de fournir tous les documents utiles à ses conclusions sous forme de dossier électronique. Ces documents pourront être consultés par toutes les parties impliquées dans le litige.

Communication des conclusions

Le juricomptable peut être amené à faire des présentations (communication orale de ses constatations) devant la direction d'une entreprise ou un conseil d'administration. En pratique, il est important que les éléments communiqués verbalement soient cohérents avec l'information écrite dans le rapport afin d'éviter toute incompréhension.

Questions pratiques

En résumé, voici les principales questions que le juricomptable devrait se poser lors de cette étape :

→ *Est-ce que mon rapport est complet selon les normes ?*

→ *Est-ce que tous les faits rapportés sont corroborés avec des sources fiables ?*

→ *Est-ce que mes conclusions sont claires ?*

→ *Est-ce que mes conclusions sont nuancées lorsqu'elles doivent l'être ? Est-ce que les mots utilisés sont neutres et objectifs ?*

→ *Est-ce que ma conclusion est appuyée par un argumentaire suffisant ?*

→ *Est-ce qu'une personne qui ne possède pas mon expertise est en mesure de comprendre mes conclusions ? En d'autres mots, est-ce que j'ai bien vulgarisé mes constats pour les rendre accessibles à des gens qui ne connaissent pas le vocabulaire lié à l'expertise du comptable ?*

→ *Selon le niveau de risque du dossier, est-ce que j'ai mis en œuvre des procédures appropriées de contrôle qualité ?*

8. Témoignage à la cour

Il est reconnu que tous les rapports juricomptables ne se rendent pas à la cour. Dans la majorité des cas, les rapports juricomptables aident les gestionnaires à prendre des décisions éclairées, par exemple, mettre fin à l'emploi d'une personne en raison de la rupture du lien de confiance, ou encore à négocier pour régler des différends entre les parties, avant d'entamer un processus judiciaire ou en cours de route.

Dans le cas où le rapport juricomptable est déposé en preuve par l'une des parties, le juricomptable peut être appelé à témoigner sur le contenu de son rapport. Ce n'est pas automatique; le juricomptable témoignera dans le cas où le tribunal souhaiterait obtenir des précisions sur le contenu du rapport. Le témoignage à la cour rappelle le besoin que le juricomptable puisse démontrer son indépendance. Dans le cas où le juricomptable se qualifie de témoin expert pour le tribunal, son obligation première est envers le tribunal pour aider de façon objective et impartiale à la compréhension des faits, plutôt qu'envers le client qui l'a engagé (CPA Canada, 2007, par. 700.01 et 700.02, p. 17).

Lorsqu'il est appelé à témoigner à titre d'expert, il se soumet aux règles de procédure de l'instance qui le convie. Par exemple, il peut être appelé à expliquer son rapport devant un juge ou un arbitre. Il est alors interrogé et contre-interrogé. Dans tous les cas, ce sont les avocats qui ont l'expertise et la responsabilité de gérer toutes les procédures requises. Le juricomptable agit comme un témoin afin d'éclairer le tribunal et l'aider à apprécier la preuve qui lui est soumise par les deux parties en litige.

Par exemple, dans les recours civils au Québec, les attentes générales envers l'expert peuvent être consultées dans le *Code de procédure civile*[4] (Légis Québec, 2024b, chap. II, art. 231 à 241). De plus, au Québec, l'expert juricomptable qui sait que son rapport pourrait potentiellement être déposé à la cour devrait aussi joindre à son rapport la « déclaration relative à l'exécution de la mission d'un expert » (Légis Québec, 2024b,

4. Code de procédure civile, chapitre C-25.01, Livre II « La procédure contentieuse », Titre III « La constitution et la communication de la preuve avant l'instruction », Chapitre II « L'expertise », articles 231 à 241.

chap. II, art. 235). Cette déclaration est notamment disponible sur le Web. En signant cette déclaration, l'expert déclare notamment son objectivité, son impartialité et sa rigueur dans l'accomplissement de sa mission[5].

Questions pratiques

→ *Suis-je en mesure de présenter mes principaux constats de manière concise et claire ?*

→ *Suis-je prêt à répondre aux questions pour préciser le contenu de mon rapport ?*

Références

AICPA & CIMA. (2016). *Forensic & Valuation Services Practice Aid, Forensic and Valuation Services Practice Management Toolkit.*

AICPA & CIMA. (2020a). *Forensic & Valuation Services Practice Aid, Forensic Accounting – Fraud Investigations.*

AICPA & CIMA. (2020b). *Statement on Standards for Forensic Services No. 1.* https://www.aicpa-cima.com/resources/download/statement-on-standards-for-forensic-services

Association of Certified Fraud Examiners. ACFE. (2020). *Fraud Examiners Manual – International Edition 2020, Assembling an Investigation Team, 3.128.*

CPA Canada. (2007). *Normes d'exercice des missions de juricomptabilité.* Normes-dexercice-des-missions-de-juricomptabilite.pdf

Légis Québec. (2024a, 9 mai). *Code de déontologie des comptables professionnels agréés.* https://www.legisquebec.gouv.qc.ca/fr/document/rc/C-48.1,%20r.%206%20/

Légis Québec. (2024b, 30 novembre). *Code de procédure civile.* https://www.legisquebec.gouv.qc.ca/fr/document/lc/c-25.01

5. Texte du modèle proposé par le ministre de la Justice du Québec : « Je déclare que j'exécuterai ma mission en tant qu'expert avec objectivité, impartialité et rigueur. Afin d'éclairer le tribunal dans sa prise de décision, je donnerai un avis au meilleur de mes compétences sur les points qui me seront soumis en tenant compte des faits relatifs au litige ou, si mes services sont requis à titre d'huissier de justice, j'établirai un constat décrivant les faits matériels ou situations que j'aurai personnellement constatés.

J'informerai, sur demande, le tribunal et les parties de mes compétences professionnelles, du déroulement de mes travaux et, le cas échéant, des instructions que j'aurai reçues d'une partie. Je respecterai les délais qui me seront donnés et, au besoin, demanderai au tribunal les directives nécessaires pour accomplir ma mission ».

Chapitre 7

Le rôle crucial des juricomptables dans la lutte contre la corruption

Marc Y. Tassé, MBA, FCPA, FCA, CFF

Objectif du chapitre

L'objectif de ce chapitre est de clarifier le rôle des juricomptables dans la prévention, la détection et la résolution de la corruption. Il souligne également leur importance croissante dans les affaires juridiques et financières. Ce chapitre puise principalement dans mes expériences professionnelles.

1. Le rôle du juricomptable dans la prévention de la corruption

Introduction à la prévention de la corruption

La corruption, avec ses ramifications à la fois économiques et sociales, demeure l'une des plus grandes menaces aux structures financières et éthiques des organisations modernes. Elle engendre d'importantes pertes financières directes par le détournement de fonds et induit également des coûts substantiels liés à des sanctions légales et des dégâts réputationnels. Ces impacts peuvent compromettre gravement la compétitivité et la viabilité d'une entreprise. Dans ce contexte précaire, les juricomptables émergent comme des acteurs clés dans la prévention de la corruption, apportant leurs compétences spécifiques pour formuler des stratégies préventives, efficaces et pérennes.

Leur rôle implique une analyse minutieuse des structures financières de l'organisation pour identifier les zones à risque et pour mettre en place des mécanismes de contrôle robustes. Ces professionnels utilisent des techniques d'audit avancées pour évaluer la conformité des opérations financières aux normes légales et éthiques, assurant ainsi une gouvernance intègre et transparente.

Systèmes de contrôle interne

Les systèmes de contrôle interne représentent le cœur de la stratégie de prévention de la corruption. Ils comprennent une série de règles, de procédures et de pratiques destinées à sécuriser les actifs de l'organisation, garantir la fiabilité des informations financières et encourager la conformité avec les lois et les réglementations applicables. Les juricomptables, forts de leur expertise en comptabilité et en audit, jouent un rôle crucial dans l'évaluation et le renforcement de ces systèmes.

Dans leur démarche, ces experts analysent les procédures existantes et identifient les vulnérabilités qui pourraient être exploitées pour des fins corruptives. Par exemple, ils peuvent recommander l'implantation de doubles contrôles pour les transactions significatives, l'automatisation des processus pour réduire l'intervention humaine et les risques d'erreurs ou de fraudes, et la mise en place de systèmes de surveillance en temps réel pour détecter toute activité suspecte.

Études de cas et stratégies de prévention efficaces

L'utilité des juricomptables dans la prévention de la corruption est éloquemment illustrée par des études de cas spécifiques où leur intervention a directement contribué à renforcer les systèmes de contrôle et à prévenir des actes de corruption. Par exemple, dans une grande entreprise internationale, un audit dirigé par des juricomptables a révélé un réseau complexe de paiements non autorisés à des parties tierces. À la suite de cette découverte, ils ont aidé l'entreprise à redéfinir ses politiques de vérification des fournisseurs et à mettre en œuvre un nouveau logiciel de gestion des transactions qui a amélioré la transparence et réduit les possibilités de corruption.

Ce cas démontre que les stratégies de prévention les plus efficaces sont celles qui intègrent une approche holistique combinant la technologie, la formation continue des employés et une culture d'entreprise fondée sur l'éthique et la conformité. Les juricomptables recommandent souvent des formations régulières pour les employés sur les dangers de la corruption et les moyens de la signaler, ainsi que le développement de codes de conduite clairs et la mise en place de canaux de communication sécurisés pour les lanceurs d'alerte.

Facilitateurs (voir document rédigé par Marc Tassé – ci-joint)

L'analyse des Pandora Papers a révélé un élément crucial mais souvent négligé dans les affaires de corruption et de blanchiment d'argent : le rôle central joué par les facilitateurs, parmi lesquels les comptables occupent une position prépondérante. Ces professionnels de la finance sont impliqués dans la création de structures complexes telles que les sociétés-écrans et les comptes en *offshore*, exploitant leur expertise et leur connaissance approfondie des lacunes réglementaires pour aider les élites et les acteurs corrompus à dissimuler leur richesse et à échapper aux impôts légalement dus.

Ce chapitre entend explorer de manière détaillée comment les comptables, en utilisant leur savoir-faire technique, orchestrent l'anonymat financier et exploitent les paradis fiscaux, minant ainsi les fondements des systèmes économiques et démocratiques. Il mettra en lumière les méthodes par lesquelles ces professionnels, tout en opérant souvent dans les limites floues de la légalité, facilitent activement des réseaux de criminalité financière et de corruption transfrontalière.

Cette analyse souligne l'impératif d'une réforme réglementaire et d'une augmentation de la transparence dans les mouvements financiers internationaux, en plaçant les comptables non seulement comme des acteurs clés dans la facilitation de ces pratiques douteuses, mais aussi comme des pivots potentiels dans la lutte contre la corruption, à travers une application plus rigoureuse et éthique de leurs compétences et responsabilités.

Conclusion

En somme, les juricomptables constituent une ligne de défense essentielle contre la corruption dans les entreprises modernes. Leur expertise ne se limite pas à l'identification et à la signalisation des problèmes financiers; elle s'étend à la conception de systèmes préventifs sophistiqués qui intègrent une compréhension approfondie des processus financiers, des risques opérationnels et des réglementations en vigueur. Leur rôle est donc crucial pour non seulement prévenir la corruption, mais aussi pour instaurer une culture de transparence et d'intégrité qui protège les organisations contre les pertes financières et réputationnelles et assure leur conformité avec les exigences réglementaires et éthiques.

Critère	**Juricomptable en lutte à la corruption**	**Juricomptable en fraude**	**Juricomptable en quantification des pertes**
Formation de base	Baccalauréat en comptabilité ou en finance, souvent suivi d'une maîtrise en droit ou en éthique des affaires.	Baccalauréat en comptabilité ou en finance, souvent suivi de certifications spécifiques comme le CFE (Certified Fraud Examiner).	Baccalauréat en comptabilité ou en finance, avec une spécialisation possible en évaluation d'entreprise ou en assurance.
Compétences spécifiques	Connaissance approfondie des lois anticorruption, audit de conformité, analyse de risques, gestion de la conformité.	Techniques d'investigation financière, analyse juricomptable, compréhension des schémas de fraude, utilisation d'outils d'analyse de données.	Évaluation de dommages, modélisation financière, analyse de coût-bénéfice, compréhension des litiges commerciaux.
Rôle principal	Prévenir et détecter la corruption dans les organisations, assurer la conformité avec les lois anticorruption, rapporter les activités suspectes.	Enquêter sur les cas de fraude, recueillir des preuves, participer aux procédures judiciaires, rédiger des rapports d'expertise.	Quantifier les pertes économiques dans des cas de litige, préparer des rapports d'évaluation pour les tribunaux, conseiller les clients sur les réclamations.

Le tableau comparatif précédant détaille les différences entre un juricomptable spécialisé en lutte à la corruption, en fraude et en quantification des pertes en termes de formation, compétences spécifiques et rôle principal :

Chaque spécialisation de juricomptable nécessite une formation de base en comptabilité ou en finance, mais diffère par les qualifications supplémentaires, les compétences requises et les rôles principaux, adaptés à ses domaines spécifiques d'expertise.

2. Lois spécifiques à la lutte contre la corruption

Pour un juricomptable, une compréhension approfondie des lois spécifiques à la lutte contre la corruption est essentielle.

Canada

1. ***Loi sur la corruption d'agents publics étrangers* (LCAPE)**

→ **Objectif** : Prévenir la corruption en interdisant le versement de pots-de-vin à des fonctionnaires étrangers pour obtenir ou conserver des avantages commerciaux.

→ **Exigences de conformité** :

- Prohibition de tout paiement ou avantage matériel à un fonctionnaire étranger pour influencer une décision.
- Obligation pour les entreprises de tenir des livres et des registres qui reflètent fidèlement toutes les transactions.
- Sanctions en cas de non-respect, incluant des peines de prison pouvant aller jusqu'à 14 ans et/ou des amendes illimitées.

→ **Application** : Menée par la Gendarmerie royale du Canada (GRC), avec des poursuites pouvant être engagées par le procureur général.

2. ***Code criminel du Canada***

→ **Sections pertinentes** :

- **Art. 121 (fraude envers le gouvernement)** : Interdit d'offrir ou d'accepter un avantage ou un bénéfice en échange de la coopération, l'assistance ou l'exercice d'influence avec le gouvernement.

- **Art. 123 (trafic d'influence)** : Criminalise l'acte d'offrir ou d'accepter une compensation pour influencer un fonctionnaire.

→ **Sanctions** : Les infractions peuvent entraîner de lourdes amendes et des peines d'emprisonnement.

3. ***Loi sur le recyclage des produits de la criminalité et le financement des activités terroristes***

→ **Administration** : Gérée par le Centre d'analyse des opérations et déclarations financières du Canada (CANAFE).

→ **Obligations** :

- Les institutions financières, les casinos et d'autres entités doivent signaler les transactions suspectes et les transactions en espèces de 10 000 $ ou plus.
- Tenue de registres et vérification de l'identité des clients.

→ **Objectif** : Identifier et prévenir le blanchiment d'argent et le financement du terrorisme, qui peuvent être des mécanismes de corruption.

Québec

1. ***Loi sur la transparence et l'éthique en matière de lobbyisme***

→ **But** : Réguler les activités de lobbying pour assurer la transparence et prévenir les conflits d'intérêts dans les processus décisionnels gouvernementaux.

→ **Obligations** :

- Enregistrement obligatoire des lobbyistes et déclaration de leurs activités.
- Restrictions et obligations spécifiques sur la manière dont les lobbyistes peuvent interagir avec les fonctionnaires.

2. ***Loi sur les contrats des organismes publics (LCOP)***

→ **Objectif** : Assurer l'intégrité dans l'attribution et la gestion des contrats publics.

→ **Mesures clés** :

- Procédures de soumission obligatoires et transparentes.

- Exigences de vérification d'intégrité pour les entreprises soumissionnaires.

→ **Sanctions** : Exclusion temporaire ou permanente de la possibilité de conclure des contrats publics en cas de violation.

3. ***Loi sur l'intégrité en matière de contrats publics***

→ **Application** : Toute entreprise souhaitant obtenir des contrats publics importants doit passer par une vérification d'intégrité menée par l'Autorité des marchés publics.

→ **But** : S'assurer que les entreprises qui font affaire avec l'État respectent les normes les plus élevées en matière d'éthique et de gouvernance.

États-Unis

Foreign Corrupt Practices Act (FCPA)

→ **Objectif** : Empêcher les entreprises et les individus américains de se livrer à la corruption d'officiels étrangers.

→ **Exigences de conformité** : Interdiction de verser des pots-de-vin à des fonctionnaires étrangers, obligations étendues de tenue de registres financiers et de contrôles internes.

Sarbanes-Oxley Act (SOX)

→ Mis en place pour renforcer la transparence financière des entreprises cotées en bourse, incluant des exigences rigoureuses en matière de rapports financiers et de gouvernance d'entreprise.

Royaume-Uni

UK Bribery Act

→ **Objectif** : Contient des dispositions plus strictes que le FCPA, interdisant toute forme de corruption, y compris la corruption privée, sans nécessiter de preuve d'un acte officiel corrompu.

→ **Exigences de conformité** : Les entreprises doivent prouver qu'elles ont mis en place des « procédures adéquates » pour prévenir la corruption, faute de quoi elles peuvent être tenues responsables des actes de corruption commis par leurs employés ou agents.

France

Loi Sapin II

→ **Objectif** : Renforcer la lutte contre la corruption et améliorer la transparence des activités économiques en France.

→ **Exigences de conformité** : Les entreprises de taille moyenne et grande doivent mettre en place des programmes de conformité internes, y compris des mesures de prévention de la corruption et des audits réguliers.

Code pénal français

→ Couvre divers aspects de la corruption, y compris la corruption publique et privée, avec des sanctions pouvant inclure des amendes lourdes et des peines d'emprisonnement.

Un juricomptable doit non seulement comprendre ces lois, mais également savoir comment elles s'appliquent dans des scénarios de cas concrets, comment conduire des audits de conformité, et quelles procédures suivre pour signaler des activités suspectes. Cette expertise garantit que les entités respectent des normes éthiques élevées et maintiennent une conduite commerciale propre, essentielle pour opérer dans le contexte réglementaire actuel.

3. Techniques avancées de détection de la corruption par les juricomptables

Introduction

Dans un environnement économique globalisé, la corruption représente une menace sérieuse pour la stabilité et l'intégrité des organisations. Les juricomptables, armés d'une expertise spécialisée dans l'analyse financière et l'audit, jouent un rôle crucial dans l'identification et la prévention des pratiques corrompues. Cette section se penche sur les méthodes sophistiquées utilisées par ces professionnels pour détecter la corruption, adaptées selon les divers types de fraudes, ainsi que sur des études de cas exemplifiant des succès notables et les défis rencontrés.

Méthodes de détection de la corruption

La détection de la corruption nécessite une combinaison de vigilance, de compétences techniques et de stratégies d'analyse sophistiquées. Les juricomptables utilisent une gamme de méthodes analytiques et de techniques de *data mining* pour découvrir les irrégularités cachées dans les données financières.

Techniques utilisées :

1. **Analyse des écarts** : Cette technique implique la comparaison des dépenses réelles aux budgets prévus, à la recherche de variances importantes qui peuvent indiquer des transactions inappropriées.
2. ***Data mining* et analyse prédictive** : Utilisation de modèles statistiques et d'apprentissage machine pour analyser des ensembles de données volumineux et identifier des *patterns* d'activités suspectes. Ces modèles peuvent détecter des anomalies subtiles et des tendances qui échapperaient à des audits traditionnels.
3. **Analyse des réseaux** : Application de la théorie des graphes pour examiner les relations et transactions entre individus, entreprises et entités gouvernementales afin de révéler des structures de collusion ou de corruption potentielles.
4. **Surveillance continue** : Mise en œuvre de systèmes automatisés qui surveillent en continu les transactions financières pour détecter instantanément les comportements frauduleux ou les écarts aux procédures standardisées.

Adaptation aux différents types de corruptions :

→ **Corruption active et passive** : Les techniques varient selon qu'il s'agit de déceler des actes de corruption commis par l'organisation (corruption active) ou subis par celle-ci (corruption passive). Les analyses tendent à se concentrer sur les flux de paiements sortants dans le premier cas sur les entrants dans le second.

→ **Détournements de fonds et pots-de-vin** : Ces deux formes de corruption nécessitent une attention particulière sur les transactions financières avec des tiers et les éventuels conflits d'intérêts. Des algorithmes spécifiques sont utilisés pour filtrer et examiner les paiements irréguliers ou les contrats anormalement lucratifs.

Exemples de détections réussies

Les compétences et méthodologies des juricomptables ont mené à la découverte et à l'interruption de nombreux schémas de corruption, comme démontré dans les études de cas suivantes.

Cas réels :

1. **Secteur de la construction** : Dans une grande entreprise de construction, des juricomptables ont utilisé l'analyse des réseaux pour identifier un système de pots-de-vin entre certains sous-traitants et un cadre. L'enquête a révélé des transactions répétées qui ne correspondaient à aucun service documenté, ce qui a conduit à des actions correctives et pénales.
2. **Administration publique** : Un cas notable impliquant une municipalité où des techniques de *data mining* ont permis de découvrir des anomalies dans les adjudications de marchés publics, indiquant une collusion probable entre des fonctionnaires et certaines entreprises privées.

Défis et solutions :

- → **Complexité des schémas de corruption** : La sophistication croissante des méthodes de fraude exige des réponses toujours plus élaborées. Les juricomptables répondent par une formation continue et l'adoption des dernières technologies en IA et analyse de données.
- → **Résistance interne** : La détection de la corruption peut se heurter à des obstacles internes, notamment la réticence du personnel à signaler des irrégularités. Les solutions incluent le renforcement des politiques de protection des lanceurs d'alerte et la mise en place de canaux de communication anonymes et sécurisés.

Conclusion

La détection proactive de la corruption est essentielle pour maintenir l'intégrité des opérations commerciales et la confiance du public dans les institutions financières et gouvernementales. Les juricomptables, avec leurs méthodes avancées et leur expertise, sont en première ligne de cette lutte, apportant non seulement leur savoir-faire en détection, mais aussi en prévention des pratiques corrompues. Cette section a exploré en profondeur les outils et stratégies déployés par ces professionnels pour déceler et combattre efficacement la corruption, soulignant leur rôle indispensable dans la préservation de la transparence et de l'équité économique.

4. L'implication des juricomptables dans la résolution de litiges et les procédures judiciaires relatives à la corruption

Introduction

Dans le contexte de la finance et du droit, les juricomptables se révèlent être des acteurs cruciaux dans la lutte contre la corruption, surtout lorsqu'il s'agit de résoudre des litiges financiers et de naviguer dans les arcanes des procédures judiciaires. Leur capacité à déchiffrer des données financières complexes leur permet de jouer un rôle indispensable en fournissant des analyses précises et en servant de témoins experts dans des affaires de corruption. Cette section explore en profondeur le rôle multifacette des juricomptables dans ces contextes, soulignant leur contribution vitale à la justice et à la transparence financière.

Expertise en litige des juricomptables

Les juricomptables apportent une expertise technique essentielle dans les cas de litiges financiers, particulièrement lorsqu'ils sont liés à des actes de corruption. Leur rôle en tant qu'experts judiciaires est souvent déterminant pour le déroulement et l'issue des procédures légales.

Analyse forensique et investigations : Les juricomptables effectuent des analyses forensiques poussées, examinant les livres comptables, les registres de transactions et les communications internes pour détecter des indices de manipulations ou de détournements financiers. Ils utilisent des méthodes avancées, telles que l'analyse des écarts et la surveillance des transactions, pour identifier les flux d'argent non justifiés ou les paiements suspects qui pourraient indiquer des pratiques de corruption.

Évaluation des dommages : Lorsqu'un litige implique des allégations de corruption, évaluer précisément les dommages devient une priorité. Les juricomptables quantifient les pertes directes, telles que les fonds détournés, et les pertes indirectes, incluant les dommages à la réputation ou les perturbations des opérations commerciales. Ces évaluations sont cruciales pour les réclamations de dommages et intérêts et influencent souvent significativement les compensations accordées par les tribunaux.

Contribution en justice : Les juricomptables ne se contentent pas d'analyser les données financières; ils jouent également un rôle actif en tant que témoins experts, clarifiant les complexités financières pour les juges et les jurys.

Témoignage d'expert : Le témoignage d'un juricomptable peut être un élément pivot dans les affaires de corruption, surtout quand les détails financiers sont complexes et difficiles à comprendre pour ceux n'ayant pas de formation financière. Sa capacité à présenter des informations de manière claire et concise permet aux tribunaux de prendre des décisions informées sur la base de preuves solides.

Exemples déterminants : Dans un cas notable, des juricomptables ont été appelés à témoigner dans un procès concernant des fonctionnaires accusés de détournements de fonds publics. Leur analyse détaillée a révélé un schéma de transactions frauduleuses et de fausses facturations orchestrées sur plusieurs années. Leur témoignage, basé sur une documentation exhaustive et des analyses financières rigoureuses, a été crucial pour la condamnation des accusés.

Clarification des questions financières : Les juricomptables simplifient les aspects financiers des cas de corruption pour les tribunaux, expliquant les méthodes par lesquelles les fonds ont été détournés ou les bilans falsifiés. Cette clarification est essentielle pour démontrer la portée de la corruption et pour établir la responsabilité légale.

Défis et solutions

La résolution de litiges liés à la corruption pose des défis uniques, notamment la complexité des schémas de fraude et la dissimulation souvent sophistiquée des actes corruptifs.

Complexité des schémas de corruption : Les juricomptables doivent souvent naviguer à travers des structures financières extrêmement complexes et des schémas de blanchiment d'argent. Pour ce faire, ils se tiennent constamment à jour avec les dernières technologies en matière d'analyse de données et de techniques forensiques pour déchiffrer même les cas les plus complexes.

Résistance interne et menaces : Face à des situations où les employés ou les dirigeants peuvent être réticents à divulguer des informations ou même être hostiles, les juricomptables doivent opérer avec une grande prudence. Ils mettent en place des mesures de confidentialité strictes et travaillent souvent en étroite collaboration avec les forces de l'ordre pour assurer leur sécurité et celle des données.

Conclusion

Les juricomptables sont indispensables dans la résolution de litiges financiers et les affaires judiciaires impliquant la corruption. Leur expertise permet de dévoiler des pratiques autrement occultées, de clarifier des questions financières complexes pour les tribunaux et de contribuer à une justice plus équitable et transparente. En fournissant des analyses détaillées et en servant de témoins crédibles, ils aident à façonner les issues des procès et à promouvoir l'intégrité dans les milieux financiers et au-delà.

5. Cas pratiques et bonnes pratiques en juricomptabilité pour combattre la corruption

Introduction

Dans un contexte économique global marqué par une vigilance accrue contre la corruption, les juricomptables jouent un rôle essentiel. Grâce à une expertise spécifique en finance et en droit, ils peuvent identifier, prévenir et résoudre des cas complexes de corruption. Cette section, s'appuyant sur des études de cas détaillées, explore comment les compétences des juricomptables contribuent à l'intégrité des entreprises et des institutions publiques. De plus, elle propose une compilation de bonnes pratiques issues de ces études, offrant des recommandations concrètes pour leur mise en œuvre effective.

Présentation de cas pratiques

La valeur des juricomptables est mise en lumière à travers l'analyse de cas spécifiques où leur intervention a été déterminante. Ces cas illustrent la manière dont les pratiques de juricomptabilité sont appliquées concrètement pour combattre la corruption.

Cas 1 : Détournement de fonds dans une entreprise multinationale

→ **Contexte** : Une multinationale dans le secteur de la construction a été soupçonnée de détournement de fonds, impliquant plusieurs hauts dirigeants.

→ **Intervention des juricomptables** : Une équipe de juricomptables a mené un audit interne complet, utilisant des analyses transactionnelles approfondies pour suivre le flux des fonds détournés. L'enquête a inclus des interviews d'employés, l'examen de contrats et la vérification des paiements.

→ **Résultats** : L'audit a révélé un réseau complexe de facturations fictives et de comptes *offshore*. Les résultats ont non seulement permis de récupérer une partie importante des fonds perdus, mais aussi de revoir les processus de contrôle interne pour prévenir de futurs incidents.

Cas 2 : Corruption dans les marchés publics

→ **Contexte** : Une administration locale a été ébranlée par un scandale de corruption impliquant des attributions de marchés publics à des entreprises privées contre des pots-de-vin.

→ **Intervention des juricomptables** : Des juricomptables spécialisés en crimes financiers ont utilisé des techniques de *data mining* pour analyser les appels d'offres et les adjudications sur plusieurs années.

→ **Résultats** : L'analyse a exposé un schéma récurrent de favoritisme et des anomalies significatives dans le processus d'attribution. Cette découverte a conduit à plusieurs réformes administratives et à la mise en place de systèmes de surveillance automatisés.

Synthèse des bonnes pratiques

L'expérience accumulée à travers divers cas de corruption a permis de dégager des pratiques exemplaires en matière de prévention, de détection et de résolution de la corruption. Ces bonnes pratiques sont essentielles pour les juricomptables et les organisations désireuses de renforcer leur intégrité.

Pratiques exemplaires :

1. **Audits réguliers et aléatoires** : Effectuer des audits non annoncés peut dissuader les comportements corruptifs et révéler des problèmes avant qu'ils ne s'aggravent.

2. **Formation et sensibilisation continues** : Maintenir un programme de formation régulier pour tous les employés, focalisé sur les risques de corruption, les politiques internes et les mécanismes de signalement.
3. **Transparence et rapportage ouvert** : Encourager une culture de transparence où les informations financières sont accessibles et les décisions d'entreprise, clairement documentées et justifiées.

Recommandations :

→ **Engagement de la direction** : La haute direction doit montrer l'exemple et soutenir fermement les initiatives anticorruption, soulignant leur importance stratégique pour l'organisation.

→ **Technologie et innovation** : Adopter des outils de surveillance de pointe et des logiciels d'analyse financière pour améliorer la précision des contrôles et la rapidité de détection des anomalies.

→ **Collaborations stratégiques** : Travailler en collaboration avec d'autres services, tels que les RH, la sécurité et le juridique, pour créer un front uni contre la corruption.

Conclusion

Le rôle des juricomptables dans la lutte contre la corruption est indéniable. Grâce à leur expertise technique et leur approche méthodique, ils sont capables de déceler et de résoudre des problèmes qui pourraient autrement compromettre la santé financière et la réputation des organisations. Les cas pratiques présentés démontrent l'efficacité des juricomptables dans des situations réelles, tandis que la synthèse des bonnes pratiques offre un guide précieux pour renforcer les mesures anticorruption dans toute entreprise ou institution. Cette section vise à inspirer et à guider les professionnels et les organisations dans leur engagement continu contre la corruption.

6. Conclusion : Le rôle essentiel des juricomptables dans la lutte contre la corruption et perspectives professionnelles

Impact significatif des juricomptables

Les juricomptables, avec leurs compétences spécifiques en comptabilité et en législation financière, ont un rôle crucial et multidimensionnel dans la lutte contre la corruption. Leur intervention va bien au-delà des audits traditionnels, touchant à des domaines aussi divers que la prévention, la détection et la résolution des cas de corruption. Cette section synthétise leurs contributions majeures et souligne l'importance de leur rôle dans la promotion de la transparence et de l'intégrité financière.

1. **Prévention de la corruption** : Grâce à la mise en place de contrôles internes rigoureux et de systèmes de conformité, les juricomptables aident les organisations à prévenir les occurrences de corruption avant qu'elles ne prennent racine. En formant les employés aux risques de corruption et en instaurant des cultures d'entreprise basées sur l'éthique, ils posent les fondations nécessaires pour des opérations commerciales saines et sécurisées.
2. **Détection des actes de corruption** : Les juricomptables sont équipés pour identifier les signes de malversations financières grâce à des outils d'analyse avancés. Leur capacité à analyser de vastes ensembles de données financières permet de déceler des irrégularités subtiles, des transactions inexpliquées et d'autres indicateurs de comportements frauduleux.
3. **Résolution et litige** : En cas de litige ou d'enquête, les juricomptables fournissent des preuves cruciales qui peuvent influencer l'issue des procès. Leur expertise en tant que témoins experts aide les tribunaux à comprendre les aspects techniques des affaires financières, contribuant ainsi à des jugements plus éclairés et justes.
4. **Restauration de la conformité et conseils** : Après la découverte de faits de corruption, les juricomptables jouent un rôle essentiel pour conseiller les entreprises afin de restaurer la conformité avec les lois anticorruption. Ils aident également à réformer les systèmes internes pour renforcer la résilience contre de futurs risques de corruption.

Perspectives d'avenir

À l'heure où la technologie évolue rapidement et où le paysage réglementaire mondial devient de plus en plus complexe, le rôle des juricomptables est appelé à devenir encore plus central et influent.

1. **Adoption de technologies avancées** : L'intégration de l'intelligence artificielle et de la chaîne de blocs dans les pratiques de juricomptabilité offre des perspectives prometteuses pour le renforcement des capacités de détection et de prévention de la corruption. L'IA, avec ses capacités d'analyse de données en temps réel et de reconnaissance de motifs, peut permettre une identification quasi instantanée des anomalies financières. La chaîne de blocs, offrant une transparence et une immuabilité des registres, peut révolutionner les systèmes de contrôle interne en rendant les transactions beaucoup plus difficiles à falsifier.
2. **Adaptation aux nouveaux régimes réglementaires** : Les juricomptables doivent rester au fait des développements législatifs internationaux pour aider les entreprises à naviguer dans un environnement global de plus en plus scruté. Cela implique non seulement de se conformer aux normes en vigueur, mais aussi d'anticiper les changements réglementaires pour maintenir une longueur d'avance en matière de conformité.
3. **Élargissement du rôle consultatif** : En plus de leurs fonctions traditionnelles, les juricomptables sont de plus en plus sollicités comme conseillers stratégiques, aidant les organisations à intégrer des pratiques anticorruption au cœur de leur stratégie d'entreprise. Ce rôle consultatif s'étend également à l'élaboration de politiques et de procédures qui favorisent une culture d'intégrité et de responsabilité.

Conclusion du chapitre

Les juricomptables sont à l'avant-garde de la lutte contre la corruption, non seulement en réaction aux incidents, mais aussi en créant des environnements où la corruption est beaucoup moins susceptible de se produire. Leur travail influence profondément la manière dont les entreprises fonctionnent et sont perçues, tant sur les marchés locaux qu'internationaux. Avec l'évolution des technologies et l'expansion des réglementations, leur rôle est destiné à devenir encore plus central, faisant d'eux des acteurs incontournables dans la préservation de la transparence et de l'éthique dans le monde des affaires du futur.

Chapitre 8

Augmenter la détection de fraudes avec l'IA

Fabrice Fischer
Rajendra Shroff

Objectif du chapitre

L'objectif de ce chapitre est d'analyser le rôle de l'IA dans la détection des fraudes. Ce chapitre familiarise les juricomptables avec les plus récentes avancées technologiques.

1. L'IA et l'apprentissage automatique dans la détection de la fraude

L'intelligence artificielle (IA) a transformé notre approche de la détection de la fraude. L'IA et son sous-domaine, l'apprentissage automatique, représentent de plus en plus l'avant-garde dans la lutte contre la fraude, révélant des comportements frauduleux qui pourraient passer inaperçus avec les techniques d'audit traditionnelles.

Les modèles d'IA peuvent détecter des fraudes potentielles, car ils apprennent à partir de données historiques et utilisent cet apprentissage pour identifier des anomalies dans de nouvelles données du monde réel. Contrairement aux méthodes traditionnelles, qui reposent sur des processus manuels et des règles prédéfinies, les modèles d'apprentissage automatique peuvent s'adapter et s'améliorer en continu à mesure qu'ils traitent de nouvelles données. L'IA peut analyser des ensembles de données vastes, reconnaître des motifs et détecter des écarts que les analystes humains peuvent avoir du mal à percevoir, comme les signaux qualifiés de « faibles », par opposition aux signaux forts.

Dans le paysage actuel, où les tactiques des fraudeurs évoluent rapidement (en partie parce qu'ils utilisent l'IA pour créer des schémas de fraude de meilleure qualité), l'IA constitue une solution proactive qui aide les organisations à garder une longueur d'avance sur des fraudeurs sophistiqués :

2. Un bref aperçu de l'IA et de l'apprentissage automatique

L'IA est un terme générique pour désigner un ensemble de technologies, mais à la base, elle consiste à former des modèles informatiques pour effectuer des tâches qui nécessitent généralement l'intelligence humaine.

L'apprentissage automatique, un sous-ensemble de l'IA, utilise des algorithmes d'apprentissage standards pour classifier des données, identifier des motifs, prédire des résultats et prendre des décisions à grande échelle (fig. 1). Dans ce contexte, un algorithme est un ensemble de règles utilisées pour découvrir des motifs dans les données ou prédire des résultats à partir des données fournies. Les algorithmes permettent aux modèles d'apprentissage automatique d'apprendre à partir des données, puis de faire des prédictions ou des classifications basées sur de nouvelles données.

3. Entraînement d'un modèle d'apprentissage automatique

Vue simplifiée

L'apprentissage automatique utilise des **algorithmes** standards pour **classifier les données**, **identifier des motifs**, **prédire des résultats** et **prendre des décisions** à grande échelle.

Données étiquetées

→ Transaction 0001 ⇨ Fraude

→ Transaction 0002 ⇨ Pas de fraude

→ Transaction 000n ⇨ Fraude

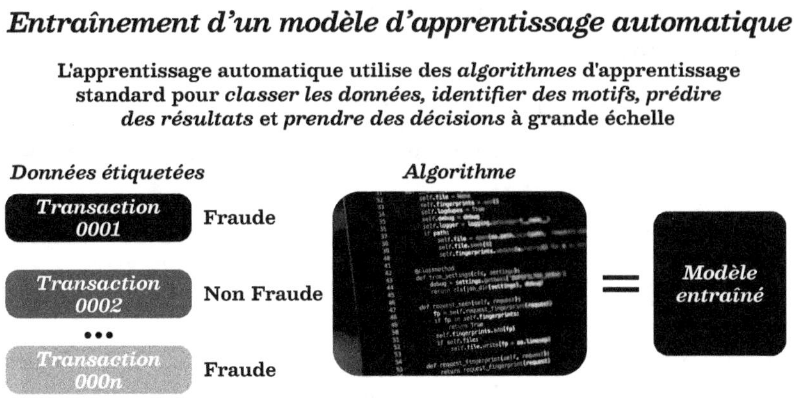

Figure 1 – Entraînement d'un modèle d'apprentissage automatique (vue simplifiée)

L'apprentissage automatique peut être subdivisé en apprentissage non-supervisé et supervisé.

Dans **l'apprentissage non-supervisé**, nous n'utilisons pas de données étiquetées ni ne donnons d'objectif explicite au modèle. Nous alimentons simplement le modèle avec des données et lui demandons de découvrir des motifs cachés ou des regroupements dans les données. Par exemple, un modèle d'apprentissage non-supervisé peut organiser les transactions en groupes distincts, ou *clusters*, sur la base de leur similarité. Les transactions qui ne correspondent à aucun *cluster* peuvent ensuite être examinées pour une fraude potentielle.

Dans **l'apprentissage supervisé**, un modèle est entraîné à l'aide de données étiquetées. Par exemple, nous entraînons un modèle avec des exemples de transactions historiques qui sont étiquetées comme « fraude » ou « non fraude ». Le modèle entraîné tente ensuite de classifier de nouvelles transactions comme « fraude » ou « non fraude ». Dans l'apprentissage supervisé, le « superviseur » est le jeu de données étiquetées.

Quelle que soit la technique spécifique utilisée, nous pouvons entraîner des modèles d'apprentissage automatique sur des données historiques afin d'identifier des motifs indiquant des fraudes.

4. Catégories de fraudes dans un cadre professionnel

La fraude professionnelle se divise généralement en trois grandes catégories : **détournement d'actifs**, **fraude aux états financiers** et **corruption**.

Détournement d'actifs

Il s'agit du type de fraude professionnelle le plus courant et implique le vol ou l'utilisation abusive des actifs et des ressources d'une organisation. Les employés fictifs, la fraude sur les salaires, la fraude sur les remboursements de dépenses, la fraude sur les fournisseurs et d'autres transgressions similaires entrent dans cette catégorie.

Fraude aux états financiers

Cela consiste à présenter volontairement de manière erronée des informations financières afin de tromper les parties prenantes. Ce type de fraude est moins fréquent, mais peut être extrêmement dommageable, comme le montrent les cas de WorldCom et d'Enron.

Corruption

Elle implique l'abus de pouvoir à des fins personnelles et inclut souvent des pots-de-vin, des rétrocommissions ou des conflits d'intérêts. La détection de la corruption peut être difficile, car elle se déroule souvent hors des livres comptables.

5. Le rôle de l'IA dans la lutte aux différents types de fraudes

Employés fictifs et emplois fantômes

L'IA et l'apprentissage automatique peuvent s'avérer inestimables pour détecter les employés fictifs et les emplois fantômes – des inscriptions frauduleuses dans les systèmes de paie qui permettent à des personnes malhonnêtes de percevoir les salaires d'employés fictifs, ou de personnes réelles, mais qui ne travaillent pas pour l'entreprise.

Les outils de détection d'anomalies basés sur l'IA peuvent analyser les données de paie à la recherche d'irrégularités, telles que des comptes bancaires en double, des enregistrements de feuilles de temps qui se chevauchent ou des incohérences dans les profils des employés.

Prenons le cas d'une fraude aux employés fictifs impliquant le directeur général d'un restaurant Wendy's en Pennsylvanie, révélée en 2024. Le directeur a créé un employé fictif nommé « William Bright », et a empoché près de 20 000 $ en salaires.

Les algorithmes d'apprentissage automatique, conçus pour détecter les incohérences dans les données de paie, auraient pu signaler cette fraude en identifiant des anomalies telles que des quarts de travail qui se chevauchent et des incohérences dans les dossiers fiscaux.

Fraude aux états financiers

La fraude aux états financiers, que ce soit dans le cas d'Enron ou dans des cas plus récents, entraîne des pertes importantes et des dommages réputationnels pour les entreprises et les auditeurs.

En 2020, les auditeurs de Wirecard, une entreprise allemande spécialisée dans les paiements, ont révélé que 1,9 milliard d'euros prétendument détenus sur ses comptes étaient manquants. Les enquêtes ont montré que Wirecard avait gonflé ses revenus et bénéfices pour tromper les investisseurs et les prêteurs, ce qui a conduit à l'effondrement de l'entreprise et à l'arrestation de plusieurs dirigeants pour fraude et détournement de fonds.

Les modèles d'apprentissage automatique, entraînés à détecter les écarts entre les flux de trésorerie et les revenus déclarés, auraient pu signaler ces incohérences bien plus tôt.

Fraude sur les fournisseurs et sur les achats

La fraude sur les fournisseurs et sur les achats implique souvent des surcharges de prix ou des rétrocommissions – des activités qui ne sont pas facilement détectables par les pratiques d'audit traditionnelles.

Les modèles d'apprentissage automatique peuvent croiser les données historiques de prix, les informations sur les fournisseurs et l'historique des achats pour identifier des schémas inhabituels. Ils peuvent, par exemple, signaler lorsqu'un fournisseur particulier est systématiquement sélectionné malgré des devis plus élevés, ou lorsque les calendriers de paiement ne correspondent pas aux dates de livraison.

Fraude sur les remboursements de dépenses

Les fraudeurs, généralement des employés, peuvent soumettre de fausses demandes de remboursement ou gonfler leurs dépenses au fil du temps, en s'attendant à ce que ces irrégularités se perdent dans la masse de données.

Les modèles d'apprentissage automatique, en analysant les données historiques des dépenses, peuvent reconnaître des schémas indiquant des dépenses frauduleuses. Ces modèles peuvent signaler des remboursements fréquents à la même personne ou des montants multiples qui restent systématiquement juste en dessous du seuil d'approbation automatique.

Dans un cas de fraude sur les dépenses en 2024, un gestionnaire de paie d'un cabinet d'avocats à La Nouvelle-Orléans a détourné 2,5 millions de dollars grâce à des remboursements frauduleux. Si l'IA avait été utilisée dans ce cabinet, elle aurait pu identifier des schémas de soumissions récurrents et des écarts par rapport aux données de la paie.

Détournement de fonds et blanchiment d'argent

Le détournement de fonds et le blanchiment d'argent impliquent souvent la dissimulation de transactions et le transfert de fonds à travers des réseaux bancaires mondiaux.

L'IA, en particulier les modèles d'apprentissage profond conçus pour la détection d'anomalies, peut analyser les flux de trésorerie et détecter des irrégularités. Les examinateurs certifiés en fraude peuvent utiliser ces modèles pour examiner les transactions bancaires à la recherche de motifs souvent associés au détournement de fonds ou aux étapes de dissimulation dans les schémas de blanchiment d'argent.

Un scandale récent de blanchiment d'argent à la Danske Bank a révélé des milliards de dollars blanchis via des transactions insuffisamment surveillées. Les systèmes d'IA, programmés pour suivre les écarts dans les volumes de transactions ou les relations entre comptes, auraient pu signaler ce comportement bien plus tôt. En réponse à cette situation, la

Danske Bank a collaboré avec l'entreprise d'analyse Teradata pour développer un système d'apprentissage profond visant une détection plus précise des fraudes potentielles.

6. Avantages et défis de l'utilisation de l'IA pour la détection de la fraude

Le principal avantage de l'IA dans la détection de la fraude réside dans sa capacité à évoluer et à analyser de grandes quantités de données de manière efficace et systématique. Les tactiques des fraudeurs évoluant constamment, les règles statiques deviennent rapidement obsolètes. Les modèles d'apprentissage automatique, en apprenant continuellement à partir de données du monde réel, permettent de maintenir les capacités de détection de fraude à jour et efficaces.

L'IA excelle également dans la réduction des faux positifs – ces cas où des comportements légitimes sont signalés comme potentiellement frauduleux. Les faux positifs sont coûteux, chronophages et peuvent perturber les clients respectueux des règles. Toute personne ayant vu une transaction légitime par carte de crédit bloquée par sa banque peut s'identifier à cette frustration.

En apprenant à partir d'enquêtes passées, les modèles d'apprentissage automatique s'améliorent dans la distinction entre fraude potentielle et anomalies bénignes, ce qui réduit les fausses alertes et augmente la précision de la détection de la fraude.

7. Défis

Manque de talents qualifiés

Un des obstacles majeurs est souvent le manque de talents qualifiés. Cela inclut des personnes capables de travailler avec des données et de concevoir des systèmes d'IA, mais aussi des experts du domaine de la détection de la fraude ayant une connaissance suffisante de l'IA pour savoir ce qui doit être développé. Après tout, il faut quelqu'un pour guider les analystes de données et les ingénieurs en apprentissage automatique afin de créer des outils adaptés aux besoins des enquêteurs en fraude.

Former les experts du domaine pour qu'ils acquièrent une compréhension adéquate de l'IA prend du temps et nécessite une formation spécialisée. À court terme, des consultants et des formateurs externes peuvent être mobilisés pour réduire la courbe d'apprentissage.

Qualité des données

Un obstacle majeur à la création de systèmes d'IA précis est la qualité des données. Les modèles d'IA dépendent de données propres et bien étiquetées pour l'entraînement. Des données de qualité faible ou un manque de données peuvent entraîner des modèles qui manquent des fraudes ou qui génèrent de nombreux faux positifs. De plus, les fraudeurs sophistiqués commencent à utiliser l'IA eux-mêmes, exploitant les fausses vidéos générées par l'IA – ou *deepfakes* – et d'autres outils génératifs pour créer de fausses identités convaincantes ou manipuler les enregistrements de transactions. Cela crée une course constante entre ceux qui tentent de prévenir la fraude et ceux qui la perpètrent.

Interprétabilité des modèles d'IA

Une autre préoccupation est l'interprétabilité des modèles d'IA. De nombreux modèles d'apprentissage automatique, en particulier les modèles d'apprentissage profond, sont souvent considérés comme des « boîtes noires », offrant une visibilité limitée sur la façon dont ils prennent leurs décisions. Pour les examinateurs certifiés en fraude et les auditeurs, la capacité à expliquer et à justifier la façon dont un système a signalé une transaction comme potentiellement frauduleuse est cruciale. Le développement d'outils d'IA explicables qui maintiennent une précision élevée tout en offrant de la transparence est un domaine clé de recherche en cours.

8. Techniques traditionnelles de détection de la fraude

Avant l'avènement de l'IA, la détection de la fraude reposait fortement sur l'expertise humaine, des procédures manuelles et une compréhension approfondie des principes comptables. Bien que ces méthodes soient efficaces dans une certaine mesure, elles requièrent beaucoup de main-d'œuvre qualifiée et sont sujettes aux erreurs humaines.

Analyse manuelle

L'analyse manuelle repose sur l'examen des dossiers financiers, des grands livres et des documents de paie. Les examinateurs certifiés en fraude passent au crible les données, en examinant les transactions ligne par ligne, en comparant les écritures avec les documents justificatifs et en effectuant la conciliation des comptes pour identifier les écarts. Ces dernières années, les logiciels et systèmes comptables ont réduit une partie, mais pas la totalité, de la charge de travail manuel.

Les entretiens avec les employés, menés par les auditeurs internes, jouent également un rôle essentiel pour vérifier les transactions et recueillir du contexte. Ces entretiens peuvent mettre en évidence des signes de nervosité ou d'évitement chez les employés ayant quelque chose à cacher. La fraude ne concerne pas seulement les chiffres, mais aussi le comportement humain.

Cependant, l'analyse manuelle est chronophage, nécessite des professionnels hautement qualifiés et reste vulnérable aux erreurs humaines. La fraude peut passer inaperçue simplement en raison des limites humaines. Dans des schémas complexes impliquant des milliers de transactions, quelques écritures suspectes peuvent facilement passer entre les mailles du filet.

Analyse des documents

Les examinateurs certifiés en fraude vérifient l'authenticité de documents tels que les factures, les reçus, les contrats et les états financiers. Ils examinent ces documents pour détecter des signes de falsification, des modifications ou des incohérences. Dans le cadre d'une fraude aux achats, les examinateurs certifiés en fraude peuvent comparer les factures des fournisseurs avec les bons de commande et les registres de livraison pour identifier des écarts. En cas de fraude aux états financiers, les auditeurs analysent les documents justificatifs pour s'assurer que les chiffres rapportés reflètent fidèlement la situation financière de l'entreprise.

Bien que l'analyse des documents soit essentielle, elle est limitée par le volume de documents à examiner et la sophistication croissante des fraudeurs modernes. Avec l'essor des outils numériques, les documents frauduleux sont devenus plus difficiles à détecter manuellement. Le grand nombre de transactions complique encore davantage le processus.

9. L'IA renforce les méthodes traditionnelles de détection de la fraude

L'IA traite d'énormes volumes de données et identifie des schémas et anomalies qui seraient presque impossibles à détecter pour un humain. La capacité de l'IA à apprendre et à s'adapter la distingue également. La détection de fraude traditionnelle repose largement sur des règles prédéfinies, tandis que les modèles d'apprentissage automatique peuvent reconnaître des relations complexes et s'adapter à de nouveaux schémas de fraude à mesure qu'ils apparaissent. Cette flexibilité permet aux systèmes d'IA de suivre le rythme des tactiques de fraude en constante évolution.

Les examinateurs certifiés en fraude peuvent renforcer – et non remplacer – leurs techniques traditionnelles avec l'IA. L'analyse manuelle et la vérification des documents continuent d'apporter du contexte et de l'intuition humaine, mais lorsqu'elles sont complétées par l'IA, la détection de la fraude devient plus rapide, plus efficace, plus systématique et plus précise.

Algorithmes d'apprentissage automatique et sources de données pour la détection de la fraude

L'apprentissage automatique, grâce à sa capacité à apprendre des schémas et à identifier des anomalies, offre une approche proactive pour la détection de la fraude – une approche qui évolue en parallèle avec les tactiques des fraudeurs. Ici, nous explorons divers algorithmes d'apprentissage automatique utilisés pour former des modèles de détection de la fraude et leur application dans différents cas d'usage en comptabilité judiciaire.

L'apprentissage automatique comprend une gamme d'algorithmes, chacun offrant des avantages spécifiques pour la détection de la fraude. Le choix de l'algorithme approprié dépend de plusieurs facteurs, tels que la complexité des données, la disponibilité de données étiquetées et le scénario de fraude spécifique.

Apprentissage non supervisé : auto-encodeurs, Isolation Forest, Clustering K-Means

Les techniques d'apprentissage non supervisé, telles que les auto-encodeurs, l'Isolation Forest et le clustering K-Means, ne nécessitent pas de données étiquetées, ce qui est particulièrement utile lorsque les activités frauduleuses sont rares et difficiles à catégoriser.

Les auto-encodeurs, un type de réseau neuronal, sont un choix populaire pour détecter les transactions financières frauduleuses (fig. 2). Étant donné que les auto-encodeurs ne reçoivent pas de données étiquetées, ils apprennent à identifier les transactions potentiellement frauduleuses en les décomposant d'abord, puis en les reconstruisant. Si l'auto-encodeur parvient à reconstruire avec succès une transaction donnée sur la base de sa compréhension simplifiée des caractéristiques importantes de cette transaction, il est moins probable qu'il s'agisse d'une transaction frauduleuse.

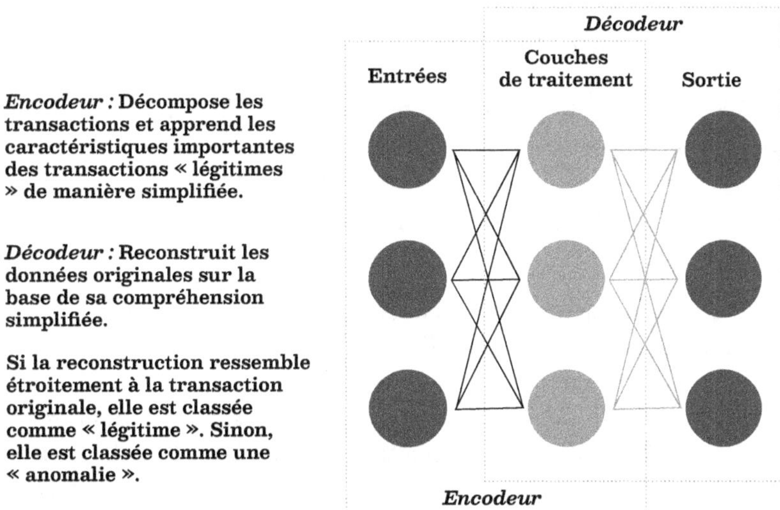

Figure 2 – Structure simplifiée d'un auto-encodeur

Les auto-encodeurs sont efficaces pour détecter des comportements rares et anormaux qui s'écartent des schémas typiques – comme des pics inhabituels de dépenses. Par exemple, dans le cadre de la fraude sur les remboursements de dépenses, les auto-encodeurs peuvent mettre en évidence des dépenses qui diffèrent significativement des habitudes historiques des employés.

Isolation Forest identifie les points de données qui se démarquent du reste. Dans un ensemble de données légitime, la plupart des points se regroupent, tandis que les anomalies – telles que des transactions frauduleuses – sont isolées. Par exemple, dans un système de paie, elles pourraient identifier des employés fictifs en détectant des schémas de salaires ou d'activités d'employés inhabituels.

Le **Clustering K-Means** est une autre technique non supervisée utilisée pour détecter des anomalies en regroupant les données (en *clusters).* Les transactions qui ne s'intègrent pas bien dans un *cluster* sont signalées comme des valeurs aberrantes. Cette approche est particulièrement utile pour détecter la fraude aux achats, où des relations frauduleuses avec des fournisseurs ou des factures gonflées peuvent se démarquer comme inhabituelles par rapport aux *clusters* de données légitimes.

10. Apprentissage supervisé : XGBoost et forêt aléatoire

XGBoost (*Extreme Gradient Boosting*) est l'un des algorithmes d'apprentissage automatique les plus couramment utilisés pour la détection de la fraude. XGBoost est une méthode d'apprentissage par ensemble qui combine plusieurs algorithmes d'apprentissage faibles – généralement des arbres de décision – pour créer un modèle prédictif puissant.

XGBoost est un algorithme polyvalent, largement utilisé dans les institutions financières pour des cas d'utilisation allant de la fraude par carte de crédit à la prédiction des défauts de paiement de prêts. Il peut traiter divers types de données et capturer des relations complexes entre les caractéristiques (variables). Appliqué à l'analyse des états financiers, XGBoost peut examiner plusieurs caractéristiques, telles que les schémas de revenus, les variations soudaines de la valorisation des actifs ou des ratios de bénéfices anormaux, pour identifier des manipulations potentielles.

Les **forêts aléatoires** constituent un autre algorithme d'apprentissage par ensemble qui utilise plusieurs arbres de décision pour effectuer des prédictions (fig. 3). Chaque arbre de décision au sein de la forêt aléatoire fait une prédiction basée sur un sous-ensemble de variables provenant de l'ensemble de données. Les prédictions sont ensuite moyennées pour aboutir à la prédiction finale, semblable à la « sagesse de la foule ».

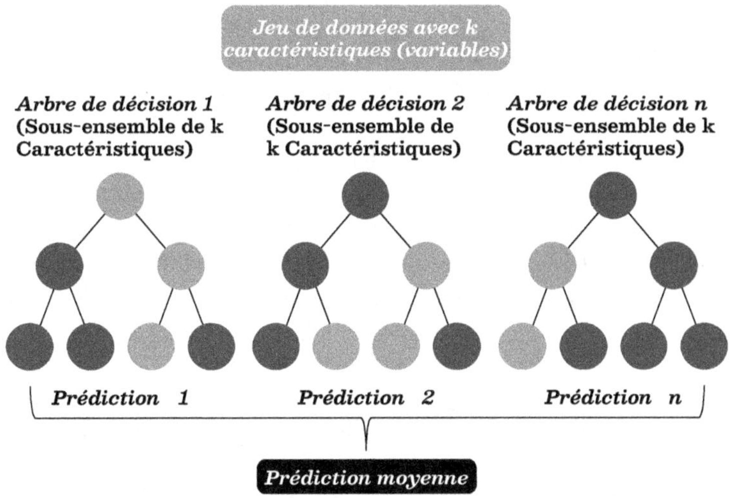

Figure 3 – Structure simplifiée d'une forêt aléatoire

En moyennant les résultats de plusieurs arbres, une forêt aléatoire offre une approche équilibrée et robuste pour résoudre des problèmes de classification – comme distinguer des transactions légitimes de celles potentiellement frauduleuses.

Les forêts aléatoires sont populaires pour la détection d'anomalies en milieu professionnel, car elles peuvent être moins gourmandes en ressources informatiques que XGBoost, bien que XGBoost puisse être plus rapide dans certains contextes.

Apprentissage par renforcement : former des modèles de détection de fraude grâce à la rétroaction

Les algorithmes d'apprentissage par renforcement entraînent les modèles d'apprentissage automatique à travers un système d'essais et erreurs, de récompenses et de rétroaction.

Imaginez entraîner un chien à s'asseoir en lui donnant une friandise chaque fois qu'il obéit à l'ordre de s'asseoir. De manière similaire, dans l'apprentissage par renforcement, un modèle (appelé « agent ») essaie différentes actions dans une situation donnée, et chaque action entraîne une récompense ou une pénalité. Au fil du temps, le modèle apprend à faire de meilleurs choix en visant des actions qui mènent à des récompenses, tout comme le chien apprend à s'asseoir pour recevoir une friandise. De cette façon, le modèle améliore progressivement sa capacité à résoudre des tâches complexes de manière autonome.

Dans la détection de fraude, un modèle d'apprentissage par renforcement apprend en explorant différentes façons de signaler des transactions comme « potentiellement frauduleuses » ou « légitimes ». Chaque décision prise par le modèle – comme signaler une transaction pour examen – entraîne une récompense (identifier correctement une fraude) ou une pénalité (signaler une transaction normale comme frauduleuse).

Au fil du temps, le modèle apprend les schémas qui mènent à la fraude. Il utilise ces apprentissages pour améliorer sa précision, car chaque fois qu'il effectue une classification correcte, il reçoit une récompense.

11. Sélection du bon algorithme d'apprentissage automatique pour entraîner votre modèle

Plusieurs critères doivent être pris en compte pour garantir que l'algorithme choisi est efficace pour détecter la fraude dans un cas d'utilisation donné. Voici quelques considérations :

→ **Taille et complexité des données :**

Les algorithmes tels que Random Forest et XGBoost fonctionnent bien avec de grands ensembles de données comportant de nombreuses caractéristiques, tandis que des algorithmes plus simples peuvent suffire pour des ensembles de données plus petits.

→ **Disponibilité des données étiquetées :**

Les algorithmes d'apprentissage supervisé, tels que XGBoost, nécessitent des ensembles de données étiquetées – où les cas de fraude passés sont clairement identifiés – pour un entraînement efficace. En revanche, les modèles non supervisés comme les auto-encodeurs ou K-Means sont mieux adaptés lorsque les données étiquetées sont indisponibles ou difficiles à obtenir. Par exemple, la détection de blanchiment d'argent, caractérisée par des transactions rares et difficiles à catégoriser, peut bénéficier des techniques d'apprentissage non supervisé.

→ **Interprétabilité :**

Les examinateurs certifiés en fraude doivent souvent expliquer les bases de la détection de fraude aux parties prenantes. Les algorithmes tels que Random Forest offrent une meilleure interprétabilité par rapport aux modèles d'apprentissage profond, ce qui les rend préférables dans des situations où la transparence est valorisée par la direction ou les régulateurs.

12. Prioriser les sources de données alternatives

Un point clé ici est de déterminer sur quelles sources de données alternatives se concentrer. Étant donné que le temps est essentiel dans une enquête et que certaines données ne sont pas facilement disponibles, nous proposons le cadre suivant pour décider des priorités :

1. **Disponibilité dans les systèmes internes**

   Priorisez les métriques directement accessibles dans les systèmes standards de l'entreprise (par exemple, systèmes de gestion RH, ERP, CRM).

2. **Facilité d'extraction des données**

   Choisissez des métriques dont les données peuvent être extraites rapidement et avec un effort minimal, comme les relevés de présence ou les journaux d'accès.

3. **Qualité et fiabilité des données**

   Priorisez les métriques avec des données précises, à jour et bien structurées dans les bases de données internes.

4. **Fréquence de mise à jour des données**

   Priorisez les métriques mises à jour fréquemment (quotidiennement ou en temps réel) pour fournir des informations actuelles.

5. **Intégration avec d'autres systèmes**

   Priorisez les métriques pouvant être facilement croisées avec d'autres systèmes (par exemple, financiers, projets ou paie).

6. **Impact sur la performance opérationnelle**

   Sélectionnez des métriques offrant des informations directes sur la performance ou la productivité opérationnelle (par exemple, heures travaillées, tâches accomplies).

7. **Disponibilité sans autorisations supplémentaires**

   Priorisez les métriques disponibles sans nécessiter de permissions spécifiques ou d'efforts supplémentaires pour y accéder, comme les données publiques de l'entreprise.

8. **Coût d'accès ou de traitement des données**

   Priorisez les métriques avec un coût d'accès, de traitement et de stockage faible ou inexistant.

9. **Historique des données disponibles**

   Mettez en avant les métriques disposant d'un long historique, permettant une analyse sur des périodes prolongées.

10. **Alignement avec les objectifs de détection**

    Priorisez les métriques directement alignées avec les objectifs de détection de fraude.

13. Remarques importantes

Le cadre ci-dessus est une simple ligne directrice. Les examinateurs certifiés en fraude et les enquêteurs continueront d'utiliser leur jugement et leur expertise pour déterminer quelles données examiner en priorité.

Les enquêteurs en fraude peuvent aller plus loin en utilisant un grand modèle de langage ou *large language model* (LLM) pour générer une liste exhaustive de types de données alternatives pertinentes pour les enquêtes sur la fraude.

Une requête efficace pour le LLM peut inclure :

→ Une explication du type de fraude faisant l'objet de l'enquête;

→ Une liste des types de données pertinentes que l'enquêteur envisage déjà;

→ Des exemples de types de données non pertinentes (pour maintenir le LLM concentré sur la tâche);

→ Une demande pour une liste complète de types de données alternatives avec une brève explication de leur pertinence pour l'enquête sur la fraude en question.

Construction de pipelines de données pour les modèles d'IA et les outils technologiques

Construire des pipelines de données qui alimentent des modèles d'IA et d'autres outils est crucial pour les performances d'un modèle d'IA.

Les pipelines de données sont des systèmes automatisés qui :

→ Collectent et traitent des données provenant de plusieurs sources;

→ Préparent les données pour l'analyse ou leur utilisation dans les modèles d'IA;

→ Transfèrent les données des systèmes de stockage vers les modèles d'IA et d'autres outils technologiques.

Dans la détection de fraude, un pipeline de données peut extraire des données de transaction des systèmes comptables, les traiter pour mettre en évidence des indicateurs potentiels de fraude (comme des schémas de dépenses inhabituels) et les transmettre ensuite à un modèle d'IA pour identifier les transactions suspectes.

Les pipelines de données garantissent un flux continu et précis de données, permettant aux modèles et aux outils de fonctionner avec des informations actualisées en temps réel.

Le processus exact de construction de pipelines de données dépend de la technologie utilisée par l'entreprise et des types de données exploitées. Un guide général pour créer un pipeline de données comprend les étapes suivantes (tout ou une partie de ces étapes) :

1. **Collecter les données**

Identifiez et recueillez autant de données opérationnelles pertinentes que possible. Construisez un système pour collecter et consolider ces données à partir de systèmes internes et/ou de sources tierces.

2. **Nettoyer et prétraiter les données**

Le nettoyage des données comprend plusieurs activités telles que la suppression des doublons, la gestion des valeurs manquantes et la standardisation des formats de données. Le prétraitement inclut la normalisation des valeurs, l'encodage des données catégoriques (non numériques) et la création de variables pertinentes, comme la fréquence ou la vitesse des transactions. Notez que cette liste n'est pas exhaustive.

3. **Identifier les variables clés**

Également appelé ingénierie des fonctionnalités, ce processus consiste à identifier les variables clés (ou *features*) à partir des données brutes que les modèles d'IA doivent analyser pour détecter la fraude. Par exemple, si les données brutes incluent les montants et les horodatages des transactions, l'ingénierie des fonctionnalités pourrait créer de nouvelles variables comme « montant moyen des transactions par jour » ou « temps entre deux transactions consécutives » pour capturer des schémas liés à la fraude.

4. **Transformer et agréger les données**

Utilisez des outils comme SQL ou Python pour structurer et agréger les données afin qu'elles puissent être utilisées dans les modèles d'IA. Par exemple, cela pourrait inclure le résumé des historiques de transactions des utilisateurs ou la fusion de plusieurs ensembles de données.

5. **Créer un pipeline de données en temps réel**

Les outils comme Apache Kafka ou AWS Kinesis permettent de gérer des flux de données en temps réel, permettant ainsi aux modèles d'analyser et de signaler les transactions à mesure qu'elles se produisent.

6. **Entraîner et déployer les modèles d'IA**

Alimentez les données nettoyées et transformées dans des modèles de détection de fraude, et entraînez-les pour reconnaître les schémas de fraude. Déployez ces modèles en production, en vous assurant que le pipeline de données alimente continuellement les nouvelles données pour le réentraînement et l'analyse en temps réel.

7. **Créer une boucle de suivi et de rétroaction**

Mettez en place des tableaux de bord pour suivre la précision des modèles et créez une boucle de rétroaction où les transactions signalées sont examinées par des experts du domaine et utilisées pour améliorer le modèle.

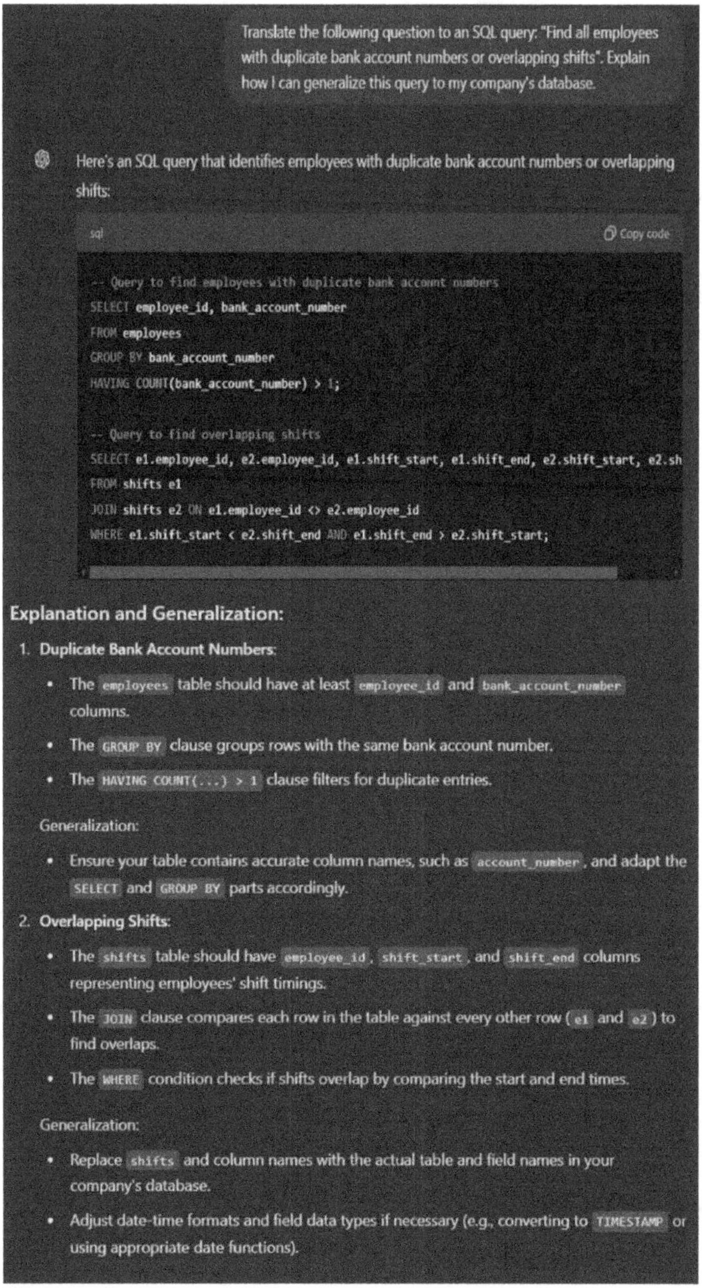

Translate the following question to an SQL query: "Find all employees with duplicate bank account numbers or overlapping shifts". Explain how I can generalize this query to my company's database.

Here's an SQL query that identifies employees with duplicate bank account numbers or overlapping shifts:

```sql
-- Query to find employees with duplicate bank account numbers
SELECT employee_id, bank_account_number
FROM employees
GROUP BY bank_account_number
HAVING COUNT(bank_account_number) > 1;

-- Query to find overlapping shifts
SELECT e1.employee_id, e2.employee_id, e1.shift_start, e1.shift_end, e2.shift_start, e2.sh
FROM shifts e1
JOIN shifts e2 ON e1.employee_id <> e2.employee_id
WHERE e1.shift_start < e2.shift_end AND e1.shift_end > e2.shift_start;
```

Explanation and Generalization:

1. **Duplicate Bank Account Numbers:**
   - The `employees` table should have at least `employee_id` and `bank_account_number` columns.
   - The `GROUP BY` clause groups rows with the same bank account number.
   - The `HAVING COUNT(...) > 1` clause filters for duplicate entries.

   Generalization:
   - Ensure your table contains accurate column names, such as `account_number`, and adapt the `SELECT` and `GROUP BY` parts accordingly.
2. **Overlapping Shifts:**
   - The `shifts` table should have `employee_id`, `shift_start`, and `shift_end` columns representing employees' shift timings.
   - The `JOIN` clause compares each row in the table against every other row (`e1` and `e2`) to find overlaps.
   - The `WHERE` condition checks if shifts overlap by comparing the start and end times.

   Generalization:
   - Replace `shifts` and column names with the actual table and field names in your company's database.
   - Adjust date-time formats and field data types if necessary (e.g., converting to `TIMESTAMP` or using appropriate date functions).

Figure 4 – ChatGPT traduit une requête en langage naturel en une requête SQL

14. Le rôle émergent de l'IA générative dans la détection de fraude

Alors que les modèles traditionnels d'apprentissage automatique se concentrent sur l'identification de schémas et d'anomalies, l'IA générative apporte de nouveaux outils à la boîte à outils des examinateurs certifiés en fraude.

Les modèles génératifs, en particulier les grands modèles de langage (LLM), peuvent aider les examinateurs certifiés en fraude en automatisant des requêtes complexes, en résumant des rapports et même en générant des hypothèses pour des investigations plus approfondies.

Par exemple, un LLM peut traduire une requête en langage naturel en requêtes de bases de données (SQL ou similaires). Supposons qu'un expert-comptable cherche à identifier des employés fictifs dans un système de paie. Au lieu de rédiger manuellement des requêtes SQL, il peut utiliser un LLM pour convertir une instruction en langage naturel, telle que : « Trouvez tous les employés ayant des numéros de compte bancaire en double ou des plages horaires qui se chevauchent », en une requête SQL précise, simplifiant ainsi le processus d'extraction et d'analyse des données (fig. 4).

Les capacités avancées des LLM comprennent également :

→ Détection et correction des erreurs de syntaxe SQL;

→ Proposition de requêtes en fonction des objectifs d'analyse de données;

→ Traduction des requêtes entre différents dialectes SQL;

→ Explication de la logique de chaque requête.

Accélération de la documentation et génération de rapports

Les LLM peuvent également accélérer la documentation en résumant automatiquement les conclusions et en générant des rapports d'audit. Cela permet de gagner du temps et de garantir que toutes les conclusions pertinentes sont enregistrées.

Dans le domaine de la détection de fraude, où le temps est un facteur essentiel, l'IA générative permet aux examinateurs certifiés en fraude de répondre plus rapidement et de manière plus exhaustive.

IA appliquée à la comptabilité judiciaire et à la détection de fraude

L'intelligence artificielle (IA) apporte précision, rapidité et adaptabilité à la détection de fraude. Ci-dessous figure une exploration détaillée de la manière dont les examinateurs certifiés en fraude peuvent utiliser l'IA pour lutter contre la fraude sur les salaires, la fraude des fournisseurs et des achats, ainsi que la fraude dans les états financiers.

Fraude sur les salaires et employés fictifs

Les systèmes d'employés fictifs sont une forme classique de fraude sur les salaires, où les fraudeurs, généralement des employés internes, créent des employés fantômes ou fictifs pour empocher leurs salaires. Détecter ces employés fictifs peut être difficile, car les entrées dans les registres de paie semblent souvent légitimes.

Les examinateurs certifiés en fraude peuvent utiliser des modèles d'apprentissage automatique pour analyser les données des registres de paie, des systèmes RH, des journaux d'accès par badge et des comptes bancaires à la recherche d'anomalies. Par exemple, le modèle pourrait révéler un schéma où un employé fictif reçoit un salaire hebdomadaire normal sans jamais signer sa présence au travail ou en utilisant son badge à des heures identiques à celles d'un autre employé.

Les LLM (grands modèles de langage) peuvent ensuite résumer ces conclusions, générer des rapports, fournir des commentaires et même suggérer des actions de suivi.

Fraude des fournisseurs et des achats

La fraude des fournisseurs et des achats implique souvent des surfacturations, du favoritisme envers certains fournisseurs ou des pots-de-vin versés aux employés pour l'attribution de contrats.

Les modèles d'apprentissage automatique peuvent signaler des tendances de prix inhabituelles ou des sélections répétées de fournisseurs. Par exemple, si un fournisseur obtient systématiquement des contrats malgré des devis plus élevés, l'IA peut identifier cette anomalie. La manipulation des appels d'offres, une tactique courante de fraude dans les achats, peut être détectée grâce à des algorithmes de regroupement tels que K-Means, qui identifient des schémas anormaux dans les données d'enchères, comme des soumissions systématiquement plus élevées ou plus basses que les normes du marché.

En allant plus loin, les LLM et d'autres modèles d'IA peuvent croiser les données d'achat avec les communications internes et les transactions financières. Cela aide les examinateurs certifiés en fraude à construire un dossier en révélant des relations cachées entre les employés et les fournisseurs, et même à comprendre les motivations sous-jacentes à la fraude.

Fraude dans les états financiers

La fraude dans les états financiers est l'une des formes les plus préjudiciables de fraude d'entreprise, car elle produit un impact sur les investisseurs, les régulateurs et le marché. Ce type de fraude consiste à manipuler les rapports financiers pour présenter une image de l'entreprise trop favorable, souvent dans le but d'attirer des investisseurs ou d'obtenir des prêts.

L'IA automatise l'analyse de volumes importants de données financières, en identifiant les écarts et les tendances suspectes. Les algorithmes d'apprentissage automatique peuvent analyser plusieurs variables, telles que la croissance des revenus, les marges bénéficiaires et les dépenses, pour détecter des anomalies pouvant indiquer une manipulation. Par exemple, des augmentations soudaines de revenus sans augmentation correspondante des transactions de vente peuvent signaler des revenus fictifs, que l'IA peut signaler pour une enquête plus approfondie.

L'IA aide également à découvrir des passifs dissimulés en analysant les comptes fournisseurs et en les comparant aux normes historiques. Si les passifs semblent sous-estimés, le modèle peut les signaler comme une anomalie. Les LLM peuvent ensuite résumer des données financières complexes, mettre en évidence les écarts et suggérer les étapes suivantes, facilitant ainsi la présentation des conclusions des examinateurs certifiés en fraude à la direction.

15. Outils d'analyse et de visualisation pour la comptabilité judiciaire

Les examinateurs certifiés en fraude peuvent compléter les outils d'IA avec des plateformes d'analyse et de visualisation de données de niveau entreprise. Ces plateformes, souvent classées comme logiciels d'« intelligence d'affaires » (*business intelligence*), d'« analyse d'affaires » (*business analytics*) ou d'« analyse de données » (*data analytics*), sont utiles pour l'exploration, la visualisation, l'analyse et la transmission des données.

Tableau est une plateforme polyvalente d'analyse de données qui permet aux examinateurs certifiés en fraude de créer des tableaux de bord interactifs pour capturer les relations au sein de jeux de données complexes. Son interface intuitive et ses fonctionnalités de visualisation dynamique permettent d'identifier rapidement des schémas, des tendances et des anomalies dans les données opérationnelles.

Lors de l'analyse des dossiers d'achat ou des données de paie, Tableau peut mettre en évidence des valeurs aberrantes, comme des pics de dépenses inhabituels ou des incohérences dans les délais de paiement, permettant aux experts-comptables de concentrer leurs enquêtes sur ces écarts.

Microsoft Power BI est une plateforme d'intelligence d'affaires qui combine les données d'entreprise issues de multiples sources et y ajoute une couche d'analyse et de visualisation. Power BI permet aux examinateurs certifiés en fraude de connecter plusieurs sources de données – telles que les systèmes de paie, les dossiers d'achat et les bases de données RH – dans un tableau de bord unifié.

En combinant différents ensembles de données, Power BI peut identifier des relations qui ne seraient pas évidentes si chaque ensemble était examiné séparément. Par exemple, un expert-comptable peut utiliser Power BI pour croiser les données de paie des employés avec les journaux d'accès par badge, mettant en évidence des écarts qui pourraient indiquer des employés fictifs.

Lors d'une enquête sur la fraude dans les états financiers, la capacité de Power BI à connecter des ensembles de données divers permet aux experts-comptables de comparer les chiffres financiers déclarés avec des données internes, des factures, des relevés bancaires ou des transactions de vente en temps quasi réel. Ce croisement peut révéler rapidement des écarts suggérant des manipulations.

Alteryx est une plateforme d'analyse de données qui propose des fonctionnalités de préparation, de combinaison et d'automatisation des données. Elle permet aux examinateurs certifiés en fraude d'extraire des données de plusieurs systèmes, de les nettoyer, de les transformer et de réaliser des analyses complexes – le tout sans nécessiter de compétences avancées en programmation. La capacité d'Alteryx à automatiser la préparation des données la rend particulièrement utile pour des enquêtes à grande échelle impliquant de vastes ensembles de données.

Principal avantage de ces outils

Le plus grand bénéfice de ces outils réside dans la réduction du fardeau lié à la manipulation manuelle des données. Lorsqu'ils sont utilisés en combinaison avec des modèles prédictifs d'IA, ces outils permettent aux examinateurs certifiés en fraude de se concentrer davantage sur l'interprétation des résultats et l'élaboration de stratégies d'enquête.

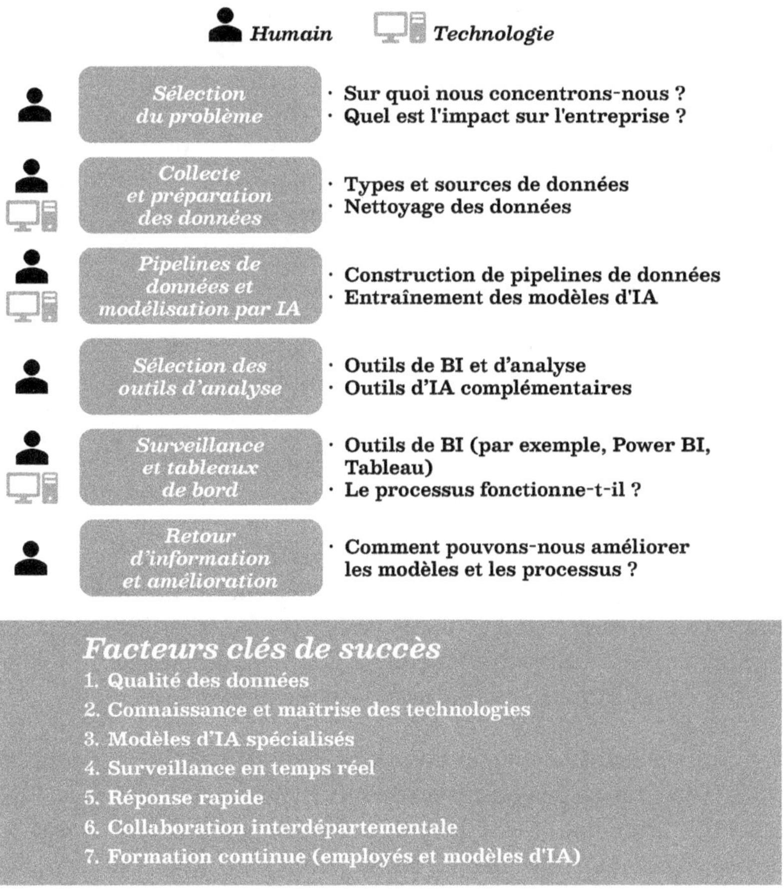

Figure 5 – Une méthodologie générale pour l'opérationnalisation d'un système de détection de fraude basé sur l'IA

16. Opérationnalisation de la détection de fraude avec l'IA

Une méthodologie solide pour concevoir et opérationnaliser des systèmes de détection de fraude basés sur l'IA nécessite une attention égale aux outils technologiques, aux processus et aux personnes. À cette fin, nous proposons une méthodologie générale pour opérationnaliser un système de détection de fraude, accompagnée des principaux facteurs de succès, comme illustré dans la figure 5 ci-dessus.

Il est important de noter que la plupart des activités dans cette méthodologie nécessitent une collaboration étroite entre les humains et les outils technologiques, qu'il s'agisse de logiciels d'IA ou d'analyse de données. Cette collaboration est un thème récurrent dans l'adoption de l'IA et des technologies par les entreprises.

Les humains et la technologie travaillant ensemble peuvent accomplir davantage que des humains ou des outils technologiques fonctionnant séparément.

L'IA augmente et automatise, mais manque de jugement

Bien que l'IA puisse signaler des activités suspectes, ce sont les examinateurs certifiés en fraude qui doivent utiliser leur jugement et leur expérience du monde réel pour déterminer si ces anomalies constituent une fraude. La capacité des humains à interpréter le contexte et à comprendre les nuances est irremplaçable – pour un avenir prévisible.

Par exemple, dans les enquêtes sur la fraude salariale, l'IA peut mettre en évidence un employé recevant plusieurs chèques de paie sous différentes identités, mais c'est à l'expert-comptable judiciaire de vérifier les dossiers d'emploi et de relier les points. Dans les enquêtes sur la fraude aux achats, l'IA peut détecter des schémas de manipulation des appels d'offres, mais les experts-comptables doivent évaluer les politiques d'achat, les conditions du marché et les conflits d'intérêts pour porter une évaluation définitive.

Autrement dit, l'IA offre rapidité, précision et des perspectives basées sur les données. Les examinateurs certifiés en fraude apportent leurs compétences en enquête, leur jugement et leur bon sens traditionnel – des qualités qui manquent même aux meilleurs outils d'IA.

Ensemble, les humains et l'IA peuvent être un multiplicateur de force pour la productivité et l'efficacité.

17. Menaces émergentes et défis pour la détection de fraude

L'IA générative est un nouvel acteur dans la course entre fraudeurs et enquêteurs. Les fraudeurs utilisent déjà de grands modèles de langage (LLM) pour créer des documents falsifiés très convaincants dans des cas de fraudes sur les salaires et les dépenses, par exemple. Des contrats fournisseurs, des profils d'employés et des fils de discussion par courriels générés par l'IA, utilisant le langage et les normes spécifiques à l'entreprise, rendent les méthodes de détection traditionnelles plus longues et complexes.

Les hypertrucages ou *deepfakes* posent également une menace sérieuse, permettant aux fraudeurs de créer des vidéos ou des enregistrements audios réalistes pour usurper l'identité de cadres dirigeants et tromper des employés, les incitant à effectuer des transactions ou d'autres actions.

Le monde des affaires a pris conscience de cette menace début 2024, lorsqu'un bureau hongkongais d'une entreprise d'ingénierie britannique a été victime d'une escroquerie de 25 millions de dollars utilisant un *deepfake*. Les fraudeurs ont utilisé des *deepfakes* pour imiter des cadres supérieurs lors d'un appel vidéo, où ils ont convaincu un employé de la finance de transférer les fonds à l'étranger.

Pour contrer ces menaces, les entreprises peuvent adopter des outils de détection basés sur l'IA capables d'analyser les métadonnées, le contexte et de recouper les données pour trouver des incohérences subtiles que l'IA générative pourrait ignorer. Les algorithmes d'apprentissage automatique, excellant dans la reconnaissance de schémas, peuvent aider à détecter du contenu falsifié en le comparant à des données historiques.

La meilleure défense des examinateurs certifiés en fraude contre ces menaces émergentes repose sur la formation et la sensibilisation. En comprenant le fonctionnement de l'IA générative et son utilisation potentielle par des acteurs malveillants, les experts-comptables peuvent anticiper les tactiques de fraude et développer des contre-mesures efficaces.

18. Points clés pour les examinateurs certifiés en fraude

Dans ce chapitre, nous avons exploré le rôle transformateur de l'IA dans la détection de fraude et la comptabilité judiciaire, et nous avons abordé diverses techniques d'apprentissage automatique, y compris l'apprentissage supervisé et non supervisé, pour lutter contre différents types de fraude.

Nous avons examiné les défis liés au déploiement de l'IA, tels que les problèmes de qualité des données et l'interprétabilité des modèles complexes. Surtout, nous avons souligné que, bien que l'IA améliore les tâches de détection de fraude, l'expertise humaine reste essentielle pour l'analyse contextuelle et la prise de décision.

Points clés pour les dirigeants en comptabilité

→ **Expérimentez avec diverses solutions d'IA** : Mettez en œuvre des outils de détection de fraude basés sur l'IA pour anticiper l'évolution des tactiques de fraude et améliorer l'efficacité des processus de comptabilité judiciaire.

→ **Investissez dans la formation et l'éducation** : Assurez-vous que les équipes opérationnelles bénéficient d'une formation continue sur les dernières technologies d'IA et méthodologies de détection de fraude afin de maximiser leur efficacité.

→ **Priorisez la qualité des données** : Maintenez des données propres et bien organisées pour améliorer la précision et la fiabilité des modèles d'IA.

→ **Favorisez la collaboration interfonctionnelle** : Encouragez la coopération entre les services de comptabilité judiciaire, IT, RH et conformité pour renforcer les stratégies de prévention et de détection de la fraude.

→ **Mettez l'accent sur la transparence** : Optez pour des solutions d'IA offrant des résultats explicables afin de bâtir la confiance et de respecter les normes réglementaires.

→ **Adoptez une approche proactive** : Adoptez une vision prédictive et proactive pour anticiper et réduire les risques de fraude potentiels.

Alors que les fraudeurs adoptent des techniques d'IA de plus en plus sophistiquées pour masquer leurs actions, les organisations doivent prendre des mesures proactives pour y faire face et conserver une longueur d'avance. Les examinateurs certifiés en fraude devraient promouvoir les investissements dans des programmes de formation, des outils basés sur l'IA et le développement professionnel continu afin de tirer pleinement parti des technologies émergentes.

Enfin, rappelez-vous que l'IA est un outil, pas une béquille. Les modèles d'IA ne sont pas toujours capables de détecter des fraudes qui seraient évidentes pour des enquêteurs expérimentés. Les outils d'IA ne comprennent pas la nature humaine. Nous, si. La reconnaissance des schémas assistée par l'IA est plus efficace lorsqu'elle est combinée avec l'intuition, le jugement et la pensée critique des humains.

En combinant une IA de pointe avec le jugement et l'expertise humaine, les entreprises peuvent établir une défense résiliente contre la fraude et préserver la confiance au sein des organisations, des institutions et de la société.

Chapitre 9

Fraudes et cryptomonnaies

Esther Léa Ledoux

Objectif du chapitre

L'objectif de ce chapitre est de démystifier les cryptomonnaies en expliquant l'historique, leur création, leurs définitions ainsi que les fraudes qui peuvent être commises. Ce chapitre permet aux juricomptables de se familiariser avec les nouvelles formes de fraudes. Pour examiner en profondeur les fraudes liées aux cryptomonnaies, une analyse du cas FTX a été réalisée sur la base d'une analyse documentaire avec des articles de presse, des documents judiciaires et des articles de recherche traitant de l'affaire, qui ont été collectés et analysés.

1. Introduction

La cryptomonnaie existe depuis la fin des années 80, mais les escroqueries ont commencé à faire la une uniquement depuis 2014. Les fraudes liées aux cryptomonnaies connaissent une hausse fulgurante (Northcott, 2022). En effet, le Centre antifraude du Canada a déclaré avoir reçu des signalements de fraudes en 2021 équivalant à 75 millions de dollars; alors que les pertes signalées entre 2018 et 2020 égalaient 12,6 millions de dollars (Northcott, 2022). De son côté, le rapport 2021 de la Federal Trade Commission (FTC) pour les États-Unis annonce une perte de plus d'un milliard de dollars en cryptomonnaies (Armandet, 2022).

FTX Trading Ltd., plus connu sous le nom de FTX (raccourci pour « Futures Exchange »), est une plateforme d'échanges et d'achats de cryptomonnaies. Créée en 2018 par Sam Bankman-Fried et Gary Wang, elle est incorporée à Antigua-et-Barbuda avec un siège basé aux Bahamas.

Elle devient très rapidement l'une des plus importantes plateformes d'échanges cryptos au monde et la plus stable. La plateforme se spécialise dans les produits dérivés (des placements pour spéculer sur la valeur d'un actif) et les autres produits financiers risqués (Kilby, 2023; Nishant, 2022).

Le 11 novembre 2022, elle déclare son insolvabilité, ce qui implique sa liquidation ainsi que celle des 132 entreprises constituant le groupe FTX. Elle avait réussi à simuler le maintien d'une apparence de liquidité, en mettant en place un stratagème pluriannuel pour frauder les investisseurs en actions de FTX et en utilisant plus de 10 milliards de fonds de clients à travers toutes ses entités (Kilby, 2023; Nishant, 2022).

Grâce à une analyse détaillée de son histoire, un état des lieux des stratagèmes de fraudes liées aux cryptomonnaies ainsi que des leçons tirées ont pu être recensés. Pour finir, une analyse de la réglementation internationale existante autour des cryptomonnaies a été observée afin de déterminer son rôle dans les facteurs de risque de fraude.

Concepts de base : cryptoactifs, cryptomonnaie et blockchain

La cryptomonnaie est une monnaie virtuelle (RQ, s. d.), ce qui signifie qu'elle n'est pas palpable, elle est numérique et, en soi, elle « n'existe pas réellement ». Elle est parfois appelée actif cryptographique (ARC, 2021). Selon l'AMF, les « cryptomonnaies, plutôt appelés *[sic]* "crypto-actifs", sont des actifs numériques virtuels qui reposent sur la technologie de la *blockchain* (chaîne de bloc) à travers un registre décentralisé et un protocole informatique crypté » (AMF, s. d.-a). Celle-ci utilise « la cryptographie pour sécuriser ses transactions » (Kaspersky, s. d.) sur un réseau informatique.

Nous entendrons beaucoup plus parler de cryptomonnaies ou crypto pour désigner un cryptoactif. Le cours de cette monnaie virtuelle est déterminé en fonction de l'offre et de la demande de ces utilisateurs (AMF, s. d.-a). Ces derniers peuvent réaliser des transactions sans avoir à recourir à la monnaie légale (Bercy Infos, 2025). En effet, la cryptomonnaie fonctionne d'une manière très indépendante, puisqu'elle ne s'appuie pas sur les banques pour valider ses transactions (Bercy Infos, 2025).

Ce qui signifie qu'elle n'est régulée par aucune institution financière, gouvernement, banque centrale, autorité financière; cependant, ce point ne fait pas d'elle une source illégale. La cryptomonnaie est légale, c'est l'utilisation de certains acteurs qui en fait une source illicite, par exemple, son utilisation pour le blanchiment d'argent ou pour commettre des activités criminelles (Vickery, 2020). Malgré sa légalité, sur le plan juridique, la cryptomonnaie n'a pas cours légal dans bien des pays, dont le Canada (Bercy Infos, 2025; Presse-citron, s. d.).

Comment la crypto fonctionne-t-elle? La cryptomonnaie s'appuie sur la technologie de la *blockchain* (chaîne de blocs), associée au réseau P2P (*peer to peer*; pair-à-pair), qui permet collectivement de partager et de stocker toutes les données (Binance Academy, 2022). Il n'y a aucun point central dans l'architecture technologique. Mais qu'est-ce que la *blockchain*?

Figure 1 – Image de la *blockchain*

Voici une image de la *blockchain*. Les blocs s'entremêlent, sont liés, et ils ressemblent à des images copier/coller. La *blockchain* est une « technologie de stockage et de transmission d'informations » (AMF, s. d.-d).

Le blogue Presse-citron vulgarise très bien cette technologie :

> *La blockchain est une base de données distribuée entre les nœuds d'un réseau informatique. En d'autres termes, c'est un système de stockage de l'information réparti sur des centaines voire milliers d'ordinateurs. Dans ce système, tous les contributeurs au réseau possèdent une copie de la base de données. Cette copie est mise à jour en simultané. [...] Un bloc permet de regrouper des informations. Une fois que le bloc est plein, il est scellé grâce à un code informatique et est ajouté au bloc précédent d'où le nom blockchain (chaîne de blocs en français). Cette façon de structurer et d'enregistrer l'information rend cette base de données infalsifiable. Cette technologie permet donc d'échanger de la valeur sous forme numérique, valeur matérialisée par la crypto-monnaie (on parle aussi de crypto). (Presse-citron, s. d.)*

La *blockchain* est décentralisée, car elle fonctionne sans intermédiaire, sans organe central. Les transactions (transfert de fonds) de crypto sont enregistrées dans des registres publics. Ces derniers ne s'appliquent qu'aux chaînes de blocs publiques (par opposition aux chaînes de blocs privées ou avec permission). Elles sont ensuite répertoriées dans des portefeuilles numériques (*wallet*) (Kapersky, s. d.).

Puis, la chaîne de blocs est transparente, car elle fonctionne en *open source*. Tous les utilisateurs ont une copie de toutes les transactions qui ont eu lieu sur le réseau, ce qui permet d'en connaître tout l'historique (Presse-citron, s. d.).

Pour finir, la *blockchain* est sécuritaire, car une seule personne ne peut pas modifier le code de la blockchain. De plus, chaque bloc qui constitue la *blockchain* est sécurisé par deux méthodes : 1) un code, un chiffrement, qui permet la vérification des transactions ainsi que le stockage et le transfert (Kapersky, s. d.), ce qui empêche les pirates informatiques de pouvoir pénétrer; 2) par la méthode du protocole de consensus, qui permet de s'assurer que chaque information entrée est bonne et infalsifiable (Gayte, A. et Langumier, A., 2024).

Pour résumer, la cryptomonnaie est l'une des applications de la *blockchain*. La *blockchain* permet d'échanger de la valeur sous forme numérique, la cryptomonnaie, et permet de la créer (CryptoVantage, s. d.-b). Donc, sans *blockchain*, il n'y a pas de cryptomonnaie.

Cependant, la *blockchain* n'est pas entièrement associée à la cryptomonnaie. Cette dernière peut aussi avoir d'autres avantages et d'autres utilisations pour des industries diverses et variées, comme le domaine de l'art avec les NFT, la santé ou de la chaîne logistique (CryptoVantage, s. d.-a).

Il existe des milliers de cryptomonnaies. Les plus connues sont (Kapersky, s. d.) :

<u>Bitcoin</u> :

Apparu en 2009, le Bitcoin a été la première cryptomonnaie et il reste le plus échangé sur le marché. La monnaie a été mise au point par Satoshi Nakamoto, qui serait le pseudonyme d'une personne ou d'un groupe de personnes dont l'identité précise reste inconnue.

Ethereum :

Développée en 2015, l'Ethereum est une plateforme *blockchain* dotée de sa propre cryptomonnaie, appelée Ether (ETH) ou Ethereum. Il s'agit de la cryptomonnaie la plus populaire après le Bitcoin.

À ce jour, les cryptomonnaies sont répertoriées en quatre différentes catégories :

→ Le Bitcoin, la cryptomonnaie la plus connue qui a été créée en 2009;

→ Les autres cryptos sont appelées *altcoins*, qui est un mot-valise composé des mots anglais *alternative* et *coin*. Ce terme permet de distinguer les autres cryptomonnaies du Bitcoin (Presse-citron, s. d.);

→ Le *stablecoin*, qui est une cryptomonnaie stable puisqu'elle est indexée sur le cours d'une monnaie légale comme le USDT, qui est une crypto revalorisée sur le dollar américain (AMF, s. d.-d);

→ Le *meme coin* « est une crypto-monnaie née d'une blague et dont la valeur ne repose que sur la spéculation et sur l'animation de la communauté qui supporte le projet » (Presse-citron, s. d.), par exemple le Dogecoin.

Grâce à cette nouvelle technologie, une confiance peut être établie dans n'importe quelle transaction. Elle va permettre « de transférer plus efficacement de l'argent, des produits ou des informations secrètes n'importe où dans le monde » (Raj *et al.*, 2021, p. 3654). Cela va permettre d'avoir une « nature sans frontière de la cryptomonnaie » (Aquilina *et al.*, 2023, p. 1).

C'est grâce à la création de l'Ethereum que tout le monde a compris que la *blockchain* pourrait avoir des utilisations au-delà de la cryptomonnaie (Yano, 2020, p. 49). Nous sommes vers la création d'un marché de haute qualité (Yano, 2020, p. 107).

Cette figure nous montre la décennie de la création de la cryptomonnaie, jusqu'à sa première percée, le Bitcoin, ainsi que la manière dont elle est née.

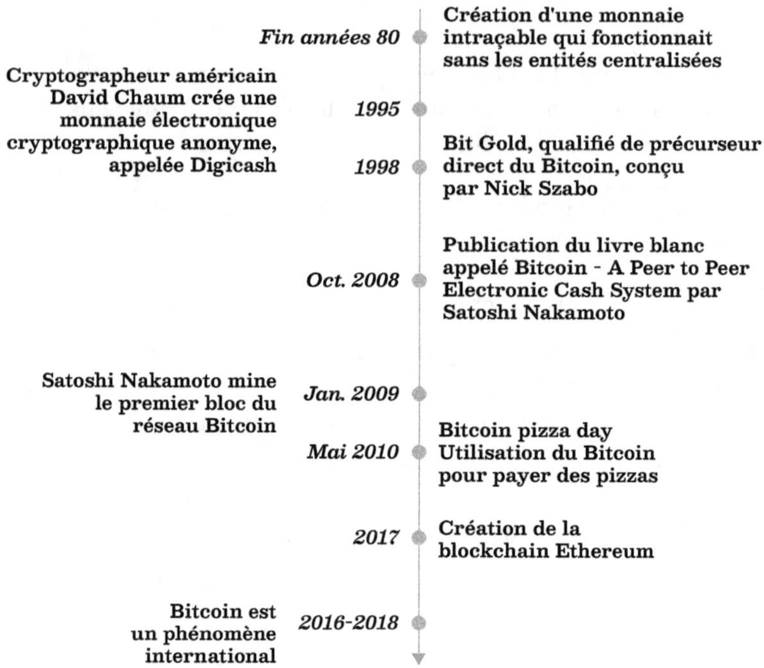

Figure 2 – Historique de la cryptomonnaie (adapté des informations de CryptoVantage, s. d.-a)

Malgré la volatilité et les cas de fraudes comme dans l'affaire FTX, le secteur n'est pas suffisamment développé et/ou interconnecté avec la TradFi (finance traditionnelle, les banques) pour menacer la stabilité financière mondiale. En revanche, cela pourrait avoir un impact différent si « l'intérêt des investisseurs particuliers ou institutionnels ne faiblit pas » (Aquilina *et al.*, 2023, p. 3).

Certaines banques, comme la Société Générale, la Commonwealth Bank, la Banque de Montréal, la Banque Canadienne Impériale de Commerce (CIBC) et la Banque Royale du Canada (RBC) ont investi dans la technologie pour changer la perception de leurs clients (Raj *et al.*, 2021, p. 3652).

Les banques et autres organisations financières peuvent économiser des millions (voire des milliards) de dollars avec l'utilisation de la *blockchain* pour sa sécurité, sa précision et son ouverture (Raj *et al.*, 2021, p. 3652). Malgré les problèmes de gouvernance de cette technologie, elle a une « énorme influence sur l'industrie financière » (Raj *et al.*, 2021, p. 3652).

Les banques centrales souhaitent préserver l'intégrité du système monétaire. Le but serait d'encourager une innovation solide dans la TradFi avec les monnaies digitales de banques centrales (MDBC) afin de contribuer à un système monétaire plus efficace (Aquilina *et al.*, 2023, p. 3 et 5).

Les MDBC sont une bonne option pour faire face aux risques liés à la cryptographie. Si ces dernières sont correctement conçues et mises en œuvre, elles pourraient « contribuer à réduire le coût des paiements, à améliorer l'inclusion financière, à renforcer l'intégrité du système et promouvoir le contrôle des utilisateurs sur les données et la confidentialité » (Aquilina *et al.*, 2023, p. 5). Les autorités peuvent enfin commencer à travailler dans l'intérêt du public tout en améliorant le système monétaire existant (Aquilina *et al.*, 2023, p. 5).

2. L'affaire FTX

Contexte

L'affaire FTX, caractérisée comme étant la plus grande fraude financière des États-Unis (Kilby, 2023), est assez compliquée à comprendre. Afin d'en faciliter la compréhension, ce chapitre va présenter son directeur général, Sam Bankman-Fried, communément appelé SBF, la compagnie FTX, le contexte ainsi que la chronologie du scandale jusqu'à sa déchéance. Et il faudra parler d'Alameda Research, qui est considérée comme « la sœur » de FTX et qui a joué un rôle important dans cette affaire (CoinAcademy, s. d.; Hamasni, 2022).

Sam Bankman-Fried était, à 29 ans, à la tête d'une fortune estimée à 22 milliards de dollars. Fort de plusieurs savoir-faire, comme : développeur, ancien *trader* de chez Jane Street Capital et investisseur, il s'intéresse aux cryptos en 2017 lorsqu'il se demande s'il n'y a pas de bonnes opérations financières effectuer (Fatima-Zahra, 2022).

Il commence à faire ses recherches pour se rendre compte des écarts de prix sur les cryptos variant de 10 % à 30 % selon les pays; c'est ce qu'on appelle « l'arbitrage » (Grings, 2021). Grâce à ce système, il gagne plus de 10 milliards de dollars en profitant de la « prime Kimchi ». C'est-à-dire qu'il a acheté des Bitcoins sur les plateformes aux États-Unis pour les revendre sur les plateformes coréennes qui valaient 30 % plus cher que son homologue américaine (Grings, 2021).

Puis, SBF s'entoure d'une équipe d'experts en opérations de marché et sociétés technologiques, pour constituer le fonds d'investissement Alameda Research en octobre 2017, basé à Hong Kong. Cette équipe est constituée de :

→ Caroline Ellison (ancienne *trader* chez Jane Street) et ancienne petite amie. Elle deviendra la directrice générale d'Alameda Research;

→ Nate Parke (ancien ingénieur dans le monde des *start-ups*);

→ Sam Trabucco (ancien *trader* d'ETF obligataires). (Grings, 2021)

Alameda Research utilisait des méthodes de *trading* quantitatif, c'est-à-dire qu'elle plaçait « des paris sur le marché basé sur des données. [Ces types de sociétés] ingèrent des tonnes d'informations et emploient des stratégies pour exploiter les inefficacités du marché [...] [pour ensuite changer] leur stratégie pour prendre des paris directionnels à plus long terme sur la crypto » (Hamasni, 2022).

Alameda Research s'était spécialisée dans les cryptos et proposait des milliers de produits, comme le Bitcoin, les *altcoins* et des produits dérivés. Elle fut l'une des seules sociétés « *full-service* » de *trading* crypto. Elle avait un large choix d'actifs numériques, d'un système de cotation de gré à gré de niveau institutionnel, ainsi que plusieurs algorithmes et *traders* réactifs (Grings, 2021).

<u>Les quatre principales stratégies de *trading* d'Alameda Research étaient</u> :

→ <u>L'arbitrage</u> : assurer un gain positif ou nul de manière certaine en profitant d'écarts temporaires de prix constatés.

→ <u>*Trading* quantitatif à moyen terme</u> : identifier les opportunités grâce à différents modèles mathématiques, plus ou moins sophistiqués (algorithmes).

→ <u>Teneur de marchés</u> : réaliser des bénéfices en fournissant de la liquidité aux investisseurs.

→ Neutralité de marché : se couvrir de certains risques du marché, particulièrement quand la volatilité et les volumes sont importants. Une stratégie utilisée notamment par les fonds spéculatifs (*hedge funds*).

L'entreprise pouvait négocier des milliards de dollars par jour et disposait d'une énorme réserve de liquidités. C'est ce qui lui a permis de proposer des frais minimes et des marges réduites à ses clients (Grings, 2021). Dès 2018, SBF voulait créer quelque chose qui n'existait pas encore sur le marché (Grings, 2021) en créant une plateforme d'échanges. Il s'associe avec Zixiao Gary Wang (ami de son frère) pour cofonder FTX Trading Ltd. (Future Exchanges, plus communément appelée FTX), qui a été lancée au printemps 2019 et qui a connu un grand succès (Grings, 2021).

FTX s'est présentée comme une pionnière des produits dérivés cryptos. « Les produits dérivés sont des actifs financiers dont la valeur est indexée sur celle d'un actif sous-jacent. Par exemple, cela permet à des trader s de détenir de l'or sous forme d'actif financier, sans détenir une once d'or physique » (CoinAcademy, s. d.).

En deux ans, elle devient une référence pour le *trading* des produits dérivés de crypto en devenant la « première plateforme en termes de volume et la seconde sur les produits dérivés cryptos, avec plusieurs milliards de dollars de volume quotidien » (Hamasni, 2022). Elle propose des versions « tokenisées » des actions les plus tendance du moment, comme Tesla, Apple, Google ou encore son propre jeton, le FTT (Grings, 2021).

SBF avait réussi à être une personne respectée dans le milieu de la crypto, autant dans le monde du *trading* que dans le milieu politique et réglementaire (CoinAcademy, s. d.; Grings, 2021; Hamasni, 2022; Fatima-Zahra, 2022). Il dirigeait les deux compagnies. Il avait réussi à avoir d'un côté la bourse (FTX) et de l'autre côté la société de *trading* quantitatif (Alameda Research) qui faisait partie du même groupe. Normalement, les sociétés de bourse ont le privilège d'avoir des informations que les sociétés de *trading* ne disposent pas afin de ne pas « exploiter les utilisateurs de la bourse ». Pourtant, « Alameda négociait massivement sur FTX et utilisait des informations privilégiées sur FTX pour profiter de la situation du marché » (Hamasni, 2022).

Tout a commencé lorsque l'homme d'affaires canadien d'origine chinoise Changpeng Zhao, mieux connu sous le nom de CZ et PDG de Binance (plus grande plateforme d'échange de crypto), investit dans leur société et leur donne une grande partie de leur capital initial. FTX a continué à grandir, à grossir, pour devenir la troisième plateforme d'échange; mais en réalité, c'est Alameda Research qui produisait le volume, qui « faisait le commerce », donc une entité du groupe FTX.

De grosses tensions sont survenues entre SBF et CZ lorsqu'Alameda Research a essayé de duper Binance en tentant de manipuler le marché des contrats à terme du Bitcoin dans la transaction avec Binance. Ils avaient « déposé un énorme ordre de vente dans le but de faire s'effondrer le prix, en essayant de déclencher des liquidations massives chez les autres trader s » (Hamasni, 2022). Cela n'a pas fonctionné, car « Binance avait mis en place des protections pour empêcher ce comportement manipulateur » (Hamasni, 2022).

Pendant ce temps, FTX avait une soif de grossir, d'augmenter son capital, de faire énormément d'argent. Pour ce faire, cette dernière décide de créer sur sa plateforme son propre jeton exclusif, le FTT. Le jeton fonctionne comme des actions. « FTX a créé 350 millions de jetons FTT, mais ils n'en ont rendu disponibles qu'environ 25 millions sur le marché libre. Avec seulement 25 millions de jetons en circulation et une énorme réserve de 325 millions dans les coffres de FTX et d'Alameda, l'offre en circulation était artificiellement limitée.

À 80 $ la pièce, cela signifie que FTX, avec ses 325 millions de jetons, possédait environ 26 milliards de dollars de valeur dans son bilan » (Hamasni, 2022). Alameda et FTX possédaient et contrôlaient un volume immense de ces jetons et elles voulaient augmenter la valeur papier de leurs livres. Donc, « sur papier, Alameda et FTX possédaient tous deux une tonne d'argent dans leur bilan, mais en réalité, ils n'en avaient pas tant que ça » (Hamasni, 2022).

FTX avait créé d'autres jetons qui fonctionnaient de la même manière. En 2021, Changpeng Zhao (CZ) de Binance décide de vouloir reprendre sa part de capital, que SBF lui rembourse « avec environ 2,1 milliards de dollars de stablecoins et de jetons FTT » (Hamasni, 2022).

Dans la course au pouvoir et à la soif d'argent, Alameda Research avait mis en garantie des jetons illiquides pour emprunter de l'argent sur des transactions directionnelles. Le problème survient lorsque les prêteurs ont souhaité récupérer leurs fonds (Hamasni, 2022).

Alameda Research n'était pas en mesure de rembourser les prêts puisque les transactions directionnelles n'avaient pas fonctionné. SBF se rend compte « qu'il y avait un énorme trou dans le bilan d'Alameda à cause de ces mauvais prêts » (Hamasni, 2022).

Sam Bankman-Fried, pour sauver Alameda et honorer les prêts, décide de prendre une garantie à Alameda en jetons FTT. Tout simplement, « il a prêté de l'argent, mais il a prêté de l'argent des clients » (Hamasni, 2022). Il a utilisé de mauvaises garanties, a tenté de gagner du temps en espérant le redressement des marchés des cryptos, mais en vain. Ce stratagème a duré pendant très longtemps (Hamasni, 2022).

Le scandale et la chute de FTX se sont produits très rapidement, en 10 jours exactement !

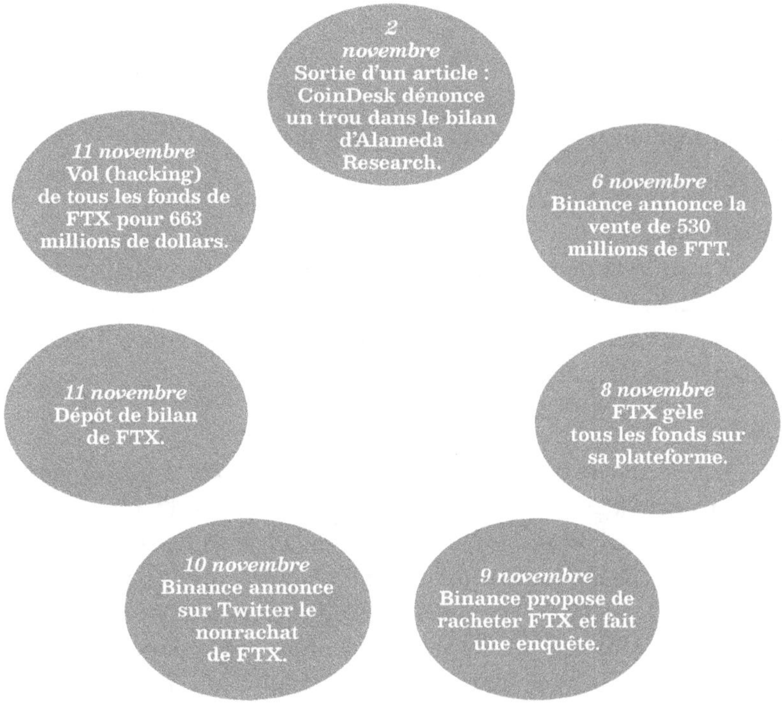

Figure 3 – Chronologie de la chute FTX

La figure 3 schématise l'évolution de ces 10 jours. Tout a commencé avec le site d'information de cryptomonnaie CoinDesk, qui a sorti un article sur une analyse du bilan d'Alameda Research. Cette dernière avait fait des révélations douteuses en démontrant qu'Alameda Research était lourdement endettée puisqu'elle utilisait des FTT illiquides comme garantie. Or, le seul prêteur qui acceptait le FTT comme garantie était la bourse FTX (Hamasni, 2022; Kilby, 2023).

CoinDesk venait de « lâcher une bombe » en dévoilant les liens entre la bourse (FTX) et la société de *trading* (Alameda Research), qui détenait plus de « 2,16 milliards de dollars de jetons FTT comme garantie » (Hamasni, 2022). Au même moment, CZ, de Binance, qui possède pour 530 millions de FTT, « tire son coup fatal » en publiant un message sur X (anciennement Twitter) selon lequel il allait liquider toute sa position. Mais si vous liquidez d'un coup 530 millions d'une cryptomonnaie, sa valeur va s'effondrer... (Hamasni, 2022; Kilby, 2023). Un vent de panique s'engouffre chez tous les clients et prêteurs qui souhaitent récupérer leurs fonds, mais l'argent mis au bilan de FTX ne suffisait pas pour tous les rembourser (Hamasni, 2022; Kilby, 2023).

La spirale commence avec l'effondrement du jeton FTT et la chute de FTX. Pour tenter de la sauver, Caroline Ellison, la PDG d'Alameda Research, propose de racheter les actifs liquidés par Binance à 22 $ chacun (Fatima-Zahra, 2022). Afin de pouvoir gagner du temps et de trouver une solution, FTX décide de geler tous les retraits alors que FTX continuait de transférer de l'argent à Alameda Research.

Pendant ce temps, Changpeng Zhao (CZ), CEO de Binance, étudie la possibilité de racheter FTX en effectuant des enquêtes sur l'entreprise, pour finalement annoncer sur Twitter qu'il n'allait pas l'acquérir, car le trou au bilan était beaucoup trop grand, qu'il y avait des allégations de malversations de fonds de clients et que FTX faisait l'objet d'une enquête judiciaire. Alors que CZ venait « d'abattre » FTX, cette dernière poursuivait ses retraits et prétendait vouloir honorer ceux de ses clients des Bahamas, conformément à la demande du régulateur (Hamasni, 2022).

Le 11 novembre 2022, FTX dépose le bilan et entraîne avec elle Alameda Research et 132 autres sociétés affiliées, qui ont déposé une demande de protection juridique ou de faillite en vertu du chapitre 11 de la loi américaine (Hamasni, 2022; Kilby, 2023; Fatima-Zahra, 2022). Quelques heures après le dépôt de bilan de FTX, la plateforme d'échange se fait pirater pour 663 millions de dollars. Il ne faut pas oublier que tous les portefeuilles de cryptos de FTX se situent sur la *blockchain* et qu'ils sont donc publics. Tout le monde peut voir en temps réel le solde et tout mouvement de fonds (Hamasni, 2022; Fatima-Zahra, 2022).

Les fraudes perpétrées

Les personnes du métier comparent la saga FTX à Enron ou aux fraudes financières de Bernie Madoff (Hamasni, 2022; Kilby, 2023).; Il est certain que l'affaire lance un précédent et provoque de nombreuses discussions sur la régulation de la cryptomonnaie à travers le monde entier.

La SEC (Securities and Exchange Commission) et la Commodity Futures Trading Commission (CFTC) des États-Unis formulent une accusation d'escroquerie puisque Sam Bankman-Fried a utilisé Alameda Research comme sa propre banque personnelle pour acheter des condos, effectuer des investissements privés et subventionner des campagnes électorales (Jha, 2023; Kilby, 2023). SBF a été arrêté à la mi-décembre 2022 aux Bahamas sous ordre de la justice américaine pour huit chefs d'accusation, dont « celui de fraude par voie électronique, blanchiment d'argent et violation des lois électorales » (Le Billon, 2022).

Début janvier 2023, les chefs d'accusation contre SBF s'accumulent. Ce dernier plaide non coupable aux 12 chefs d'accusations criminelles portées contre lui (dont les fraudes bancaires, le blanchiment d'argent et les contributions illégales aux partis politiques) et reçoit la plus grosse caution à ce jour de 250 millions de dollars (Agence France-Presse, 2022; Journal du coin, 2023). De leur côté, trois anciens proches de SBF, soit Caroline Ellison, ancienne dirigeante de la société Alameda Research, Gary Wang, cofondateur de FTX, ainsi que Nishad Singh, l'ancien directeur de l'ingénierie de FTX, ont plaidé coupables à des accusations portées contre eux et ont passé des accords avec la justice (Agence France-Presse, 2022; De, 2023).

« Caroline Ellison plaide coupable de sept chefs d'accusation, dont ceux de fraude électronique et boursière. Elle est ainsi passible d'une peine maximale de 110 ans de prison. » (Auffray, 2022)

« Gary Wang, le cofondateur de FTX, a lui plaidé coupable de quatre chefs d'accusation de fraude, encourant une condamnation pouvant aller jusqu'à 50 années d'emprisonnement. » (Auffray, 2022)

« Nishad Singh a plaidé coupable de 6 chefs d'accusation de fraude. » (De, 2023)

FTX a commis une fraude financière. L'annexe présente les différents schémas de fraude. FTX avait plus d'un million d'utilisateurs aux États-Unis et bien plus à travers le monde. On ne sait pas combien d'entre eux pourront récupérer leurs fonds grâce au dossier de faillite (Nishant, 2022).

L'affaire FTX démontre une fraude dans le monde de la crypto. Toutefois, elle montre que les fraudes perpétrées sont des stratagèmes de fraude connus et « de caractéristiques classiques de la fraude financière à la Bernie Madoff », comme le schéma de Ponzi, la manipulation des états financiers, les détournements de fonds ainsi que les transactions illicites (Hamasni, 2022). Il est très facile de voir les ressemblances avec d'autres cas de fraudes comme Enron (Forget, 2022; Pugliese et Chambers, 2023).

N'oublions pas que l'un des préceptes fondamentaux de la cryptomonnaie est la transparence (Hamasni, 2022; Fatima-Zahra, 2022), ce qui signifie que la crypto n'est pas le problème, mais ce sont plutôt les personnes qui l'ont utilisée à la place de l'argent et des titres pour commettre cette fraude (Hamasni, 2022). Ce qui a permis une telle décadence est le manque de régulation de la crypto, qui est encore très jeune, et l'absence de réglementation.

En revanche, l'affaire FTX a été la sonnette d'alarme de trop qui rappelle que la gouvernance, les contrôles internes et la culture d'entreprise sont essentiels (Forget, 2022; Pugliese et Chambers, 2023). Le tableau présenté en annexe démontre que les investisseurs continuent de se faire duper, qu'ils n'appliquent pas une diligence forte, qu'ils ne se renseignent pas sur l'entreprise et surtout, que la mauvaise culture d'entreprise et les problèmes de contrôles internes sont les problèmes sous-jacents (Forget, 2022; Pugliese et Chambers, 2023).

« Nous avons une fois de plus assisté à une destruction de richesse à grande échelle parce qu'une entreprise ne considérait pas la culture, la gouvernance, la gestion des risques ou les contrôles internes comme importants » (Pugliese et Chambers, 2023).

Pourtant, les signes avant-coureurs étaient apparents : deux entreprises en forte croissance, que ce soit pour Alameda Research ou FTX, au sein desquelles il n'y avait aucun conseil d'administration, aucun comité d'audit, pas de comptable, aucune gouvernance, une absence de contrôles internes, de management du risque, pas d'audit interne. De plus, les deux cabinets qui avaient effectué une fois les états financiers agissaient dans le métavers.

De plus, tous les membres du personnel étaient en conflit d'intérêts évident et prenaient des crédits à l'entreprise en empruntant les fonds des clients (Forget, 2022; Pugliese et Chambers, 2023).

Rappelons que la culture d'entreprise donnée par le « *tone at the top* » est primordiale et que cela donne le ton pour une saine gouvernance arrimée par un bon audit interne (Forget, 2022; Pugliese et Chambers, 2023).

« L'effondrement de FTX n'était pas tant un échec de la gouvernance d'entreprise qu'une absence totale de gouvernance ». Elle n'était même pas obligée de se conformer à certaines règles de Sarbanes-Oxley (Pugliese et Chambers, 2023).

Malgré l'hécatombe que l'affaire FTX a provoquée à l'international, nous nous approchons fin 2022 du milliard d'utilisateurs de cryptomonnaie (Remy, 2022). Les fraudes liées à la crypto, quant à elles, ne cessent d'augmenter (Northcott, 2022).

Dans le monde de la crypto, ce sont les arnaques à l'investissement (l'affaire FTX en est un bel exemple) qui sont le plus pratiquées, représentant 575 millions de dollars volés depuis le début de l'année 2021 aux États-Unis (Armandet, 2022). Au Canada, le nombre d'incidents de fraudes liées à la cryptomonnaie a augmenté de 400 % entre 2017 et 2020. Les fraudes signalées au Canada ne représentent que la pointe de l'iceberg de ce qui se passe à l'international (Bélanger *et al.*, 2022). Selon l'agence britannique de signalement des fraudes, les pertes signalées dues à la fraude cryptographique ont augmenté de plus de 40 % au cours de l'année, pour dépasser pour la première fois 300 millions de livres sterling (Venkataramakrishnan, 2023).

3. Quelques pistes de prévention et de détection

L'affaire FTX va créer un précédent et obliger tout le monde à l'international à se pencher sur la question de la cryptomonnaie, de la manière dont les clients et investisseurs peuvent être protégés, de diffuser le maximum d'informations et de trouver une manière légale de réguler la cryptomonnaie (Jha, 2023).

Beaucoup de professionnels parlent du «*proof of reserves*» ou de la «preuve de réserves», qui est «une méthode pour confirmer si un prêteur ou un échange cryptographique détient en toute sécurité les actifs de ses clients. Cela signifie : vérifier que la quantité correcte de jetons ou de pièces existe et que des actifs suffisants les soutiennent si c'est une exigence» (Kilby, 2023). Mettre en place obligatoirement l'audit de la preuve de réserves impliquerait une «preuve cryptographique vérifiable par l'utilisateur que chaque compte a été inclus dans cette somme et une preuve que l'échange ou le dépositaire a le contrôle des portefeuilles détenant les actifs des clients» (Kilby, 2023). Finalement, l'écosystème crypto partage les mêmes vulnérabilités que la finance traditionnelle (TradFi, les banques) (Aquilina *et al.*, 2023, p. 1). Les intermédiaires cryptographiques sont confrontés à des lacunes en matière de gouvernance, de gestion des risques et de gestion des fonds des clients (Aquilina *et al.*, 2023, p. 2; Raj *et al.*, 2021, p. 3652).

En fin de compte, la gestion des risques du monde de la cryptographie devrait avoir les mêmes objectifs que la TradFi, comme (Aquilina *et al.*, 2023, p. 3) :

- protéger les clients et investisseurs;
- préserver l'intégrité du marché contre la fraude, la manipulation, le blanchiment d'argent et le financement du terrorisme;
- préserver la stabilité financière.

De plus en plus, on peut se rendre compte que le problème n'est pas la cryptomonnaie, mais les plateformes d'échanges qui la gouvernent. Le manque d'éthique, de gouvernance et de contrôles internes sera toujours au milieu des enjeux. La question se pose aussi sur la différenciation des cryptos et des jetons, comme le FTT créé par FTX (Kilby, 2023).

L'Union européenne (UE) a, quant à elle, produit en avril 2023 la première option qui est « l'un des cadres de cryptographie les plus complets à ce jour » (Preiss, 2023). Les décideurs politiques de l'UE ont conçu les lois sur les marchés des cryptoactifs (MiCA pour Markets in Crypto-Assets) pour qu'elles soient un « organisme mondial de normalisation » (Preiss, 2023).

L'autre option pour faire face aux risques liés aux cryptographies constitue les MDBC (monnaies digitales de banques centrales) qui, créées avec la technologie de la *blockchain*, pourraient contribuer à un système monétaire plus efficace (Aquilina *et al.*, 2023, p. 5). Elles sont également des cryptomonnaies, ou cryptoactifs, ou actifs numériques (Baril, 2023; Pfister, 2019, p. 41). Les monnaies digitales (MD) seraient la réponse légale aux cryptomonnaies privées non réglementées, car celles-ci seraient émises à parité avec la monnaie légale du pays (Pfister, 2019, p. 48).

Les MD constitueraient une « innovation financière » (Pfister, 2019, p. 50) qui permettrait d'avoir un système monétaire plus efficace (Aquilina *et al.*, 2023, p. 5) et d'offrir un moyen de paiement sûr, rapide et moins coûteux (Baril, 2023). Les autorités peuvent enfin envisager diverses approches politiques en travaillant sur une amélioration du système monétaire existant dans l'intérêt du public (Aquilina *et al.*, 2023, p. 8).

Un des avantages des MDBC serait la traçabilité des transactions que la technologie de la *blockchain* permet, ainsi qu'une « plus grande protection contre le blanchiment d'argent, la fraude ou l'évitement fiscal » (Baril, 2023).

Tandis que la Chine a lancé le Yuan numérique en 2020 et que l'Union européenne devrait lancer l'euro numérique vers 2026 (Adam-Kalfon, 2021); le Canada commence ses recherches et avance l'idée d'un dollar canadien numérique (Banque du Canada, s. d.).

Cette nouvelle technologie décentralisée fait peur, et une grande partie de la population ne connaît pas la manière dont le nouvel écosystème technologique fonctionne. De leur côté, les fraudeurs sont experts dans ce nouvel écosystème cryptographique; ils ont au moins 5 à 10 ans d'expertise d'avance.

Comme les échanges de cryptomonnaies sont transinternationaux, il serait bon qu'il y ait une discussion et des échanges à l'international afin d'assurer une harmonisation dans leurs définitions.

Pour finir, pour renforcer la lutte au blanchiment d'argent, les plateformes comme Kraken devraient utiliser la méthode CSC, soit « connaître son client ». Cela permettrait de répandre un peu plus la notion de *due diligence* (l'application des vérifications nécessaires) et d'être plus en contrôle de ce qui se passe sur chaque plateforme.

En outre, il ne faudra pas oublier la formation et la connaissance. Des formations de fond sont nécessaires afin de pouvoir continuer à exercer les métiers d'expert avec efficience dans la détection et la prévention de la fraude.

Conclusion

L'objectif de ce chapitre était de proposer une analyse approfondie sur les fraudes liées aux cryptomonnaies. Sur la base d'une analyse documentaire, les résultats suggèrent que les regroupements de fraudes pourraient être facilement évités en améliorant la gouvernance d'entreprise et en ayant une bonne culture éthique. Assurément, l'affaire FTX va créer un précédent et obliger le monde international à se pencher sur la question de la cryptomonnaie, de la manière dont les clients et investisseurs peuvent être protégés, de la façon de diffuser le maximum d'informations et de trouver une manière légale de la réguler (Jha, 2023).

Depuis l'arrêt de son fondateur Sam Bankman-Fried fin 2022, les régulateurs internationaux sont en guerre contre les différentes plateformes de cryptos existantes afin de les obliger à de meilleures pratiques et à une plus grande éthique. C'est ainsi que la SEC (Securities and Exchange Commission) et la CFTC (Commodity Futures Trading Commission) pour les États-Unis – et sous pression de la Maison-Blanche – poursuivent les deux plus grosses plateformes de cryptomonnaies que sont Binance (qui est à l'origine de la chute de FTX) et Coinbase pour malversations (Heuze, 2023 ; Ward, 2023).

En 2024, SBF a été « condamné à 25 ans de prison ferme avec trois ans de liberté surveillée et condamné à payer 11 milliards de dollars de confiscation pour son orchestration de multiples stratagèmes frauduleux » (DOJ, 2024). Binance se retire de plusieurs pays d'Europe et perd des parts de marché (Ward, 2023). La plateforme ainsi que son ancien PDG, CZ, ont plaidé coupables à des accusations fédérales dans le cadre d'une de 4 milliards de dollars (DOJ, 2024). Ces derniers ayant admis qu'elle s'était « engagée dans le blanchiment d'argent, le transfert d'argent sans licence et les violations de sanctions dans le cadre de la plus grande résolution d'entreprise incluant des accusations criminelles contre un dirigeant » (DOJ, 2024).

Quant à elle, l'Europe a voté un projet de réglementation (MiCA), qui exige aux plateformes plus de transparence et de rigueur. « Les cryptos apportent un risque de blanchiment d'argent et de financement du terrorisme, mais aussi, et on l'a vu avec FTX, un risque de fraude, de manipulation de marché et de manque de liquidité », rappelle Nicolas Dufrêne, directeur de l'Institut Rousseau (Heuze, 2023).

Finalement, le cas FTX démontre bel et bien que les stratagèmes de fraude perpétrés sont des stratagèmes classiques dont les solutions de détection et de prévention sont déjà identifiées.

En définitive, il n'existe rien de nouveau. Il y a une nouvelle technologie que les personnes malveillantes utilisent à leur profit.

Annexe

Fraudes perpétrées chez FTX

Catégories et/ou stratagèmes de fraudes (ACFE Manuel)	Détails des fraudes appliquées chez FTX
Schéma de Ponzi Est un montage financier frauduleux qui consiste à rémunérer les investissements des clients essentiellement par les fonds procurés par les nouveaux entrants.	→ « Les plaignants dans des affaires distinctes soutiennent que la société a exploité un stratagème de Ponzi en mélangeant [...] les fonds des clients entre leurs entités affiliées opaques, en utilisant de nouveaux fonds d'investisseurs obtenus grâce à des investissements dans les YBA [comptes à rendement] et des prêts pour payer des intérêts aux anciens et à tenter de maintenir l'apparence de liquidité » (Kilby, 2023). → « [...] transférant frauduleusement des milliards de dollars d'argent de clients FTX pour soutenir son fonds spéculatif Alameda Research, trompant les investisseurs sur les véritables risques de l'entreprise et gonflant artificiellement le prix de son jeton FTT pour accéder au financement des investisseurs. » (Kilby, 2023)

Catégories et/ou stratagèmes de fraudes (ACFE Manuel)	Détails des fraudes appliquées chez FTX
Fraude professionnelle (*occupational fraud*) Il s'agit d'utiliser sa profession à des fins d'enrichissement personnel par le biais d'une mauvaise utilisation ou d'une utilisation délibérée des ressources ou des actifs de l'organisation qui l'emploie. Les 3 fraudes majeures dans la fraude professionnelle sont la corruption, le détournement d'actifs et la fraude aux états financiers. La surévaluation des actifs ou des revenus reflète faussement une entreprise financièrement plus solide en incluant des coûts d'actifs fictifs ou des revenus artificiels. **Manipulation des états financiers** La fraude aux états financiers se produit lorsque les états financiers sont utilisés pour dissimuler la situation financière réelle d'une entreprise ou pour masquer des transactions spécifiques qui peuvent être illégales. En général, ce schéma prend la forme d'une surévaluation des actifs ou des revenus.	→ « Une entité d'Alameda avait prêté 2,3 milliards de dollars à une entité FTX, tandis que les co-fondateurs et hauts dirigeants de Bankman-Fried et FTX Nishad Singh et Ryan Salame avaient collectivement emprunté 1,6 milliard de dollars à Alameda, selon le dossier de la cour. » (Nishant et McCrank, 2022) → « Les fonds FTX ont également été utilisés pour acheter des maisons et d'autres objets personnels pour les employés et les conseillers, a écrit Ray. » (Nishant et McCrank, 2022) → « La FTT (FTX jeton) a fonctionné à bien des égards comme un outil de marketing sophistiqué pour attirer davantage de clients vers l'échange et, à son tour, renforcer sa valeur. Les clients pourraient l'utiliser comme moyen de paiement dans l'écosystème FTX et comme un type de carte de fidélité offrant aux détenteurs des réductions sur les frais de négociation. » « Gonflant artificiellement le prix de son jeton FTT pour accéder au financement des investisseurs. » (Kilby, 2023)

Catégories et/ou stratagèmes de fraudes (ACFE Manuel)	Détails des fraudes appliquées chez FTX
Fraude financière La fraude financière se produit lorsque quelqu'un vous prive de votre argent, de votre capital ou nuit autrement à votre santé financière par le biais de pratiques trompeuses, fallacieuses ou d'autres pratiques illégales. **Le détournement de fonds (*embezzlement*)** Représente un crime qui consiste à retenir des biens en vue de leur conversion, par une ou plusieurs personnes à qui les biens ont été confiés, soit pour être détenus, soit pour être utilisés à des fins déterminées. Le détournement de fonds est un type de fraude financière.	→ « Alameda utilisait l'argent de l'exchange centralisé (ou plutôt l'argent des clients) pour effectuer ses transactions. Que ce soit sur les positions courtes ou longues, l'entreprise utilisait les actifs des clients en guise de garantie. » (Fatima-Zahra, 2022) → « transferts de fonds inappropriés et mauvaise comptabilité lors de l'effondrement de l'échange de crypto. » (Nishant et McCrank, 2022) → « […] a détourné encore plus d'actifs des clients de FTX pour rembourser la dette d'Alameda et maintenir sa relation de prêt et son accès au capital, selon des documents judiciaires. » (Kilby, 2023) → « […] a utilisé Alameda comme sa « tirelire personnelle » pour acheter des condominiums de luxe, soutenir des campagnes politiques et faire des investissements privés. » (Kilby, 2023) → « Les fonds de FTX ont également été utilisés pour acheter des maisons et d'autres objets personnels pour les employés et les conseillers, a écrit Ray. » (Nishant et McCrank, 2022)

Catégories et/ou stratagèmes de fraudes (ACFE Manuel)	Détails des fraudes appliquées chez FTX
ESG fraude Environnement, social et gouvernance (ESG) fait référence aux facteurs non financiers qui peuvent influencer la façon dont les investisseurs, les donateurs, les consommateurs et les travailleurs choisissent de s'engager avec une organisation. **ENVIRONNEMENTAL** Le « E » dans ESG fait référence à « l'environnement ». Plus précisément, il reflète les buts et les objectifs qu'une organisation s'est fixés pour protéger et conserver le monde naturel. Il prend en compte des éléments tels que la durabilité et les efforts de réduction des émissions de carbone.	→ « échec complet des contrôles. » (Nishant et McCrank, 2022) → « Alameda Research et FTX étaient tous deux dirigés par Sam Bankman-Fried. » (Fatima-Zahra, 2022) → « John Ray, qui a été nommé directeur général de FTX après le dépôt de bilan de la société le 11 novembre, a déclaré dans un dossier judiciaire que les lacunes en matière de surveillance, de sécurité et de gouvernance d'entreprise qu'il avait identifiées étaient plus importantes que dans tout autre processus qu'il a géré dans ses 40 ans en tant que spécialiste de la faillite, y compris chez Enron. » (Nishant et McCrank, 2022) → « [...] l'entreprise avait également 56 adresses crypto. » (Fatima-Zahra, 2022) → « La plupart des états financiers examinés par Ray n'ont pas été audités. » (Nishant et McCrank, 2022) → « [...] déclarations qu'il a trouvées qui ont été auditées parce qu'elles s'appuyaient sur Prager Metis, un cabinet comptable opérant dans le monde virtuel, dans la plate-forme métaverse Decentraland. » (Nishant, 2022)

Catégories et/ou stratagèmes de fraudes (ACFE Manuel)	**Détails des fraudes appliquées chez FTX**
SOCIAL Le « S » fait référence aux efforts « sociaux » qu'une organisation soutient pour montrer qu'elle valorise les gens et prend en compte des éléments tels que la diversité, l'équité, les conditions de travail et la justice sociale. **GOUVERNANCE** Le « G » fait référence à la « gouvernance » organisationnelle et se rapporte spécifiquement à l'éthique d'une organisation. Par exemple, la gouvernance comprend des aspects tels que le comportement de la direction, la transparence et la rémunération des dirigeants. (ESG Rapport, ACFE, 2022)	→ « De l'intégrité compromise des systèmes et de la surveillance réglementaire défectueuse à l'étranger, à la concentration du contrôle entre les mains d'un très petit groupe d'individus inexpérimentés, peu sophistiqués et potentiellement compromis, cette situation est sans précédent », a déclaré Ray. » (Kilby, 2023) → « [...] a très publiquement dénoncé les pratiques et les contrôles comptables de l'entreprise. « Jamais dans ma carrière je n'ai vu un échec aussi complet des contrôles d'entreprise et une absence aussi complète d'informations financières fiables comme cela s'est produit ici », a déclaré Ray dans un paragraphe du chapitre 11 ». (Kilby, 2023) → « déclarations publiques erratiques et trompeuses » (Nishant, 2022) → « mentir aux investisseurs en actions » (Cohen, 2023) → « Bankman-Fried communiquait souvent via des applications qui étaient configurées pour être supprimées automatiquement après une courte période et encourageait les employés à faire de même, a écrit Ray. » (Nishant et McCrank, 2022) → « [...] sans divulguer l'étendue de la rémunération qu'ils offraient à ces célébrités. » (Kilby, 2023) → « FTX n'avait pas de conseil d'administration, pas d'auditeurs connus, et était à la fois incompétente et impliquée dans les détournements de fonds, et elle a embauché des célébrités incroyables pour déclarer qu'elles y investissaient. » (Kilby, 2023)

Catégories et/ou stratagèmes de fraudes (ACFE Manuel)	**Détails des fraudes appliquées chez FTX**
Fraude de titres (*securities fraud*) Un titre est un instrument financier fongible et négociable qui représente un intérêt ou un droit sur quelque chose d'autre. Il s'agit d'une définition large selon laquelle de nombreux types d'instruments peuvent être classés comme titres. **Manipulation de marché** Le marché de la manipulation est un type de fraude en valeurs mobilières ou autres consistant en une série de transactions conçues pour augmenter ou baisser artificiellement le prix ou pour donner l'apparence d'une activité commerciale dans le but d'inciter les autres à acheter ou à vendre.	→ « un exemple classique de Pump and Dump. » (Fatima-Zahra, 2022) → « IDO et manipulation de marché. » (Fatima-Zahra, 2022) → « Alameda a utilisé les TTF comme garantie sur les prêts des investisseurs. » (Kilby, 2023) → « […] transférant frauduleusement des milliards de dollars d'argent de clients FTX pour soutenir son fonds spéculatif Alameda Research, trompant les investisseurs sur les véritables risques de l'entreprise et gonflant artificiellement le prix de son jeton FTT pour accéder au financement des investisseurs. » (Kilby, 2023)

Catégories et/ou stratagèmes de fraudes (ACFE Manuel)	Détails des fraudes appliquées chez FTX
Fraude de titres (securities fraud) Un titre est un instrument financier fongible et négociable qui représente un intérêt ou un droit sur quelque chose d'autre. Il s'agit d'une définition large selon laquelle de nombreux types d'instruments peuvent être classés comme titres. **Abus ou détournement des titres des clients (*misuse or misappropriation of customers' securities*)** Les conseillers financiers doivent observer des normes élevées de pratiques commerciales et des principes commerciaux équitables. Cela signifie qu'il est interdit aux conseillers d'utiliser ou d'emprunter sans autorisation les fonds ou les titres des clients, ainsi que diverses autres tromperies. Ainsi, ce type de stratagème peut impliquer le vol pur et simple de titres ou l'utilisation de titres de manière inappropriée comme garantie pour des prêts ou pour effectuer d'autres opérations sur titres (par exemple, des opérations sur marge).	→ « Alameda utilisait l'argent de l'exchange centralisé (ou plutôt l'argent des clients) pour effectuer ses transactions. Que ce soit sur les positions courtes ou longues, l'entreprise utilisait les actifs des clients en guise de garantie. » (Fatima-Zahra, 2022) → « a utilisé 10 milliards de dollars de fonds de clients pour soutenir son fonds spéculatif Alameda Research, qui avait subi des pertes lorsque ses paris sur les entreprises de cryptographie se sont détériorés. » (Nishant et McCrank, 2022) → « La porte dérobée cachée, SBF aurait pu transférer les fonds des clients de FTX vers Alameda sans être détectés grâce à un logiciel sur mesure qui a créé une « porte dérobée » dans le système de comptabilité de FTX pour modifier les dossiers financiers sans alerter les bureaux de conformité internes ou externes.

Catégories et/ou stratagèmes de fraudes (ACFE Manuel)	Détails des fraudes appliquées chez FTX
Transactions financières illicites Les actes frauduleux sont généralement de nature financière.	→ « Certains de ces transferts d'argent n'étaient pas documentés comme des prêts d'entreprise, tandis que les maisons étaient enregistrées sous les noms des employés, a ajouté Ray. » (Nishant et McCrank, 2022) → « Les employés ont soumis des demandes de paiement via une plate-forme de « chat » en ligne et les superviseurs les ont approuvées avec des emojis personnalisés, indique le dossier. » (Nishant et McCrank, 2022) → « Wang a simplement inséré un seul numéro dans des millions de lignes de code pour créer une ligne de crédit de 65 milliards de dollars pour Alameda en utilisant les fonds des clients de FTX sans autorisation. Lorsque les clients ont déposé en devise sur FTX.com, les fonds ont été virés sans le savoir sur des comptes bancaires d'Alameda. Dans le même temps, le personnel d'Alameda a crédité manuellement ces clients sur un registre interne de FTX Trading pour cacher qu'ils violaient les conditions de service, selon lesquelles les clients possédaient et contrôlaient leurs actifs numériques. Les clients FTX pouvaient voir ces dépôts sur le site Web ou leurs applications, mais en réalité, Alameda les détenait. » (Kilby, 2023)

Références

Adam-Kalfon, P. et Sureau, B. (2021, janvier). *Impact des monnaies numériques de banque centrale pour les entreprises*. PWC, Paper no 114. https://www.pwc.fr/fr/publications/blockchain/monnaies-digitales-de-banque-centrale.html

Agence France-Presse. (2022). 250 millions de dollars, la caution de Sam Bankman-Fried, ex-patron de FTX. *Le Temps*. https://www.letemps.ch/economie/finance/250-millions-dollars-caution-sam-bankmanfried-expatron-ftx

Agence du Revenu du Canada (ARC). (2021). *Renseignements pour les utilisateurs de cryptoactifs et les professionnels de l'impôt*. https://www.canada.ca/fr/agence-revenu/programmes/a-propos-agence-revenu-canada-arc/observation/monnaie-numerique/cryptomonnaies-guide.html

Agence du Revenu du Canada (ARC). (2022, 26 janvier). *Qu'est-ce qu'une cryptomonnaie ?* https://www.canada.ca/fr/agence-revenu/nouvelles/salle-presse/conseils-fiscaux/conseils-fiscaux-2022/qu-est-ce-cryptomonnaie.html

Aquilina, M., Frost, J. et Schrimpf, A. (2023). *Addressing the risks in crypto : laying out the options*. BIS (Bank of International Settlements), Bulletin N° 66, 1-6. https://ideas.repec.org/p/bis/bisblt/66.html

Armandet, P. (2022, 7 juin). *Les arnaques aux cryptomonnaies ont explosés aux États-Unis*. BFMTV. https://www.bfmtv.com/crypto/les-arnaques-aux-cryptomonnaies-ont-explose-aux-etats-unis_AV-202206070359.html

Association of Certified Fraud Examiners (ACFE) et Grant Thornton. (2022). *Managing Fraud Risks in an Evolving ESG Environment*. https://www.acfe.com/-/media/files/acfe/pdfs/grant-thornton/esg2022/acfe_gt_esgreport-digital.ashx?mkt_tok=NDEwLUhZTC01NzkAAAGHbn6bLDi8Ha5IBoRYx-U_WNxSn7SwmtwjVfi4pcYTxhXiOZZCPWj_UD-6P3bR7LcCTW-sIAlGTaLuHpQ7NH3TV9ADkzYcNJZHXLCz1Qge1Vpt6g

Auffray, C. (2022, 22 décembre). *Les dirigeants de FTX Gary Wang et Caroline Ellison plaident coupables*. Coins. https://coins.fr/dirigeants-ftx-gary-wang-caroline-ellison-plaident-coupables/#:~:text=Caroline%20Ellison%20plaide%20coupable%20de,de%20fraude%20électronique%20et%20boursière

Autorité des marchés financiers (AMF). (s. d.-a). *Qu'est-ce qu'une « cryptomonnaie » ?* https://www.amf-france.org/fr/quest-ce-quune-cryptomonnaie

Autorité des marchés financiers (AMF). (s. d.-b). *Qu'est-ce qu'une Initial Coin Offering (ICO) ?* https://www.amf-france.org/fr/quest-ce-quune-initial-coin-offering-ico

Autorité des marchés financiers (AMF). (s. d.-c). *Les fraudes liées aux cryptoactifs.* https://lautorite.qc.ca/grand-public/types-de-fraude/fraudes-cryptos?

Autorité des marchés financiers (AMF). (s. d.-d). *Comment fonctionnent les cryptoactifs ?* https://lautorite.qc.ca/grand-public/investissements/les-cryptos/comment-fonctionnent-les-cryptoactifs

Banque du Canada. (s. d.). *Le « dollar canadien numérique ».* https://www.banqueducanada.ca/dollarnumerique/

Baril, H. (2023, 20 mai). Monnaie numérique de banques centrales. Vers la fin des banques ? *La Presse.* https://www.lapresse.ca/affaires/economie/2023-05-20/monnaie-numerique-de-banques-centrales/vers-la-fin-des-banques.php

Bélanger, M.-F., Yates, J. et De Rosa, N. (2022, 1er février). *Tout perdre en quelques clics – Des Canadiens victimes d'une fraude internationale.* Radio-Canada. https://ici.radio-canada.ca/recit-numerique/3574/cryptomonnaie-canada-fraude-internationale

Bercy Infos. (2025, 20 janvier). *Cryptoactifs, cryptomonnaies : comment s'y retrouver ?* Ministère de l'Économie, des Finances et de la Souveraineté industrielle et numérique. https://www.economie.gouv.fr/particuliers/cryptomonnaies-cryptoactifs#

Binance Academy. (2022, 16 novembre). *Explications à propos des réseaux Peer-to-Peer ou Pair à Pair.* https://academy.binance.com/fr/articles/peer-to-peer-networks-explained

CANAFE (Centre d'analyse des opérations et déclarations financières du Canada). (2021, 1er juin). *Déclaration d'opérations importantes en monnaie virtuelle à CANAFE.* Gouvernement du Canada. https://fintrac-canafe.canada.ca/guidance-directives/transaction-operation/lvctr/lvctr-fra

Cohen, L. (2023, 9 janvier). Analysis: Bankman-Fried fraud charges sidestep debate over how U.S. law sees crypto. Reuters. https://www.reuters.com/legal/bankman-fried-fraud-charges-sidestep-debate-over-how-us-law-sees-crypto-2023-01-09/

CoinAcademy. (s. d.). *Sam Bankman-Fried (SBF) – Fondateur de FTX et alameda Research.* https://coinacademy.fr/sbf-sam-bankman-fried/

Conseil de l'Union européenne. (2023, 16 mai). *Finance numérique : le Conseil adopte de nouvelles règles sur les marchés de crypto-actifs* [communiqué de presse]. https://www.consilium.europa.eu/fr/press/press-releases/2023/05/16/digital-finance-council-adopts-new-rules-on-markets-in-crypto-assets-mica/

CryptoVantage. (s. d.-a). *Une brève histoire de la cryptomonnaie.* https://www.cryptovantage.com/fr/guides/une-breve-histoire-de-la-cryptomonnaie/

CryptoVantage. (s. d.-b). Qu'est-ce que la blockchain? https://www.cryptovantage.com/fr/guides/que-signifie-la-blockchain/

De, N. (2023, 28 février). Former FTX Engineering Director Nishad Singh Pleads Guilty to Criminal Charges: Reuters. CoinDesk. https://www.coindesk.com/policy/2023/02/28/former-ftx-engineering-director-nishad-singh-pleads-guilty-to-criminal-charges-reuters/

Dupas, A. (2022, 26 février). *Cryptomonnaies : comment les arnaqueurs ciblent les utilisateurs d'Instagram.* RTBF. https://www.rtbf.be/article/cryptomonnaies-comment-les-arnaqueurs-ciblent-les-utilisateurs-dinstagram-10929786

Ensign, R. L. et Benoit, D. (2023, 16 février). Banks are breaking up with Crypto During Regulatory Crackdown. *The Wall Street Journal.* https://www.wsj.com/articles/banks-are-breaking-up-with-crypto-during-regulatory-crackdown-22de1832?mod=series_cryptobitcoindogecoin

Forget, P. A. (2022, 30 novembre). LES LEÇONS DE FTX. *Business Magazine.* https://www.business-magazine.mu/edito/edito-les-lecons-de-ftx/

Investopedia. (2024, 2 juin). *Initial Coin Offering (ICO) : Coin Launch defined, with Examples.* https://www.investopedia.com/terms/i/initial-coin-offering-ico.asp

Gayte, A. (2023, 4 février). Qu'est-ce que la blockchain? Numerama. https://www.numerama.com/tech/1255380-quest-ce-que-la-blockchain.html

Gayte, A. et Langumier, A. (2024, 13 novembre). *Les cryptomonnaies, mais qu'est-ce que c'est?* Numerama. https://www.numerama.com/tech/1249810-que-sont-les-crypto-monnaies.html

Grings. (2021, 4 août). *Alameda Research, la pépite de Sam Bankman-Fried et son équipe*. CoinAcademy, https://coinacademy.fr/dossier/alameda-research-la-pepite-de-sam-bankman-fried-et-son-equipe/

Hamasni, K. (2022, novembre). *Les répercussions de la faillite de FTX sur les cryptomonnaies* [baladodiffusion]. RBC. https://www.rbcgam.com/fr/ca/insights/podcasts/what-does-ftxs-collapse-mean-for-crypto/detail?disclaimer=true

Heuze, M. (2023, 31 mars). *Crypto : les régulateurs américains partent en guerre contre les entreprises du secteur*. La Tribune. https://www.latribune.fr/entreprises-finance/banques-finance/industrie-financiere/crypto-les-regulateurs-americains-partent-en-guerre-contre-les-entreprises-du-secteur-957442.html

Jha, P. (2023, 22 janvier). *Le procès de Sam Bankman-Fried pourrait créer un précédent pour le secteur crypto*. Coin Telegraph. https://fr.cointelegraph.com/news/ftx-fallout-sbf-trial-could-set-precedent-for-the-crypto-industry

Journal du Coin. (2023, 25 février). *Nouvelles accusations contre SBF : sa « générosité » envers les politiques US en cause*. https://journalducoin.com/exchanges/sam-bankman-fried-nouvelles-accusations-dons-politiques-americaines/

Kapersky. (s. d.-a.). *Qu'est-ce que la cryptomonnaie et comment fonctionne-t-elle ? Kaperskylab*. https://www.kaspersky.fr/resource-center/definitions/what-is-cryptocurrency

Kilby, P. (2023). Taming fraud in crypto's Wild West. *ACFE*, 38. https://www.fraud-magazine.com/cover-article.aspx?id=4295020326

La Tribune. (2023, 4 avril). *Cryptomonnaies : trois entreprises canadiennes vont lancer une plateforme commune réglementée*. https://www.latribune.fr/entreprises-finance/banques-finance/industrie-financiere/cryptomonnaies-trois-entreprises-canadiennes-vont-lancer-une-plateforme-commune-reglementee-957703.html

Le Billon, V. (2022, 16 décembre). FTX : Sam Bankman-Fried arrêté aux Bahamas à la demande des États-Unis. *Les Échos*. https://www.lesechos.fr/finance-marches/marches-financiers/ftx-sam-bankman-fried-arrete-aux-bahamas-a-la-demande-des-etats-unis-1888520

Montet, V. et Sotinel, J. (2023, 9 mars). FTX, grand nom de l'échange de cryptomonnaies, en faillite. *Le Soleil*. https://www.lesoleil.com/2022/11/11/ftx-grand-nom-de-lechange-de-cryptomonnaies-en-faillite-e54ff0f3fd80d6b80b23463fdd879790

Nishant, N. et McCrank, J. (2022, 17 novembre). Bankrupt FTX's new CEO outlines fund abuses, untrustworthy records. *Reuters*. https://www.reuters.com/technology/new-ftx-ceo-slams-complete-failure-corporate-control-2022-11-17/

Northcott, P. (2022, 23 mars). Montée de la fraude liée aux cryptomonnaies. *La revue Gazette*. RMCP. https://grc.ca/fr/gazette/montee-fraude-liee-cryptomonnaies

Pfister, C. (2019). Les monnaies digitales, un nouvel univers? *Regards croisés sur l'économie, 1*(24), 40-52. https://www.cairn.info/revue-regards-croises-sur-l-economie-2019-1-page-40.htm?ref=doi

Preiss, I. (2023, 31 janvier). *Europe's big bet on crypto regulation*. The Block. https://www.theblock.co/post/206554/europes-big-bet-on-crypto-regulation

Presse-citron. (s. d.). *Comprendre la crypto-monnaie : qu'est-ce que c'est, comment investir ?*https://www.presse-citron.net/crypto/faq/crypto-monnaie/

Pugliese, A. et Chambers, R. (2023, 25 janvier). *On the Frontlines : The Hard Lessons of FTX*. Audit Board. https://www.auditboard.com/blog/on-the-frontlines-the-hard-lessons-of-ftx/

Fatima-Zahra, C. (2022, 25 décembre). *Affaire FTX : plongée au cœur du pire scandale crypto de 2022*. Beincrypto. https://fr.beincrypto.com/apprendre/affaire-ftx-plongee-coeur-pire-scandale-crypto-2022/

Raj, R., Dixit, A., Saravanakumar, Dr. A., Fathima, K. A., Dornadula, V. H. R. et Ahmad, S. (2021). Comprehensive Review of functions of Blockchain and crypto currency in finance and banking. *Design Engineering*, 9, 3649-3655. https://www.researchgate.net/publication/357768571_Design_Engineering_Comprehensive_Review_of_functions_of_Blockchain_and_crypto_currency_in_finance_and_banking

Remy, F. (2022, 24 janvier). Vers le 1er milliard d'utilisateurs de cryptomonnaies fin 2022. *Les affaires*. https://www.lesaffaires.com/dossier/les-cles-de-la-crypto/vers-le-1e-milliard-dutilisateurs-de-cryptomonnaies-fin-2022/630388

Revenu Québec (RQ). (s. d.). *Monnaie virtuelle*. https://www.revenuquebec.ca/fr/une-mission-des-actions/vous-aider-a-vous-con former/quest-ce-que-leconomie-numerique/monnaie-virtuelle/

SEC. Securities and Exchange Commission. (2022, 21 décembre). *SEC Charges Caroline Ellison and Gary Wang with Defrauding Investors in Crypto Asset Trading Platform FTX.* https://www.sec.gov/news/press-release/2022-234

U.S. Bankruptcy Court for the District of Delaware. (2022, 17 novembre). *Declaration of John J. Ray III in support of Chapter 11 Petitions and First Day Pleadings.* https://pacer-documents.s3.amazonaws.com/33/188450/042020648197.pdf

U.S. Department of Justice (DOJ). (2023, 21 novembre). *Binance and CEO Plead Guilty to Federal Charges in $4B Resolution.* https://www.justice.gov/opa/pr/binance-and-ceo-plead-guilty-federal-charges-4b-resolution

U.S. Department of Justice (DOJ). (2024, 28 mars). *Samuel Bankman-Fried Sentenced to 25 Years for His Orchestration of Multiple Fraudulent Schemes.* https://www.justice.gov/opa/pr/samuel-bankman-fried-sentenced-25-years-his-orchestration-multiple-fraudulent-schemes#:~:text=Samuel%20Bankman%2DFried%2C%20also%20known,orchestration%20of%20multiple%20fraudulent%20schemes

Venkataramakrishnan, S. (2023, 24 mai). UK crypto fraud losses jump 40%. *Financial Times.* https://www.ft.com/content/88602223-004b-4e27-b9eb-c45e1f850f9f

Vickery, A. (2020, 20 octobre). Une experte démystifie les biens numériques. *La revue Gazette.* Gendarmerie Royale du Canada. https://www.rcmp-grc.gc.ca/fr/gazette/experte-demystifie-biens-numeriques?gz

Ward, T. (2023, 30 juin). *La SEC cible Coinbase et Binance comme mandataires dans sa guerre contre les cryptomonnaies.* CoinTelegraph. https://fr.cointelegraph.com/news/sec-targeting-coinbase-binance-proxies-crypto

Yano, M., Dai, C., Masuda, K. et Kishimoto, Y. (2020). *Blockchain and crypto currency : Building a High-Quality Marketplace for Crypt Data.* Springer. https://library.oapen.org/handle/20.500.12657/37713

Chapitre 10

Forensic Accounting and Fraud Examination

Dr. Kari C. Day

1. Introduction

Forensic accounting and fraud examination have been developed from a rudimentary practicality of policing commerce to a complex multi-faceted discipline over several decades (Gleeson-White, 2011 & Rechtman, 2020). For instance, formal licensure in the accounting profession led to required university education in the U.S. starting in the late 1800's (Gleeson-White, 2011) and the informal niches of forensic accounting and fraud examination blossomed as a response to economic fraud and financial abuse (Carnegie & Napier, 2013; Mitrić, Stanković, & Lakićević, 2012, & Rechtman, 2020).

These specialized areas have also been credited with damages caused to social-psychological elements of economics, political history, and corporate cultures (Carnegie & Napier, 2013; Mitrić, et. al., 2012). Since related scrutiny occurs predominantly on a retroactive basis, such damages may result in further social and monetary consequences for stakeholders and economies at large (Morales, Gendron, & Guénin-Paracini, 2014). Therefore, specialized practitioner training may further serve as a method of proactive preventive care for applying standardized forensic accounting and fraud examination practices both before and after the fact (Morales, et. al., 2014).

Fraud and other financial abuses have been noted as recurring issues throughout economic history (Gleeson-White, 2011 & Rechtman, 2020). However, the U.S. has demonstrated a leadership role for global forensic accounting and fraud examination education, regulation, and professional development (Rechtman, 2020). Developments have been demonstrated since the mid-1990s through changes in university accounting programs and the advent of specialty credentials in related professions (Rechtman, 2020). This chapter will explore how forensic accounting and fraud examination emerged in the U.S. to prompt what has now grown into a fully recognized and credentialed specialty area for emerging professional practitioners.

2. Forensic Accounting and Fraud Examination in Context

Forensic accounting may be concisely described as specialized knowledge about fraud, economics, accounting and law (Crain, Hopwood, Pacini, & Young, 2016 & Mitrić, et. al., 2012). It may further be defined as an industry area where practitioners have obtained special expertise in investigation, communication, and data analysis (American Institute of Certified Public Accountants [AICPA], 2023). Fraud examination is described as the systematic examination methods and processes used in fraud prevention, detection, and investigation (Crain, et. al., 2016). It has further been identified to involve civil, criminal, financial, or non-financial engagements across multiple professional industries (Association of Certified Fraud Examiners [ACFE], 2024). Since actual practice has significant credentialing overlap across both areas, this chapter will refer to forensic accounting and fraud examination collectively.

Trade History, Education, and Credentialing the Profession

As a comprehensive industry, forensic accounting and fraud examination have been an evolving applied science and art form with a perpetual need for research and adaptation (Murphy, O'Connell, & ÓhÓgartaigh, 2013 & Rechtman, 2020). Such adaptation has most recently included the accelerated development of technology and other post pandemic pressures of a repurposed modern workforce (Rechtman, 2020). These developments appear to both enhance and challenge the industry's status quo.

Prior to becoming credentialed specialty areas, forensic accounting and fraud examination were practiced more as an ancillary effort by CPAs and related industry agents (Gleeson-White, 2011 & Rechtman, 2020). Now, forensic accounting and fraud examination practitioners receive specific training to work more formally with other professionals. These cooperative efforts may include legal and law enforcement professionals, business executives, accounting firms, and triers of fact, in order to gather, analyze and offer professional opinions on the evaluation of evidence in accordance with the engagement (ACFE, 2024).

Here it is worth mentioning that a practitioner's credentials, expertise, and engagement agreements will dictate that professional's guidelines and limitations. For example, the majority of forensic accounting and fraud examiner practitioners work with credentialed legal and law enforcement professionals to gather, analyze and offer professional opinions on the evaluation of such evidence in accordance with an engagement (AICPA, 2019 & ACFE, 2024). They typically do not participate in confession-seeking interrogations or make claims of negligence or fraud, unless they are co-credentialed in law enforcement or some other pertinent area.

Practitioners must also be aware of related work limitations associated with forensic accounting and fraud examination engagements. For instance, according to the American Institute of Certified Public Accountants [AICPA] (2019), credential holders may be restricted from conducting forensic accounting engagements if they are also engaged in other work, such as an audit, for the same client. Similar restrictions may also apply to other areas such as expert witness and investigative services, depending on the particulars for each case.

The comprehensive forensic accounting and fraud examination industry is careful to safeguard the integrity of its service providers, to preserve the profession and to protect their hard-won skills and aptitudes. Such aptitude may be demonstrated by gaining advanced education and experience as exemplified by a qualified industry credential. In forensic accounting and fraud examination, three of the primary designations include the Certified fraud Examiner (CFE) credential, the Certified in Financial Forensics (CFF) credential, and the Master Analyst in Financial Forensics (MAFF) credential (ACFE, 2024, AICPA, 2018, & National Association of Certified Valuators and Analysts [NACVA], 2024). These credentials have emerged as advanced designations to help prepare practitioners for evolving economic issues and compounding business complexities related to fraud and abusive business practices (Rechtman, 2020 & Smyth, 2011).

For instance, forensic accounting and fraud examination are considered to be later additions to the U.S. accounting industry, which evolved from a clerical trade to a licensed profession in the late 1800's (Gleeson-White, 2011). This progression supported the U.S. to become a leader in developing related rules and laws under its own industrial influences and national constraints (Mitrić, et. al., 2012 & Rechtman, 2020). As a result of multiple decades of accounting industry developments, the areas of forensic accounting and fraud examination have organically evolved as well with practitioners in contemporary economies now work as testifying witnesses, subject matter experts, internal auditors, special agents for the FBI, fraud risk managers, data analysts, and compliance officers, to name just a few (ACFE, 2024, AICPA, 2016, NACVA, 2024 & Rechtman, 2020).

Progression of Rules and Regulations Originating in the U.S.

One condition of establishing a successful forensic accounting and fraud examination industry is the presence of underlying laws and regulations to support the work of its practitioners. In the U.S., for example, the underpinning structures took root in the 1930's under Franklin D. Roosevelt's New Deal with the Securities Act of 1933 and the Securities and Exchange Act of 1934 (Crain et. al., 2016, Gleeson-White, 2011 & Rechtman, 2020). In this example, the Securities Act of 1933 helped to establish stakeholder security measures pertaining to public companies' access to the trading markets, and the Securities and Exchange Act of 1934 established monitored rules and regulations required to remain in the trading markets over time (Crain et. al., 2016, Gleeson-White, 2011 & Rechtman, 2020). Both laws helped to lay the groundwork for forensic and fraud practitioners to progress into a distinct profession.

Additional legislation came and went over the following decades, including the Sarbanes-Oxley Act passed in 2002 (Driskell, 2022 & Rechtman, 2020). This law was issued in response to the widely publicized corporate frauds that plagued the U.S. in the early 2000s that included fraud findings in companies such as Enron, WorldCom, and Waste Management, to name just a few (Driskell, 2022 & Rechtman, 2020). The Sarbanes-Oxley Act was enacted to add rigor and enforcement consequences to help deter abusive financial practices in the U.S., along with improved reporting requirements for internal control measures and other publicly traded corporate activities (Driskell, 2022 & Rechtman, 2020), which also provided more traction for the fraud and forensics professions.

As a last example, the AICPA issued related guidance at the global CPA industry level through its forensic services group issuing a recent Statement on Standards for Forensic Services (SSFS) for its respective members (AICPA, 2019). This publication was the first formal accounting standard to be produced specifically for forensic accounting engagements and superseded the consulting standard used prior (AICPA, 2019). SSFS No. 1 was published both to clarify and specify the breadth and boundaries for forensic accounting and fraud examination services among its practitioners (AICPA, 2019).

Presenting Credentialing Options

Three of the primary forensic accounting and fraud examination designations include the CFE credential, the CFF credential, and the MAFF credential (ACFE, 2024, AICPA, 2018 & NACVA, 2024). All are governed by organizations that are headquartered in the U.S. and each is available to qualified practitioners worldwide (ACFE, 2024, AICPA, 2018 & NACVA, 2024). Each credential is governed by a professional entity that adheres to strict industry oversight and regulations. For instance, each of the forensic accounting and fraud examination credentials listed in this section answer to their immediate primary and external regulatory organizations in the United States (ACFE, 2024, AICPA, 2018 & NACVA, 2024).

This is especially true for the CFF credential because it requires an active CPA license to qualify (AICPA, 2018). As such, CFF credential holders are accountable to the CPA licensing organizations as well. This would include The National Association of State Boards of Accountancy (NASBA), which proctors the uniform CPA exam for the AICPA (AICPA, 2024 & NASBA, 2015). It also serves as the CFF credential's Continuing Professional Education (CPE) accreditor (AICPA, 2018 & 2024). The State Boards of Accountancy govern CPA licenses in every U.S. state and the State CPA Societies serve as professional groups for statewide CPE and local community support (AICPA, 2024 & NASBA, 2015).

External governance groups like the National Accreditation Commission (NAC) and the National Commission for Certifying Agencies (NCCA) oversee the accreditation of many specialty credential exams (AICPA, 2018, NACVA, 2024 & NASBA, 2015). Moreover, credential holders are accountable to each forensic accounting and fraud examination credential's membership regulations, such as the AICPA's Professional Code of Conduct (AICPA, 2016 & 2018). Finally, though none of the credentials listed here are owned by government organizations, their leadership teams do work closely with the U.S. government because federal and local level regulations are impacted and influenced by U.S. government legislation. Therefore, each group advocates strongly for the preservation of the forensic accounting and fraud examination industry and for the needs of their members (ACFE, 2024, AICPA, 2024 & NACVA, 2024).

Certified Fraud Examiner Credential

The largest and most established credential in the forensic accounting and fraud examination profession is the CFE governed by the ACFE (ACFE, 2024). The ACFE originated in 1988 and was the only fraud related credential for 20 years until the newer specialty credentials emerged (ACFE, 2024). The ACFE is now a global organization that currently reports 90,000 members, all of whom are CFE credential holders or affiliates who share the common mission of fighting fraud in various industries worldwide (ACFE, 2024). To earn this professional credential, CFE candidates study topical areas of anti-fraud system designs for fraud prevention and deterrence, financial transactions and fraud schemes, legal and fraud allegation issues and their resolutions, and investigative techniques including assessment of complex financial issues (ACFE, 2024).

Certified in Financial Forensics Credential

The primary field within the AICPA is public accounting as represented by its CPA members, and one of the specialty areas within the field of public accounting is forensic services. The AICPA has designated CPAs and qualified equivalents as experts in forensic services through their CFF credential since 2008 (AICPA, 2024). To earn the CFF credential, candidates study the following topics : Professional AICPA standards, legal systems, regulations, information gathering and evidence, engagement requirements and reporting, economic damages calculations, risk management, fraud schemes, and investigation and litigation services (AICPA, 2018).

Master Analyst in Financial Forensics Credential

The MAFF credential originates from a valuation-based organization called NACVA. This organization originated in 1990 to provide business and asset valuation training for business professionals such as CPAs, and later merged the former Certified Forensic Financial Analyst (CFFA) designation into the renamed MAFF credential in 2013 (NACVA, 2024). MAFF candidates study the following topical areas to obtain this designation : Calculating economic damages, bankruptcy, insolvency, lost profits, litigation, forensic accounting and fraud investigation (NACVA, 2024).

Two Primary Pillars of Practice

Forensic accounting and fraud examination essentially follow two main pillars of practice : Investigative and litigative support services (AICPA, 2019). As such, it is important to note that each of the three credential options mentioned in this chapter cover many of the same topical areas from different priority points of emphasis. However, since practitioners may work in both investigative and litigative engagements, the education required for each credential is designed to cover most of the topics pertaining to both of the two pillars. Whichever credential is pursued, the AICPA's SSFS No. 1 provides excellent guidance as follows :

Litigation : "An actual or potential legal or regulatory proceeding before a trier of fact or a regulatory body as an expert witness, consultant, neutral, mediator, or arbitrator in connection with the resolution of disputes between parties. The term litigation as used herein is not limited to formal litigation but is inclusive of disputes and all forms of alternative dispute resolution" (AICPA, 2019).

Investigation : "A matter conducted in response to specific concerns of wrongdoing in which the member is engaged to perform procedures to collect, analyze, evaluate, or interpret certain evidential matter to assist the stakeholders (for example, client, board of directors, independent auditor, or regulator) in reaching a conclusion on the merits of the concerns" (AICPA, 2019).

3. How to get started

Due to the wide array of industries serviced by forensic accounting and fraud examination, the entry points into this profession tend to be varied. In the U.S., there are many ways to get started in forensic accounting, and it is recommended that practitioners create a strategy that could ultimately prepare them to qualify for one or more of the forensic accounting or fraud examination credentials. Most strategies are based on the 3-E approach to include experience, education, and examination; and each organization has its own rubric to qualify for credential application (ACFE, 2024, AICPA, 2024 & NACVA, 2024).

Candidates are encouraged to build an individualized 3-E strategy toward gaining the experience, education, and examination status that is recommended to practice as a credentialed forensic accountant or fraud examiner. The first E stands for *Experience*. Many candidates obtain forensic accounting related experience at their accounting firms. However, emerging practitioners may find it challenging to get started in forensic accounting and to obtain the required hours of experience needed for credentialing. One approach to gaining a position in fraud and forensic accounting is to network with other qualified professionals. This may be accomplished through industry clubs, societies, and organizations at both local and international levels.

For instance, candidates may become a member of their respective State CPA Society and also an international member of the AICPA-CIMA. Participants may also consider joining a local professional group that is associated with their credential of choice. For example, the ACFE hosts over 190 chapters of CFE members worldwide that facilitate networking events and CPE opportunities for its participants (ACFE, 2024). The ACFE also hosts a larger national conference where members may attend CPE segments and engage with CFE affiliates for broader industry topics and events (ACFE, 2024).

International affiliates may be interested in attending one or more professional global conferences for their respective credential(s). For instance, the ACFE hosts an annual live and online Fraud Examination conference (ACFE 2024). NACVA hosts international live and online MAFF conferences (NACVA, 2024). Finally, the AICPA also hosts an annual live and online Forensic and Valuation Services (FVS) conference for its members from across the globe (AICPA, 2024).

In addition, domestic and international candidates may explore perpetual online communities on LinkedIn and other socially based media platforms. One example is a LinkedIn group called "I'm interested in the CFF credential," which is open to all forensic accountants, even if they are not in active pursuit of the CFF designation (AICPA, 2024). The ACFE and NACVA also have professional groups listed with LinkedIn and various other social platforms (ACFE, 2024 & NACVA, 2024). Lastly, forensic accounting and fraud examination credentialing organizations like the ACFE, AICPA, and NACVA may host recurring live and online study opportunities led by affiliated subject matter experts (ACFE, 2024, AICPA, 2024 & NACVA, 2024). Whichever qualified forensic accounting group is selected, networking can be a critical step to get started in this specialized area.

The second E for credentialing stands for *Education* and educational needs will vary by credential and per practitioner. Therefore, the credentialling organizations tend to offer a range of suggestions for obtaining forensic accounting related education. In one example, candidates may start with a university class or degree in forensic accounting, just be aware that some organizations accept university classes as CPE, and some do not. Either way, university forensic accounting and fraud examination classes are an excellent place to start learning about the profession.

In another example, experienced accountants who are already practicing in forensic accounting and fraud examination may speed their time to credentialing by using one or more of each organization's exam review courses. These courses typically provide a high level, general review of terms and concepts that align with the credential's exam and most also qualify for the associated CPE credits required for the respective credential. Alternatively, for those wanting a more involved CPE experience, candidates may build their knowledge base by taking one or more forensic accounting and fraud examination certificate courses offered by either an executive university program or the credentialling organization itself. These certificates typically reward successful candidates with a certificate in the form of a digital badge, and some certificates offer stackable knowledge badges that also culminate for qualified CPE credits.

Whichever knowledge pathway is selected, it is important to clarify that university classes and knowledge certificates are not a replacement for credential testing, which is a common requirement for most forensic accounting and fraud examination credentials. Instead, knowledge pathways are used to build candidate proficiency to demonstrate the topical competency levels needed to pass each credential's respective rigorous exam. A general guideline for candidates is to select a development level just higher to their current basis of forensic accounting and fraud examination knowledge to get started.

For those seeking the ultimate goal of earning a credential, participants may choose to complete their pursuit by taking one or more of the three industry credential tests. This introduces the third of 3-Es which stands for *Exam*. For credential candidates, the final stage of the 3-E strategy is to pass the exam for their credential of choice. Most credential organizations provide their exams online. Some will require candidates to schedule an appointment at one of their global proctoring locations, where candidates may take the digital exam under the security of that physical site. Others allow candidates to test from home using downloadable surveillance software that records the candidate while testing. Finally, some credentialling organizations offer a choice between the two.

Once the 3-E strategy has been successfully completed, candidates may issue a formal application to their respective organization for membership and approval for that industry credential. Some organizations have an immediate review process that yields approvals within 24-48 hours, and others have a longer review process that can take up to 14 business days to complete. It is important for candidates to research their respective credentials ahead of time so that they are practically and mentally prepared for this final step. Credentialing renewals can also have recurring annual fees and CPE expectations, so candidates are encouraged to include each organization's renewal requirements in their research accordingly. Finally, be sure to save records of annual renewal activities as some organizations conduct random audits of their members to ensure that they are maintaining compliance for their credential and accreditation requirements.

4. Challenges and Opportunities for the Future

Although the CPA license is a separate designation, it is predominant in the U.S. and in global accounting industries, such that its evolution influences the practice environment for accessory professional credentials like the CFE, CFF, and MAFF. Therefore, certain recent CPA developments warrant mention when exploring future challenges and opportunities for forensic accounting and fraud examination credentials. These developments include : (1) The global CPA practitioner shortage (Strickland, 2024 July), (2) state Boards of Accountancy considering a shift from 150 to 120 required credit hours for CPA licensure (AICPA, 2023 February), and (3) AICPA research to implement an alternative CPA experienced competency pathway based on a bachelor's degree, one year of apprenticeship at an accounting firm, and a firm administered CPA exam (Strickland, 2024 September).

The CPA profession has been experiencing a gradual decline in new talent entering the industry for several years (Strickland, 2024 July). So much so, that the latest iteration of updates to the CPA exam in January 2024 involved a condensation from four to three core topical areas, along with one of three specialized discipline exams in order to decrease the entry barrier to testers by making the exam simpler and more efficient for domestic and global candidates (Carter, 2024 February).

Simultaneous to the new CPA exam launch, the U.S. Boards of Accountancy have been exploring whether to shift their 150-credit hour requirement for CPA licensure back to its previous level of 120 college credit hours to reduce candidate barriers at the state level (AICPA, 2023 & NASBA, 2024). Finally, the AICPA just recently announced its research to explore implementing an alternative CPA experienced competency pathway based on a bachelor's degree, one year of apprenticeship at an accounting firm, and a firm administered CPA exam (Strickland, 2024 September).

Should any or all of these initiatives manifest, it may alter the accessibility and appeal of the forensic accounting and fraud examination credentials as well. For instance, a decrease in the university credit hour requirement may lessen the opportunity for students to take forensic accounting and fraud examination-based courses, but an increase in CPAs may increase a population that typically feeds into related industry credentials. Furthermore, the proposed shifts from graduate equivalent, knowledge-based preparation to an undergraduate level apprenticeship model for emerging CPAs might also be found to be an opportunity model for forensic accounting and fraud examination practitioners who are increasingly entering the profession from alternate access points.

The final area of mention is that of transhumanist movements and digital technology. From the advent of trends such as artificial intelligence, dynamic audit solutions, and automated information systems, the world of forensic accounting and fraud examination has experienced rapid successive change (Rechtman, 2020 March). These developments are expected to continue impacting related industry areas indefinitely as "Advances in automation and machine learning, artificial intelligence, data analytics, and blockchain" continue their disruptions throughout the accounting industry (Aldredge, Rogers, & Smith, 2021). While details on these areas are beyond the scope of intent for this chapter, they are necessarily included as both opportunities and threats to future expectations for forensic accounting and fraud examination practitioners.

Review of these considerations might suggest that a type of triangulated demand and supply exists between professionals, students, and educators. Ongoing research is recommended to address unknowns and expectation gaps between them. Ongoing assessment is also encouraged for the three emerging developments posed here, along with their proposed solutions to support forensic accounting and fraud examination stakeholders in all areas.

Conclusion

In summary, a contemporary contextual framework was presented to explore recent developmental impacts on accounting in education and in industry. The history of forensic accounting and fraud examination was also introduced, followed by modern industry credentials and norms, and contemporary industry developments. Various formats and examples of innovative networking were presented as trends when preparing practitioners for accounting related niches such as specialty credentialing. Information for gaining knowledge and experience was presented, along with comments to preserve the necessary rigor for credential quality controls and accreditation. The final area contained professional developments and emerging trends, and closed with recommendations for further research about ongoing forensic accounting and fraud examination adaptability.

References

Aldredge, M., Rogers, C., & Smith, J. (2021). The Strategic Transformation of Accounting into a Learned Profession. *Industry and Higher Education*, vol. 35, no. 2, pp. 83–88. Retrieved from : https://journals.sagepub.com/doi/pdf/10.1177/0950422220954319

American Institute of Certified Public Accountants. (2023). How Lowering the Accounting Education Requirement Risks CPA Mobility. *Resources.* Retrieved from : https://www.aicpa-cima.com/resources/download/statement-on-standards-for-forensic-services

American Institute of Certified Public Accountants. (2019). Statement on Standards for Forensic Accounting. Retrieved from : https://www.aicpa-cima.com/resources/download/statement-on-standards-for-forensic-services

American Institute of Certified Public Accountants. (2018). CFF Credential Handbook. Retrieved from : https://www.aicpa-cima.com/resources/download/cff-credential-handbook

American Institute of Certified Public Accountants. (2016). Quick Reference Guide : The Forensic and Valuation Services Section. Retrieved from : http://www.aicpa.org/InterestAreas/ForensicAndValuation/Resources/DownloadableDocuments/14425-378%20FVS%20Section%20Quick%20Reference%20Guide%20-Web_final.pdf

Association of Certified Fraud Examiners. (2024). Fraud Examiners Manual. Retrieved from : https://fraudexaminersmanual.com/

Button, M., Gee, J., & Brooks, G. (2012). Measuring the cost of fraud : an opportunity for The new competitive advantage. *Journal of Financial Crime, 19*(1), 65-75. https://www.emerald.com/insight/content/doi/10.1108/13590791211190731/full/html

Carnegie, G. D., & Napier, C. J. (2013). Popular accounting history : Evidence from post-Enron stories. The Accounting Historians Journal, 1-19. Retrieved from : http://www.jstor.org/stable/43486733

Carter, W. (2024, February). Navigating CPA Evolution's new model for the CPA Exam. *AICPA Professional Insights.* Retrieved from : https://www.aicpa-cima.com/professional-insights/article/navigating-cpa-evolutions-new-model-for-the-cpa-exam

Crain, M. A., Hopwood, W. S., Pacini, C., & Young, G. R. (2016). *Essentials of forensic accounting*. American Institute of Certified Public Accountants.

Domino, M., Wingreen, S., & Blanton, J. (2015). Social cognitive theory : The antecedents and effects of ethical climate fit on organizational attitudes of corporate accounting professionals – A reflection of client narcissism and fraud attitude risk. *Journal of Business Ethics, 131*(2), 453-467. doi : 10.1007/s10551-014-2210-z

Driskell, D. (2022). *Conducting Forensic Accounting and Internal Investigations.* JS Held. Retrieved from : https://www.jsheld.com/uploads/Conducting-Forensic-Accounting-and-Internal-Investigations_2022-04-28-221342_ibbh.pdf

Mitrić, M., Stanković, A., & Lakićević, A. (2012). Forensic accounting : the missing link in education and practice. *Management* (1820-0222), (65), 41-50. doi : 10.7595/management.fon.2012.0032

Morales, J., Gendron, Y., & Guénin-Paracini, H. (2014). The construction of the risky individual and vigilant organization : A genealogy of the fraud triangle. *Accounting, Organizations and Society,* doi : 10.1016/j.aos.2014.01.006

Murphy, T., O'Connell, V., & Ó hÓgartaigh, C. (2013). Discourses surrounding the evolution of the IASB/FASB conceptual framework : What they reveal about the "living law" of accounting. *Accounting, Organizations and Society, 38*, 72-91. doi : 10.1016/j.aos.2012.07.003

National Association of State Boards of Accountancy. (2015). Annual Report. Retrieved from : https://media.nasba.org/files/2015/10/Annual-Report-2015-WEB.pdf

National Association of Certified Valuators and Analysts (2024). Qualifications for the MAFF. Retrieved from : https://www.nacva.com/maff

Rechtman, Y. (2020, March). *The Past, Present, and Future of Forensic Accounting.* The CPA Journal : The Voice of the Profession. Retrieved from : https://www.cpajournal.com/2020/04/10/the-past-present-and-future-of-forensic-accounting/

Shinde, J.S., Shinde, U.S. & Raymond, W. (2013). Forensic examination cognizance : An empirical study. *Advances in Management, 6*(3), 43-54. Retrieved from : http ://e conpapers.repec.org/article/mgnjournl/v_3a6_3ay_3a2013_3ai_3a3_3aa_3a6.htm

Strickland, B. (2024, September). AICPA & NASBA propose a new pathway to CPA licensure. *Journal of Accountancy.* Retrieved from : https://www.journalofaccountancy.com/news/2024/sep/cpa-competency-based-licensure-pathway.html

Strickland, B. (2024, July). Pipeline plan of action : Read the Accounting Talent Strategy Report. *Journal of Accountancy.* Retrieved from : https://www.journalofaccountancy.com/news/2024/jul/pipeline-plan-of-action-read-the-accounting-talent-strategy-report.html

Strickland, B. (2024, May). NPAG recommends solutions to the talent shortage. *Journal of Accountancy.* Retrieved from : https://www.journalofaccountancy.com/news/2024/may/npag-recommends-solutions-to-the-talent-shortage.html

Tyson, T. N., Oldroyd, D., & Fleischman, R. K. (2013). Was America born capitalist ? A counter view. *Critical Perspectives on Accounting, 24*, 379-396. doi : 10.1016/j.cpa.01.001

Chapitre 11

Le juricomptable et les enquêtes internationales au sein d'organisations de développement international

Lynda Boisvert et Ryna Ferlatte

Objectif du chapitre

Ce chapitre analyse le rôle d'un juricomptable dans le cadre d'enquêtes de fraude et de corruption à l'international.

1. Introduction

The world is a book and those who don't travel read only one page.

Saint Augustine

Ryna et moi avons une passion commune : les enquêtes portant sur la fraude et la corruption à l'international.

Nous sommes rencontrées en Europe, à Munich plus précisément, si ma mémoire est bonne. Nous étions toutes les deux directrices principales chez Deloitte, et nous travaillions sur l'enquête de Siemens, une des plus importantes enquêtes de corruption menées à l'échelle internationale à ce jour.

Ryna était basée à Erlangen, où l'enquête portait sur la division des transports, et moi à Londres, où l'enquête était concentrée sur la division communication.

Je venais de passer deux ans en Australie où j'avais travaillé au sein de l'équipe de juricomptabilité du bureau de Deloitte à Sydney. C'était à l'époque où la Loi Sarbanes-Oxley venait d'être adoptée à la suite des scandales d'Enron, de WordCom et de Tyco. Les lois anticorruption de plusieurs pays, bien qu'existantes et pour la plupart dormantes, commençaient désormais à être appliquées, surtout par les Américains, entraînant ainsi une explosion du nombre d'enquêtes portant sur la corruption à l'échelle internationale. L'ère où la corruption, qui était une pratique courante de développement des affaires et où les pots-de-vin étaient déduits dans les déclarations d'impôts, était désormais révolue.

Ayant dirigé l'équipe des enquêtes de la Banque mondiale, le leader national de la pratique de juricomptabilité chez Deloitte Canada avait acquis une expérience notable et unique en matière d'enquêtes de fraude et de corruption à l'international. C'est sous sa tutelle que Ryna et moi avons fait nos premiers pas dans le domaine, et c'est grâce à lui que nous avons eu la possibilité de participer à de nombreuses enquêtes à l'international, que nous avons développé une vaste expertise en la matière et que nous en avons finalement fait une carrière.

Ryna et moi travaillons aujourd'hui dans le secteur du développement international. Nos parcours ont toutefois été très différents. Après Deloitte, Ryna s'est joint à un organisme de développement international où elle a travaillé pendant plus de 10 ans.

Quant à moi, j'ai passé la majorité de ma carrière en pratique privée dans un cabinet comptable, et ce n'est que tout récemment que fait le grand saut et que j'ai également décidé de me joindre à un organisme de développement international.

Ce chapitre traitera du rôle d'un juricomptable dans le cadre d'enquêtes de fraude et de corruption à l'international. J'aborderai le sujet d'un point de vue de la pratique privée, et Ryna le traitera sur la base de son expérience dans le secteur du financement et du développement international.

C'est avec plaisir que nous partageons avec vous un fragment de nos expériences des plus enrichissantes à titre de juricomptables. Bon voyage…

2. Le juricomptable et les enquêtes internationales au sein d'organisations de développement international

Contexte

Les organisations de développement internationales ou multilatérales (OI) sont des organisations établies par des traités ou un autre instrument leur donnant un statut juridique et qui sont régies par le droit international. L'OI la plus connue est sans doute l'Organisation des Nations Unies, mais les OI comprennent également l'Union européenne, l'Union africaine et les banques multilatérales de développement telles que la Banque mondiale et la Banque asiatique de développement, pour n'en nommer que quelques-unes.

Ces OI financent toutes sortes d'activités et de programmes, comme le développement du secteur privé, la réponse humanitaire aux conflits ou aux événements climatiques, les projets d'infrastructure, l'assistance technique aux pays qui souhaitent renforcer leurs systèmes de gouvernance, et bien plus encore. Selon l'Organisation de coopération et de développement économiques (OCDE), les OI ont fourni un total de 231 milliards de dollars américains en financement du développement en 2022 (OCDE, 2024).

Le financement du développement fourni par les OI peut prendre la forme d'appui budgétaire, de prêts, de dons, d'assistance technique et d'autres modalités. Les OI disposent de plusieurs canaux pour verser ces fonds aux pays bénéficiaires, y compris la fourniture directe d'aide ou d'aide humanitaire aux bénéficiaires (comme des denrées alimentaires ou des médicaments), le financement de projets spécifiques ou l'octroi de financement en fonction des résultats obtenus.

Compte tenu du niveau d'aide au développement fourni par les OI chaque année, il n'est pas surprenant que certains de ces fonds soient perdus dans la fraude et la corruption. Compte tenu de la nature cachée de la fraude et de la corruption, il n'existe pas de statistiques crédibles et/ou exactes sur le montant de l'aide au développement qui peut être perdu chaque année à cause de la perpétration de ces actes. Néanmoins, compte tenu de l'ampleur de l'aide au développement chaque année, il est raisonnable de supposer que les conséquences de la fraude et de la corruption sur ces fonds ne sont pas négligeables.

La corruption prive les bénéficiaires de l'effet du développement et freine la croissance économique. Elle affaiblit les institutions, peut rendre les populations méfiantes à l'égard de leur gouvernement et des institutions de développement et alimente les conflits. Pourtant, pendant longtemps, la question de la fraude et de la corruption dans l'aide au développement était connue, mais restait dans l'ombre; dans de nombreux pays industrialisés, le paiement de pots-de-vin à l'étranger n'était pas illégal et, dans certains cas, était déductible d'impôt. Ce n'est que dans les années 1990 que la législation anticorruption est devenue courante et que les OI ont commencé à s'attaquer systématiquement au problème de la corruption. En 1996, Jim Wolfensohn, alors président de la Banque mondiale, a livré son fameux discours sur le « cancer de la corruption », et tout à coup le monde a prêté attention.

Depuis lors, les OI ont mis en place des systèmes et des structures au sein de leurs organisations respectives pour mener la lutte contre la fraude et la corruption et aider à faire en sorte que les fonds de développement parviennent aux bénéficiaires visés. Bon nombre d'entre elles ont inclus dans leurs documents fondateurs les obligations de s'assurer que les fonds sont utilisés aux fins prévues : financement et établissement de bureaux d'enquête; mise en œuvre de politiques de lutte contre la fraude et la corruption; certains ont mis au point des systèmes de sanctions pour les parties qui se sont livrées à certaines pratiques sanctionnables (généralement, la fraude, la corruption, la collusion, la coercition et l'obstruction à une enquête ou à un audit). Cinq des plus grandes banques multilatérales de développement (BMD) font également partie d'un régime d'exclusion croisée qui signifie qu'une sanction imposée à l'un des membres peut, dans certains cas, satisfaire à des normes spécifiques, et être honorée par les quatre autres.

Les OI font face à certains obstacles dans l'exercice de leurs mandats d'enquêtes. Les enquêtes qu'elles mènent sont administratives et non criminelles et, à ce titre, elles n'ont pas le pouvoir de contraindre les personnes ou sociétés faisant l'objet de leurs enquêtes à fournir des documents et d'autres éléments de preuve. Le rôle d'un enquêteur dans une OI est également très différent de celui d'un professionnel dont les services sont retenus par une entreprise privée pour mener une enquête interne à cet égard (le rôle du juricomptable dans le cadre d'une enquête dans le secteur privé sera abordé dans la seconde partie de ce chapitre).

Pour obtenir des éléments probants d'enquête, les OI doivent s'appuyer sur d'autres outils, y compris des clauses de droit d'audit dans les contrats qu'elles financent, qui leur permettent d'obtenir de la documentation et d'autres renseignements et données pour enquêter sur l'approvisionnement et la mise en œuvre de ces contrats.

De plus en plus de bureaux d'enquête d'OI s'appuient sur l'expertise des juricomptables, en plus d'anciens professionnels des services policiers ou de justice, d'avocats, d'experts en traitement des données, d'experts et de spécialistes en renseignements en source ouverte (OSINT), d'ingénieurs, d'économistes, etc. Les OI peuvent également recevoir des plaintes et des allégations de tout membre du public, car la plupart ont des mécanismes de signalement confidentiels; les enquêteurs d'OI peuvent également utiliser les renseignements confidentiels fournis par les plaignants pour orienter leurs enquêtes.

Compte tenu de leurs compétences, les juricomptables dans les OI peuvent être assurés d'avoir un portefeuille de travail varié, et ils sont bien placés pour assister non seulement les bureaux d'enquête au sein des OI, mais aussi les équipes opérationnelles des OI et les pays bénéficiaires de l'aide au développement. Et ce travail peut avoir lieu n'importe où dans le monde.

De plus en plus, la juricomptabilité est devenue une compétence plus couramment utilisée au sein des bureaux d'enquête des OI. Par exemple, en 2019, la Conférence des enquêteurs internationaux (CII)[1] a publié ses Principes généraux pour la criminalistique financière (CII, 2019), qui fournissent des conseils et des principes généraux à ses membres sur la conduite des activités de juricomptabilité.

Enquêtes

Les juricomptables des OI peuvent être embauchés à titre d'enquêteurs ou peuvent fournir un soutien aux enquêteurs d'OI. Les enquêtes dans les OI peuvent varier considérablement dans leur nature et leur portée, et elles peuvent impliquer une fraude relativement simple, comme la

1. https://www.ciinvestigators.org : Créée en 1999, la Conférence des enquêteurs internationaux (CII) est un forum où les enquêteurs des organisations internationales peuvent échanger des idées, discuter des questions d'intégrité, relever les défis de la lutte contre la fraude, la corruption et d'autres actes répréhensibles, recevoir de nouveaux développements et partager les pratiques exemplaires.

fraude à la facturation, ou l'expérience du soumissionnaire ou des états financiers frauduleux inclus dans une proposition soumise durant un processus d'appel d'offres, à des stratagèmes très complexes et matériels impliquant la corruption ou la collusion dans des contrats valant des centaines de millions de dollars. Dans mon cas, l'expérience avec l'équipe de juricomptabilité d'un grand cabinet m'a bien préparée pour ce type de travail. Pour les OI dotées de systèmes de sanctions et où les enquêtes peuvent avoir de graves répercussions sur les entreprises ou les personnes faisant l'objet d'une enquête, une enquête menée par une OI peut signifier l'embauche d'un conseiller juridique. Les enquêteurs et les juricomptables d'OI doivent donc être en mesure de collaborer avec les conseillers juridiques, de comprendre les normes et le traitement des preuves, et de connaître les règles ayant trait au traitement des données confidentielles.

Idéalement, lorsque les juricomptables soutiennent les enquêteurs d'OI, ils font partie intégrante de l'équipe d'enquête et participent tout au long du processus d'enquête. Les juricomptables peuvent assister les enquêteurs durant l'analyse des plaintes, contribuer à la stratégie d'enquête, identifier les sources possibles de preuves en fonction des allégations en cause, rédiger des demandes de documents pour l'exercice des droits d'audit de l'OI, participer aux audits à distance et sur place, diriger des entrevues avec des témoins ou y participer, rédiger des rapports d'enquête, appuyer la rédaction de documents de litige dans le cadre du processus de sanctions, et, dans certains cas, participer à des audiences de comité ou conseil de sanctions. Pour les OI où la restitution des fonds peut être une sanction possible, les juricomptables peuvent aider à quantifier les pertes subies à la suite de l'inconduite ayant fait l'objet d'une enquête ainsi que le profit réalisé grâce à l'attribution d'un contrat à une entreprise à la suite du versement d'un pot-de-vin. Certaines OI qui ont un système de sanctions incluent l'obstruction comme une pratique sanctionnable; la définition d'obstruction peut inclure l'obstacle au droit d'audit d'une OI. Dans un cas où l'équipe d'enquête d'une OI fait face à un tel obstacle durant son audit des documents comptables, financiers et autres, un juricomptable serait en mesure d'expliquer comment l'audit a été touché de façon matérielle, aux fins de sanctions.

Afin d'illustrer le genre d'enquêtes conduites par les OI, voici un extrait du rapport annuel 2022 du Groupe de la Banque mondiale sur le système de sanctions[2] :

> Au cours de l'exercice 22, INT[3] a conclu un accord de règlement avec un important fabricant européen d'équipements hydroélectriques et deux de ses filiales internationales, à la suite de la reconnaissance par les filiales de leur responsabilité pour s'être livrées à des pratiques collusoires, frauduleuses et corrompues. Dans le cadre des projets de la Banque mondiale, les deux filiales se sont arrangées par l'intermédiaire d'un agent commercial pour obtenir des avantages d'appel d'offres inappropriés – par exemple, un accès anticipé à des informations confidentielles – de la part de fonctionnaires, tandis que l'une des filiales a également effectué, à trois occasions différentes, des paiements inappropriés à l'agent commercial pour obtenir des décisions favorables de la part de fonctionnaires lors de l'exécution du contrat.
>
> En vertu du règlement, les filiales ont été sanctionnées d'une exclusion de 15 et 34 mois, respectivement, suivies de six mois de non-radiation conditionnelle pour chacune. La société mère a également été sanctionnée de non-radiation conditionnelle pendant 21 mois. Le règlement exigeait également que les entreprises élaborent un programme de conformité en matière d'intégrité qui reflète les principes énoncés dans les Lignes directrices sur la conformité en matière d'intégrité du Groupe de la Banque mondiale et continuent de coopérer pleinement avec l'INT. En outre, les sociétés se sont engagées à verser une restitution d'un montant de 1,7 million d'euros.

Vérifications judiciaires et examens proactifs de l'intégrité

En plus des enquêtes, de nombreux bureaux d'enquête d'OI ont un rôle à jouer dans la gestion proactive des risques de fraude et de corruption, y compris l'examen proactif des opérations à haut risque que leurs OI financent pour d'éventuels indicateurs de fraude et de corruption. Plusieurs OI mènent des activités proactives de détection de la fraude

2. World Bank. *World Bank Group Sanctions System Annual Report for Fiscal Year 2022 (English)*. Washington, D.C. : World Bank Group. http://documents.worldbank.org/curated/en/099015010072236926, p.17.
3. Vice-présidence de l'intégrité du Groupe de la Banque mondiale, connue sous le nom d'INT.

dans le cadre des activités qu'elles financent; il s'agit souvent d'examens proactifs de l'intégrité, d'examens approfondis ou de vérifications juricomptables. Selon les Principes généraux 2019 de la CII pour les activités proactives de détection des risques d'intégrité ou de la fraude : « L'objectif d'un examen d'un projet, d'un programme, d'une opération ou d'un processus est de : (i) détecter les signaux d'alarme ou les indicateurs de fraude, de corruption, de collusion ou de coercition; (ii) identifier les risques possibles pour l'intégrité; et/ou (iii) déterminer la vulnérabilité du projet à l'utilisation abusive des fonds» (CII, 2019). Ces examens peuvent être effectués par le bureau d'enquête de l'OI ou par la fonction de vérification interne de l'OI, et l'équipe qui effectue ces examens comprend souvent des juricomptables.

Prévention et gestion des risques

Les juricomptables des OI peuvent également être invités à fournir des services consultatifs aux équipes opérationnelles des OI qui ont des préoccupations au sujet de faiblesses de contrôle possibles ou de risques de problèmes d'intégrité, ou qui veulent intégrer des mesures d'atténuation des risques de fraude et de corruption dans les activités qu'elles supervisent. Un exemple pourrait être la formulation de recommandations pour une procédure rédigée par un bénéficiaire de fonds d'OI pour la distribution des paiements d'indemnisation pour les personnes touchées par un projet de construction de lignes électriques. Les juricomptables sont généralement en mesure de cerner les faiblesses de contrôle possibles de la procédure et de fournir à l'équipe de l'OI qui supervise le projet des recommandations pour améliorer la procédure et atténuer le risque de fraude. Ceci ne représente qu'un exemple du type de conseils que les juricomptables peuvent fournir.

À mesure que les OI augmentent leur utilisation de l'intelligence artificielle (IA) pour analyser les données qu'elles possèdent, il y a une demande croissante pour l'utilisation de l'IA pour la détection de la fraude. Les juricomptables ont un rôle important à jouer dans ce domaine en tant qu'experts durant la conception et la mise à l'essai de tels outils.

Sensibilisation et formation

Un autre domaine dans lequel les juricomptables d'OI fournissent un soutien est la conception et la prestation de formations à leurs collègues d'OI, en particulier ceux qui sont responsables de la surveillance des activités que l'OI finance, sur l'identification d'indicateurs de fraude et de corruption.

De plus, les OI soutiennent souvent le développement de systèmes de gouvernance dans les pays où elles fournissent du financement. La juricomptabilité est encore une profession relativement récente dans de nombreux pays qui reçoivent des fonds d'OI, et il y a un intérêt croissant de la part de groupes, comme l'Organisation internationale des institutions supérieures de contrôle des finances publiques (INTOSAI), et des organismes de surveillance du gouvernement, tels que les bureaux de vérificateur général, pour recevoir une formation en juricomptabilité. Les OI financent et offrent de telles formations et font appel à des juricomptables pour appuyer ces activités. Cela permet de s'assurer que les auditeurs dont le mandat comprend la vérification des projets et des activités financés par l'OI auront une certaine expertise dans l'identification des risques de fraude et de corruption lors de la planification de leurs audits et dans l'identification des indicateurs de fraude et de corruption, ce qui profite aux bénéficiaires des fonds de l'OI, mais aussi à l'OI elle-même.

Comme vous pouvez le constater, les juricomptables jouent un rôle essentiel au sein des OI. Leur travail y est souvent exigeant, varié et complexe. Pour les juricomptables qui ont travaillé dans de grandes équipes, la transition vers un rôle dans une OI où l'équipe de juricomptabilité peut être restreinte ou même limitée à un seul juricomptable peut nécessiter un certain ajustement. Par exemple, il n'y a souvent personne à qui déléguer des tâches, et vous devez être prêt à accomplir toute tâche requise, de la saisie de données à la rédaction de rapports. Certains des endroits où vous voyagerez sont également difficiles et parfois ont même le potentiel d'être dangereux. Cependant, la nature du travail et la possibilité de faire partie d'une équipe de travail extrêmement diversifiée peuvent également être extrêmement gratifiantes.

3. Le juricomptable et les enquêtes internationales dans le secteur privé

Contexte

Les questions qui revenaient constamment lorsque je voyageais à l'étranger pour mener des enquêtes de fraude ou de corruption étaient certainement : « Mais qui vous engage pour mener ces enquêtes ? Travaillez-vous pour la police ? Pour les impôts ? ».

Bien peu de gens comprennent pourquoi une entreprise retient les services de professionnels, tels que des juricomptables, pour mener une enquête lorsqu'elle est visée par des allégations de fraude ou de corruption, surtout à l'étranger. La réponse est pourtant bien simple il s'agit d'abord et avant tout d'une question de gestion de risques.

Au Canada, comme dans la plupart des autres pays, la corruption d'agents publics étrangers est un acte criminel punissable. La Gendarmerie royale du Canada est responsable de mener les enquêtes portant sur les allégations de corruption à l'étranger impliquant des individus ou des sociétés canadiennes.

La majorité des allégations portant sur la corruption ne sont majoritairement pas publiques ou connues des autorités, puisqu'elles sont reçues à travers les lignes de dénonciation mises en place par les sociétés dont les employés sont visés par les allégations.

Une entreprise qui reçoit de telles allégations peut donc choisir de les ignorer et de ne rien faire en espérant ne pas faire l'objet d'une enquête de la part des autorités. Sans vouloir entrer dans les détails de l'application de la loi anticorruption canadienne, qui fait l'objet de vives critiques de la part de la communauté internationale, il y a fort à parier que cette entreprise pourrait s'en sortir sans trop de conséquences.

En ne prenant aucune mesure, l'entreprise prend toutefois le risque d'entacher gravement sa réputation si les allégations sont communiquées aux médias ou si elles sont rendues publiques. En menant une enquête, l'entreprise démontre qu'elle prend les allégations au sérieux et qu'elle souhaite faire la lumière sur ce qui s'est réellement passé.

Bien qu'il soit très possible que les allégations ne soient jamais rendues publiques, l'entreprise a également tout avantage à mener une enquête interne afin de déterminer si les allégations sont fondées. Elle pourra ainsi, le cas échéant, prendre les mesures correctives qui s'imposent, telles que l'amélioration de ses procédures, politiques ainsi que de ses contrôles internes, le congédiement du personnel impliqué dans la fraude, la récupération des sommes détournées, la compensation des victimes, une poursuite judiciaire et l'autodivulgation auprès des autorités.

Le fait de mener proactivement une enquête et de prendre des mesures correctives peuvent constituer des facteurs atténuants dans le cadre de négociations avec les autorités, particulièrement dans le cadre d'accords de réparation lorsque les allégations font l'objet d'enquêtes de la part des autorités policières et que des accusations formelles sont déposées contre la société.

Au-delà de la gestion des risques, les administrateurs et les dirigeants des sociétés ont des responsabilités face aux investisseurs et à différentes « parties prenantes ». Le fait de mener une enquête permet à l'entreprise de comprendre ce qui s'est réellement passé et de fournir des réponses adéquates et appropriées en temps opportun pour éviter ou mitiger de potentiels dommages financiers tels que la dévaluation de l'action sur le marché à la suite de l'annonce d'allégation de fraude ou de corruption.

Les sociétés font également appel aux juricomptables lorsqu'elles sont visées par les enquêtes des OI. Ryna et moi avons travaillé sur plusieurs enquêtes, elle pour une OI et moi pour des sociétés faisant l'objet d'allégations. Il va sans dire que nos tâches et rôles étaient sensiblement les mêmes de part et d'autre, la majeure différence étant que l'accès à l'information était beaucoup plus simple de mon côté.

Rôles des juricomptables dans les enquêtes internationales portant sur la fraude et la corruption

C'est donc dans le cadre des circonstances décrites dans les paragraphes précédents que les compagnies privées ouvrent des enquêtes lorsqu'elles reçoivent des allégations de corruption d'agents publics étrangers impliquant leurs employés.

Ne possédant souvent pas les ressources nécessaires pour mener à bien ce type d'enquête, ces sociétés font appel à des experts, notamment à des avocats et à des juricomptables pour les aider à faire la lumière sur ces allégations.

Bien que les rôles de l'avocat et du juricomptable puissent s'entrecroiser, ces derniers possèdent des aptitudes bien distinctes qui sont nécessaires dans le cadre d'une enquête de corruption. L'implication de l'avocat est essentielle afin d'assurer le caractère confidentiel de l'enquête (privilège client-avocat), de conseiller les sociétés d'un point de vue légal et d'assurer la défense des sociétés clientes et de leurs représentants advenant le cas où des accusations seraient portées contre ces derniers.

Le juricomptable, quant à lui, se doit, en tout temps, de conserver son indépendance au cours de l'enquête. Son travail ne consiste pas à protéger ou à défendre l'entreprise visée par les allégations ou ses représentants (même si les honoraires sont parfois substantiels), mais à faire la lumière sur les allégations visant ces derniers. Hormis la quantification des dommages résultant de la corruption ou des actes punitifs, les conclusions de l'enquête menée par le juricomptable sont basées et appuyées sur des faits et non sur son opinion.

Tout comme dans un contexte d'enquête dans les organisations internationales, le juricomptable se doit de bien comprendre les règles et les normes de collecte et de préservation de la preuve afin qu'elles soient admissibles devant les tribunaux le cas échéant.

Bien que le rôle du juricomptable dans une enquête présente plusieurs facettes déjà abordées dans ce chapitre et cet ouvrage (telles que les entrevues, la revue de documentation), la suite de ce chapitre traitera des aspects spécifiques aux enquêtes de corruption internationale, principalement dans le secteur privé.

Afin de bien comprendre le rôle du juricomptable dans une enquête de corruption internationale, il convient d'abord d'aborder les particularités propres à ce type d'enquête.

4. Clause de comptabilisation

Comme mentionné précédemment, la corruption d'agents publics étrangers est un acte criminel punissable au Canada tel que défini dans la *Loi sur la corruption d'agents publics étrangers (LCAPE).* Sans vouloir entrer dans les détails de la loi, la LCAPE contient non seulement une disposition faisant d'une infraction criminelle le fait d'offrir ou de payer un pot-de-vin à un agent public étranger, mais elle contient également une disposition « comptable » faisant également d'une infraction le fait de ne pas comptabiliser adéquatement une transaction, dans le but de corrompre un agent public étranger afin d'obtenir ou de conserver un avantage dans le cours de ses affaires ou dans le but de dissimuler cette corruption.

Il est souvent beaucoup plus facile de démontrer qu'une transaction n'a pas été enregistrée adéquatement dans les livres comptables d'une société que de faire la preuve qu'un paiement (pot-de-vin), la plupart du temps effectué par l'intermédiaire d'un agent, ou sous la couverture d'une dépense de nature légitime, ait servi à influencer un agent public étranger pour que l'entreprise puisse obtenir un avantage particulier.

Les autorités de certains pays ont même concentré leurs accusations de corruption uniquement sur la base de la clause de comptabilité, sans même avoir démontré le paiement de pots-de-vin.

C'est dans cette optique que le rôle du juricomptable est primordial afin de déterminer si des transactions ont été incorrectement comptabilisées de façon à dissimuler la corruption.

5. Découvrir où sont dissimulés les pots-de-vin

En comptabilité, rien ne se perd et rien ne se crée. Pour que les livres balancent, les sorties de fonds utilisées pour payer les pots-de-vin et les commissions secrètes doivent être enregistrées dans les livres comptables.

Les fraudeurs font preuve d'une grande ingéniosité lorsqu'il s'agit de dissimuler les montants destinés à la corruption dans les livres comptables. L'inflation des prix et des marges de profits, les services non rendus, les dons et les dépenses marketing ne sont que quelques exemples de moyens utilisés pour masquer la fraude. Le juricomptable joue un rôle crucial afin de déterminer comment les pots-de-vin ont été dissimulés sous le couvert de transactions légitimes.

Dans un contexte d'enquête internationale, le juricomptable doit également être attentif et vigilant face aux pratiques locales courantes utilisées pour camoufler la corruption. Il doit porter une attention particulière aux pièces justificatives qui lui sont remises pour justifier les transactions afin d'en déterminer la légitimité.

À titre d'exemple, il est très facile, dans certains pays, d'acheter des carnets de factures vierges auprès des fournisseurs ou de leur verser des pots-de-vin afin d'obtenir des factures pour des services non rendus.

6. Visites des lieux et services rendus

Contrairement à une enquête de fraude traditionnelle, la preuve collectée dans une enquête de corruption ne se limite pas aux livres comptables et aux documents financiers.

C'est souvent pour cette raison que la corruption n'est pas détectée par les auditeurs et même par les juricomptables non-initiés. La trace comptable est « parfaite », les transactions sont appuyées par les pièces justificatives et approuvées par les personnes dûment autorisées.

Les fraudeurs mettent en œuvre différents stratagèmes, incluant le recours à des sociétés-écrans, à des fournisseurs fictifs, à l'utilisation d'agents, et le juricomptable doit utiliser des méthodes non « traditionnelles » pour mener son enquête, et c'est ce qui entraîne le caractère international de ce type d'investigations.

Le juricomptable doit donc se rendre dans les pays où les contrats ont été octroyés afin de constater l'état des services rendus, de rencontrer les fournisseurs, les agents et les employés.

Il n'est pas rare de constater, une fois sur les lieux, que des fournisseurs ayant reçu des millions de dollars n'ont ni établissement commercial place d'affaires ni employés, et qu'ils n'ont de ce fait rendu aucun service.

7. Formation

Tout comme dans le cadre des organisations de développement international, les compagnies privées feront appel à des juricomptables afin de former et de sensibiliser leurs employés à la corruption internationale. Le juricomptable devra donc préparer des formations sur mesure pour ses clients afin de répondre aux particularités propres à chacun d'eux et aux pays dans lesquels ces compagnies opèrent.

Donner une formation de prévention contre la corruption dans des pays où la corruption est une pratique courante et socialement acceptée est certainement une expérience particulièrement intéressante, et il ne faudra pas vous surprendre si un des participants, confus par vos propos, vous interrompt et vous dit tout bonnement : « Mais madame (monsieur), de quoi vous parlez, ici c'est comme ça que ça fonctionne et tout le monde le fait ! ». Préparez-vous en conséquence !

8. Prévention et recommandations

Le juricomptable sera également appelé à aider les sociétés à développer, à mettre en place et/ou à améliorer leurs politiques, leurs procédures et leurs contrôles anticorruption (cadre anticorruption). Au terme d'une enquête, le juricomptable fera généralement état du cadre anticorruption et il formulera des recommandations afin que la société puisse pallier les lacunes observées.

Une fois de plus, le juricomptable devra veiller à ce que ses recommandations tiennent compte des particularités culturelles des pays dans lesquels elles devront être mises en œuvre.

Par exemple, dans certains pays, ne pas offrir de cadeau, surtout lors de rencontres professionnelles ou sociales importantes, est considéré comme impoli. Les cadeaux sont souvent vus comme un signe de respect et de bonne volonté. Une recommandation interdisant complètement les cadeaux ne tiendrait pas compte de cette pratique culturelle. La recommandation devrait plutôt être adaptée afin de tenir compte de cette particularité tout en veillant à ce que le cadeau ne se transforme pas en pot-de-vin.

Il est également possible qu'une entreprise soit mise sous tutelle ou en probation dans le cadre d'un accord de réparation à la suite d'accusations formelles ou d'une divulgation volontaire. Le juricomptable pourra également être retenu pour vérifier les actions correctives mises en place par l'entreprise sous tutelle et s'assurer qu'elle respecte les conditions de l'accord.

Caractéristiques et profils recherchés

Princes et princesses restez à la maison. Enquête de corruption internationale et jet-set sont souvent, à tort, confondus.

Que ce soit dans le cadre d'une enquête menée par une OI ou par une société, les enquêtes portant sur la corruption d'agents publics étrangers nécessitent des visites des installations ainsi que des personnes ou entreprises susceptibles d'être impliquées dans cette corruption.

Ces enquêtes entraînent donc des déplacements dans des pays où les indices de corruption sont plus élevés; la majorité sont des pays en voie de développement et parfois dangereux. Les missions se déroulant dans des pays les plus à risque sont souvent précédées d'une séance portant sur les règles de sécurité devant être suivies afin d'assurer la protection et la sécurité des membres de l'équipe.

Il va sans dire que le juricomptable devra sortir de sa zone de confort et faire preuve d'une grande capacité d'adaptation afin de comprendre et de respecter les mœurs et coutumes du pays. Cela inclut notamment des aspects comme la langue, les comportements sociaux et les règles culturelles et sanitaires.

Le non-respect de ces normes peut non seulement compromettre le succès de l'enquête, mais également entraîner de graves risques et mettre en péril la sécurité de l'équipe participant à la mission.

Il va sans dire que la plupart de ces enquêtes se déroulent dans des pays où la pauvreté est omniprésente, surtout lorsque les missions ont lieu dans les zones rurales éloignées des centres urbains. Il est possible que le juricomptable soit témoin d'actes ou de conditions déplorables. Il doit donc être en mesure de travailler dans des conditions parfois difficiles, tant sur le plan physique que moral et psychologique. Il est également facile de mépriser les gens pauvres. Il est crucial que le juricomptable traite les citoyens avec respect, même s'il est parfois gêné par les comportements de ces derniers.

À titre d'exemple, il est fréquent d'être « harcelé » pour acheter des souvenirs ou encore que les vendeurs engagent constamment des négociations interminables pour des achats banals. Même si ces situations peuvent être désagréables, le juricomptable se doit de rester courtois et se rappeler que le dollar négocié peut représenter une journée de salaire pour un résident de ce pays.

Mener une enquête à l'étranger, c'est aussi apprendre à se taire au bon moment. C'est à nous de nous adapter au pays, et non l'inverse, et il faut parfois se conformer aux mœurs et coutumes, même si nous sommes totalement en désaccord avec celles-ci. Par exemple, certains pays interdisent aux femmes d'entrer dans certains lieux ou de participer à certaines activités. Bien que ces situations soient totalement inacceptables dans le monde occidental, les enquêtes internationales ne sont pas une tribune pour donner des leçons ou partager ses opinions. Les tâches des membres de l'équipe d'enquête doivent être définies en conséquence et tenir compte des restrictions et des mœurs du pays où l'enquête a lieu.

Il va de soi que la diversité et l'inclusion sont des sujets d'actualité. Elles prennent une dimension encore plus importante dans le cadre d'une enquête internationale. Le juricomptable sera souvent appelé à travailler avec des collègues locaux qui feront partie intégrante de son équipe d'enquête. Non seulement il doit s'adapter à sa nouvelle équipe, il doit également être en mesure de comprendre et de respecter les différences culturelles, par exemple les jours de congé qui peuvent différer de ceux en vigueur dans les pays occidentaux.

Les enquêtes internationales sont également souvent confondues avec des vacances, mais détrompez-vous. Lors des missions à l'étranger, les heures de travail sont généralement plus longues que d'habitude en raison des contraintes budgétaires et des délais serrés pour mener à bien l'enquête. Le juricomptable, soucieux de s'assurer que toutes les tâches prévues sont accomplies sur place, travaillera souvent de longues heures. Il n'est pas rare de ne pas avoir le temps d'explorer un nouveau pays pendant le mandat d'enquête, à moins de prendre quelques jours de vacances à la fin de la mission.

Conclusion

Contrairement à la plupart des métiers, le juricomptable a la chance de pratiquer une profession exportable. Il est intéressant de constater à quel point le langage et les pratiques « juricomptables » sont universels parmi les professionnels expérimentés en matière d'enquêtes internationales. J'ai souvent travaillé sur des enquêtes où les membres de l'équipe avaient été déployés rapidement depuis plusieurs pays à travers le monde. J'ai toujours été fascinée par la rapidité avec laquelle les équipes devenaient fonctionnelles et opérationnelles sans jamais avoir travaillé ensemble auparavant.

Comme cela a été discuté auparavant, le juricomptable qui désire participer ou mener des enquêtes de corruption internationales doit faire preuve d'une ouverture d'esprit, d'une curiosité et d'une grande capacité d'adaptation, puisqu'il sera appelé à travailler dans un milieu et dans des circonstances qui le sortiront certainement de sa zone de confort et de la juricomptabilité traditionnelle.

Ces expériences sont des plus enrichissantes et permettent de voir du pays, de travailler avec des gens de cultures différentes et de voir le monde sur une tout autre facette. Le jeu en vaut vraiment la chandelle lorsqu'on est prêt à sortir des sentiers battus.

Références

CII. Conference of International Investigators. (2019). *General Principles for Financial Forensics.* https://www.ciinvestigators.org/wp-content/uploads/2021/10/CII-General-Principles-for-Financial-Forensics-1.pdf

OCDE. Organisation de coopération et de développement économiques. (2024). *Financement multilatéral du développement.* https://www.oecd.org/fr/themes/financement-multilateral-du-developpement.html

Chapitre 12

L'affaiblissement de la force informationnelle de la comptabilité par le comptable français

par Jean-Louis Navarro
Maître de conférences en droit privé (HDR-HC)
Directeur du double diplôme Master 2 « Droit des affaires comparé »/ LLM « Droit des affaires »
en collaboration avec l'Université de Montréal (Canada)

On s'égare rarement en s'imposant soi-même des règles sévères[1].

1. Comme point de départ, nous partirons d'un constat que nous avons déjà révélé, mais en essayant d'y répondre différemment dans cette étude : la force informationnelle des comptes annuels français[2] est en déclin. À travers trois études précédentes, nous avons pu souligner les faiblesses, en quelque sorte contre nature, de la comptabilité française en tant que vecteur d'informations permettant de cerner la réalité économique d'une entreprise, plus comptablement, du moins en France, d'une entité[3]. Nous avons vu les difficultés de perception des éléments immatériels, parfois essentiels afin d'apprécier la réalité

---

1. Confucius, *Entretiens du Maître avec ses disciples*, Fayard/Mille et une nuits, Paris, 2002, p. 36.
2. En droit comptable français, les débiteurs de l'obligation de tenir une comptabilité individuelle (par opposition à la comptabilité consolidée) doivent élaborer et publier en fin d'année, et chaque année, des documents de synthèse. Ces documents portent le nom de « comptes annuels ». Ils sont composés de trois documents : le bilan, le compte de résultat et l'annexe.
3. Pour cerner le contenu de la notion : v. J.-L. Navarro, « La notion d'entité en droit comptable », Encyclopédie D.O., LexisNexis, Éditions du JurisClasseur, juin 2005 (actualisé en janvier 2009).

économique d'une entité[4]. Nous avons vu les difficultés de perception du mode de gouvernance d'une entité, alors que cela fait partie intégrante de sa réalité économique[5]. Il ne s'agit que d'exemples, certes significatifs, mais pas exclusifs.

2. D'autres réalités peuvent être ignorées, par exemple une situation critique au regard d'une éventuelle cessation de paiement. Établir une liste de ces réalités ignorées ou mal perçues comptablement serait un défi très difficile à relever, car ces réalités dépendent du type d'entité, tout comme du type d'activité, ainsi que d'un ensemble de circonstances économiques, juridiques comme judiciaires à conséquences économiques extrêmement variables. Nous sommes très largement dans la casuistique. Notre approche sera alors plus globale en s'attachant au rôle du comptable français dans la construction de l'information comptable, au-delà, et en complément, de toutes confrontations techniques des règles comptables; au-delà de ces circonstances dont l'existence est très (trop ?) variable d'une entité à une autre.

3. De manière générale, le strict – ou « sévère » pour reprendre le terme de notre citation introductive – respect des règles de droit comptable français accorde un rôle majeur au comptable comme révélateur, comme gardien, des réalités économiques à travers la comptabilité qu'il construit, surtout et principalement, lorsque la technique comptable est défaillante. Pourtant, nous avons le sentiment que le comptable français s'égare quelquefois en s'écartant de ce rôle, et en ne percevant pas correctement les conséquences du respect de la notion d'image fidèle.

4. Dans son article L 123-14 al. 1, le Code de commerce français présente l'objectif de la comptabilité dans les termes suivants : « Les comptes annuels doivent être réguliers, sincères et donner une image fidèle du patrimoine, de la situation financière et du résultat de

4. « Le droit comptable, support d'une stratégie de l'immatériel », dans *Les stratégies internationales en propriété intellectuelle*, A. Quiquerez, dir., Larcier, Bruxelles, 2019, p. 381 à 430.

5. « Le vaccin comptable à la mauvaise gouvernance », *Les remèdes juridiques aux pathologies de la mauvaise gouvernance*, J.-L. Navarro et S. Rousseau, dir., Thémis, Montréal, février 2024, p. 323 à 369. V. aussi : « La perception du risque de mauvaise gouvernance par le droit comptable », *Mélange en l'honneur de Michel et Jean-Patrice Storck*, co-édité Dalloz/Joly/Lextenso, Paris, 2021, p. 437 à 472.

l'entreprise[6] ». C'est par les messages financiers construits par la comptabilité que l'image fidèle sera véhiculée, qu'elle sera révélée aux utilisateurs. Les règles permettant de construire ces messages seront donc organisées dans cet objectif. Sans définition, ni légale ni prétorienne, l'image fidèle peut être définie comme « une vision réelle par une traduction loyale de ce qu'est l'entreprise[7] ». Pour actualiser cette définition datant d'avant 1999, il convient de substituer au terme *entreprise* celui d'*entité*. Par « ce qu'est » l'entité, il convient d'envisager l'unique dimension économique. L'image fidèle impose alors un lien intime, qui n'est plus discuté, entre les réalités économiques d'une entité et leur retranscription comptable. En pratique, cette retranscription passe nécessairement par le comptable, car c'est lui qui est chargé de construire la comptabilité. Son rôle est donc, par l'intermédiaire du système conventionnel comptable, de retranscrire au mieux ces réalités. En ce sens, il peut être considéré comme leur gardien.

5. Afin d'accomplir sa tâche et de remplir son rôle, le droit comptable français, et conformément à l'alinéa 1 de l'article L 123-14, donne au comptable deux outils se situant sur deux plans différents. Un outil en quelque sorte objectif passant par l'application du système conventionnel comptable. La comptabilité se doit d'être régulière (I). Un outil en quelque sorte subjectif, et surtout plus délicat à appréhender, passant par son jugement lors de la mise en œuvre du système conventionnel comptable. La comptabilité se doit d'être sincère (II).

Ces deux outils monteront clairement, à notre sens, le rôle de gardien des réalités économiques de l'entité attribué par le droit comptable au comptable français, mais par-delà cette attribution, le respect de ce rôle par ce dernier nous préoccupera tout particulièrement, car nous craignons qu'il s'égare parfois.

6. On retrouve le même objectif au sein du PCG (Plan comptable général) à l'article 121-1 : « La comptabilité est un système d'organisation de l'information financière permettant de [...] présenter des états reflétant une image fidèle du patrimoine, de la situation financière et du résultat de l'entité à la date de clôture ».

7. F. Pasqualini, *Principe de l'image fidèle en droit comptable*, Litec, Paris, 1992, n° 31, p. 27.

1. Le comptable français, gardien de la régularité

6. L'image fidèle passera par la régularité, à savoir par un respect général du système conventionnel comptable (A), mais aussi, par un respect spécifique des mécanismes d'adaptation qu'il organise (B).

La lecture du droit comptable français impose au comptable d'être le gardien de ce double respect inhérent à la régularité afin que la comptabilité progresse vers l'image fidèle.

A) Par le respect du système conventionnel comptable

7. D'un point de vue général, et sans s'attarder, l'obligation de respecter le système conventionnel comptable ne peut faire de doute. Prôner un raisonnement détaché de toutes considérations juridiques est irréaliste. Une telle argumentation oublie que le non-respect du droit conduit à des sanctions. Rappelons que l'article L 242-6 du Code de commerce français sanctionne pénalement l'infidélité de la comptabilité. Ainsi, le respect du système conventionnel comptable n'est pas une option, mais une obligation. De manière plus pragmatique, l'image fidèle impose le respect des règles de droit comptable afin, tout simplement, que les utilisateurs des comptes puissent comprendre le message qui leur est transmis. La comptabilité diffuse un message obéissant à des conventions portées par le droit comptable. La comptabilité est pour ainsi dire une sorte de langage, et, comme pour n'importe quel langage dès lors que l'on ne respecte plus ses règles, on ne le comprend plus. C'est l'accord général sur les règles qui permet de comprendre le message diffusé. Ainsi, même si l'absence de système conventionnel permettrait, peut-être, une adéquation optimale de la comptabilité avec la réalité économique, elle conduirait, aussi, à l'impossibilité de comprendre ce que représente la comptabilité.

8. Donc, avec une certaine évidence, la comptabilité se doit de respecter son système conventionnel. Le comptable français devra, certes, prendre en compte les réalités économiques, mais dans la limite de ce système. L'image fidèle n'a pas pour prétention la traduction, par la comptabilité, de l'exacte vérité économique, mais, uniquement, une prise en compte de cette réalité dans l'utilisation du système conventionnel. Ainsi, le rôle premier du comptable français, en tant que gardien des réalités économiques, est de respecter le système

conventionnel comptable, de respecter les normes comptables, de respecter avec « sévérité » la régularité. C'est par le respect de ce corpus que la retranscription des réalités économiques passera. On le comprend facilement, car ce corpus est construit à cette fin, conformément à la nature même du droit comptable français.

9. Le droit comptable français est une discipline mettant en œuvre une méthode que l'on peut qualifier de « description », en établissant un lien impératif avec les réalités sociales, ici les réalités économiques. L'ensemble de ses règles sont alors conçues pour observer et constater, en aucun cas elles ne doivent interférer sur les réalités économiques. Leur unique but est de décrire au mieux ces réalités à travers leurs principales caractéristiques, mais bien sûr, dans les limites des possibilités offertes par le système conventionnel comptable. Le droit comptable se distingue alors des autres branches de droit français qui ne sont pas nécessairement tenues par les réalités sociales. Pour ces autres branches, si une réalité sociale n'est pas acceptée, peu importe la raison, une nouvelle règle est inventée, influant sur la réalité sociale refusée pour en créer une nouvelle. Il n'y a pas de lien impératif avec les réalités sociales, leur respect ne s'impose pas nécessairement. C'est là que la séparation s'opère avec le droit comptable : ses règles sont conçues pour observer et constater, du moins le mieux possible, les réalités économiques de l'entité qui ne doivent pas être modifiées.

10. Ainsi, dans ce premier temps, le comptable français sera gardien des réalités économiques de l'entité en respectant tout simplement les règles comptables. On peut affirmer, sans doute particulier, qu'il remplit sans grande difficulté ce premier rôle. Le comptable français est formé à cette fin avec une rigueur que l'on pourrait qualifier de « militaire » et qui a, d'ailleurs, découragé plus d'un étudiant sur les bancs universitaires. On peut dire qu'il s'impose un respect « sévère » des règles de droit comptable. Il ne s'égare pas.

11. Maintenant, si l'image fidèle n'a pas pour prétention une traduction de l'exacte vérité économique, mais uniquement une prise en compte de cette réalité dans l'utilisation du système conventionnel, lui-même conçu à cette fin, des décalages non acceptables entre la réalité économique et sa retranscription peuvent malgré tout émerger. Tant qu'ils demeurent négligeables, ils restent tolérables, car l'essentiel des réalités économiques apparaît à la lecture des comptes. L'image fidèle n'est pas fondamentalement touchée. Par contre, s'ils deviennent trop importants, le système conventionnel se doit de réagir. Si le droit

comptable les maintenait, la comptabilité construite se détournerait de son objectif d'image fidèle. La réduction de ces décalages apparaît donc comme une nécessité.

Le législateur français fut conscient de cette situation potentielle, ce qui explique qu'il ait intégré dans le système conventionnel comptable des mécanismes d'adaptation.

B) Par des mécanismes d'adaptation

12. L'adaptabilité du système conventionnel comptable est une nécessité. L'image fidèle exige une adéquation avec les réalités économiques, mais par l'utilisation de ce système. Ces réalités étant évolutives, logiquement, le système conventionnel doit permettre d'appréhender ces évolutions. Aucun système conventionnel, aussi performant soit-il, ne peut avoir prévu toutes les évolutions potentielles sur un aspect technique; il faut donc lui procurer une certaine souplesse générale dépassant la technicité de ses règles. Sans possibilité d'adaptation, face à une réalité économique nouvelle, les règles comptables peuvent se trouver en défaut, à savoir dans l'impossibilité de retranscrire cette réalité, écartant ainsi la comptabilité de l'image fidèle. Conséquemment, cette faculté d'adaptation apparaît comme intimement liée à l'image fidèle. Il est alors impératif d'intégrer au sein du système conventionnel une faculté générale d'adaptation. C'est le cas en France.

13. Le système conventionnel comptable intègre en son sein un mécanisme général d'adaptation[8] à travers l'alinéa 3 de l'article L 123-14 du Code de commerce français : « Si, dans un cas exceptionnel, l'application d'une prescription comptable se révèle impropre à donner une image fidèle du patrimoine, de la situation financière ou du résultat, il doit y être dérogé; cette dérogation est mentionnée à l'annexe et dûment motivée, avec l'indication de son influence sur le patrimoine, la situation financière et le résultat de l'entreprise ». On retrouve exactement le même mécanisme général à l'alinéa 2 de l'article 121-3 du Plan comptable général (PCG) français[9] : « Dans le cas exceptionnel où l'application d'une règle comptable se révèle impropre à donner une image fidèle, il y est dérogé. La justification et les conséquences de la dérogation sont mentionnées dans l'annexe ».

---

8. On relèvera l'existence de deux expressions particulières de ce mécanisme général à travers :

   - l'article L. 123-17 du C. com. qui permet de déroger de manière exceptionnelle à la règle fondamentale de permanence des méthodes (art. L. 123-17 : « Sauf dans des cas exceptionnels, afin de donner une image fidèle du patrimoine, de la situation financière et du résultat de l'entreprise et dans les conditions prévues par un règlement de l'Autorité des normes comptables, les méthodes comptables retenues et la structure du bilan et du compte de résultat ne peuvent être modifiées d'un exercice à l'autre. Si des modifications interviennent, elles sont décrites et justifiées dans l'annexe et signalées, le cas échéant, dans le rapport des commissaires aux comptes »).
   - et l'article 312-1 du PCG sur les modalités de détermination de la durée et du rythme de reprise de la subvention d'investissement (art. 312-1 : « Le montant des subventions d'investissement, lorsqu'il est inscrit dans les capitaux propres, est repris au compte de résultat selon les modalités qui suivent :

     1. La reprise de la subvention d'investissement qui finance une immobilisation amortissable s'effectue sur la même durée et au même rythme que l'amortissement de la valeur de l'immobilisation acquise ou créée au moyen de la subvention.
     2. La reprise de la subvention d'investissement qui finance une immobilisation non amortissable est étalée sur le nombre d'années pendant lequel l'immobilisation est inaliénable aux termes du contrat. À défaut de clause d'inaliénabilité, le montant de la reprise de chaque exercice est égal au dixième du montant de la subvention.

   Toutefois, des dérogations aux modalités de détermination de la durée et du rythme de reprise de la subvention mentionnée aux 1 et 2 peuvent être admises si des circonstances particulières le justifient, par exemple le régime juridique de l'entité, l'objet de son activité, les conditions posées ou les engagements demandés par l'autorité ou l'organisme ayant alloué la subvention. [...] »).

9. Complété par les articles 832-2, 833-2, 834-2 et 835-2 du PCG.

Ces articles soulignent clairement que le système conventionnel, certes dans des cas exceptionnels, est tangible. L'image fidèle n'ayant pas vocation à retranscrire l'exacte vérité économique, cette dérogation doit être mise en œuvre lors d'un décalage trop important entre l'application du système conventionnel et la réalité économique qu'il est censé retranscrire. Le droit comptable français impose alors de réagir en imposant le dépassement du système conventionnel, en l'adaptant. Cette adaptation est de la responsabilité du comptable. C'est à lui seul de prendre la décision de dérogation. Le respect de l'image fidèle lui impose de le faire. Il s'agit d'une obligation.

14. Pourtant, malgré une reconnaissance à la fois législative et réglementaire de cette obligation, force est de constater que le comptable français a tendance à l'ignorer. Il est difficile de sonder les âmes, y compris des comptables, mais pour celui qui les côtoie, il est clair que cette opportunité de dérogation ne sera pas saisie. Avouons que la tâche n'est pas aisée, d'autant plus que le risque de contestations est majeur, en particulier au regard de l'administration fiscale. Il n'est pas certain que le client du comptable soit très favorable à une telle initiative alors qu'elle peut conduire à une procédure de redressement. Cela peut aussi provoquer une perte de crédibilité dès lors que la comptabilité sera produite à un banquier qui ne sera peut-être pas sensible à la nécessité d'adaptabilité. Il pourrait interpréter cela comme une tentative de manipuler les comptes afin de travestir la réalité, alors que paradoxalement, il s'agit de l'inverse. Si la comptabilité est contrôlée par un commissaire aux comptes[10], des conflits pourraient également émerger. Un refus de certification aurait des conséquences très préjudiciables. On peut aussi imaginer que le comptable tienne deux comptabilités, l'une strictement comptable, l'autre acceptable par l'administration fiscale, par un banquier ou par un commissaire aux comptes. À partir de là, laquelle devra être produite officiellement ? Déposée au greffe du RCS (registre du commerce et des sociétés) ? Communiquée aux associés avant l'AG ? Des problèmes en cascade peuvent alors surgir.

15. Quoi qu'il en soit, ces problématiques ne rentrent pas dans la « culture professionnelle » actuelle des comptables français, et plus généralement des acteurs du monde de l'entreprise. À notre connaissance, il

10. Un commissaire aux comptes est un professionnel indépendant qui est chargé de vérifier l'exactitude des comptes d'une entité. Sa nomination est quelquefois obligatoire, sinon il peut être nommé sur une base volontaire.

n'existe aucune recommandation ayant pour source l'Ordre des experts-comptables, ou l'Autorité des normes comptables[11], ou encore la Haute Autorité de l'audit (anciennement Haut conseil au commissariat aux comptes[12]) abordant les implications pratiques de cet alinéa de l'article L 123-14. C'est comme s'il n'existait pas. Ainsi, le danger d'une incompréhension, voire d'une mauvaise interprétation, est réel. Mais au même niveau de réalité, et en considération du droit comptable, le comptable français, à l'évidence, s'égare. Il ne remplit plus alors son rôle de gardien des réalités économiques. Il s'agit d'un premier égarement notable.

16. L'impératif d'une comptabilité régulière afin de pouvoir donner une image fidèle conduit à un bilan mitigé sur le rôle de gardien des réalités économiques que le droit comptable français impose au comptable, même si ce rôle nous apparaît clair. Par l'application d'un système conventionnel conçu comme un outil de retranscription de ces réalités, sa mise en œuvre « sévère » conduit par ricochet le comptable français à respecter ce rôle. Il accomplira cette tâche sans difficulté, mais, dès lors que le système conventionnel lui imposera de s'affranchir des règles afin de les adapter, y compris en y dérogeant, ce rôle disparaît. Alors, il est vrai que, bien souvent, l'unique respect des règles est suffisant pour qu'on le considère comme un tel gardien. Mais dans les cas les plus délicats et assurément les plus intéressants, nécessitant une adaptation, on ne peut pas considérer qu'il remplit son rôle. Il s'égare alors. Cette position est critiquable, même si on peut la comprendre.

---

11. L'Autorité des normes comptables est l'organisme de normalisation comptable en France depuis le 1er janvier 2010. Elle a été créée par l'ordonnance n° 2009-79 du 22 janvier 2009 et regroupe les compétences antérieurement à sa création entre le Conseil national de la comptabilité et le Comité de la réglementation comptable.

12. Le Haut conseil du commissariat aux comptes (H3C) était une autorité publique indépendante qui est le régulateur de la profession de commissaire aux comptes en France. Créé par la loi de sécurité financière du 1er août 2003, son autonomie financière et son indépendance pour l'exercice de ses missions sont prévues par le code de commerce. Depuis le 1er janvier 2024, la H2A (Haute Autorité de l'audit) succède au H3C, en qualité d'autorité de régulation de la profession de commissaire aux comptes et des professionnels qui certifieront les rapports de durabilité des entreprises en France (ordonnance n° 2023-1142 du 6 décembre 2023 portant transposition de la directive européenne CSRD).

17. Conformément à l'article L 123-14 du Code de commerce français, la régularité n'est pas le seul impératif afin de conduire à l'image fidèle, la sincérité doit aussi être respectée. Ce second impératif imposera à nouveau un rôle de gardien des réalités économiques au comptable français. Va-t-il également s'égarer ?

2. Le comptable français, gardien de la sincérité

18. La sincérité en droit comptable français est centrée sur la manière dont est mis en œuvre le système conventionnel. Autrement dit, cette notion est centrée sur la manière dont est mise en œuvre la régularité. L'utilisation sincère du système conventionnel impose, tout d'abord, une application correcte et de bonne foi – sévère – des règles comptables, ensuite, une application en fonction des réalités économiques à enregistrer. Ainsi, l'apport de la sincérité à la logique comptable française se matérialise à travers deux attributs se situant sur deux aspects différents :

- un premier se situant sur un aspect technique s'attachant à préciser la manière dont les règles comptables doivent être mises en œuvre, et ceci, en imposant une application correcte et de bonne foi des règles;
- et un second, sur un aspect nettement plus général, dépassant la simple mise en œuvre correcte et de bonne foi des règles, et ceci, en imposant un véritable devoir de collaboration à la charge du comptable.

Ces deux attributs sont sous la garde du comptable français.

A : Par une application correcte et de bonne foi des règles

19. Comme nous l'avons déjà précisé, l'image fidèle est intimement liée aux réalités économiques de l'entité en imposant une adéquation entre ces réalités et leur retranscription comptable. Cette adéquation passera par le comptable. Bien souvent, par le respect « sévère » de la régularité, le comptable français remplira son rôle de gardien. Régularité et sincérité sont ici intimement liées, le respect de la régularité passant, sans surprise, par une mise en œuvre sincère – correcte et de bonne foi – du système conventionnel comptable. Comme nous l'avons précisé, assurément, les comptables français ne s'égarent pas

sur cet aspect. Plus simplement, sur ce premier aspect, nous rejoignons certains de nos propos sur le respect de la régularité (v. *supra* n° 7 à 11). Plus conceptuellement, sur ce premier aspect, l'apport de la sincérité n'est pas déterminant.

Mais une application correcte et de bonne foi des règles ne se résume pas à cela.

20. Peut-être le novice en droit comptable pourrait déduire d'une connaissance superficielle de la comptabilité, une vision un peu erronée de ce droit, et plus généralement de la comptabilité. Il pourrait accorder une caractéristique particulière aux règles de droit comptable, en considérant qu'elles induisent une mécanique automatique, presque mathématique. C'est une erreur, du moins s'il venait à généraliser cette caractéristique.

Les règles de droit comptable français n'induisent pas toutes des solutions automatiques qu'il suffirait d'appliquer correctement et de bonne foi, et ceci, sans exiger la moindre appréciation de la part du comptable. Les règles de droit comptable peuvent aussi proposer des choix, des options. Sans rechercher l'exhaustivité, on peut citer à titre d'exemples : l'appréciation du montant de certaines dépréciations (dépréciation des comptes clients, des stocks...), l'appréciation du montant de certaines provisions (provisions pour risques et charges), la méthode d'évaluation des stocks (coût moyen pondéré ou premier entré/premier sorti) ou des contrats à long terme (à l'avancement ou à l'achèvement), le choix de réévaluer des immobilisations, le choix du taux d'amortissement des immobilisations, le mode d'amortissement des immobilisations (linéaire ou dégressif).

21. À notre avis, la sincérité apporte ses implications les plus intéressantes, surtout au regard de ce type de règle. La sincérité consiste certes à une application correcte et de bonne foi des règles – plus simplement au respect « sévère » de la régularité –, mais aussi, et peut-être surtout, à choisir la règle la mieux à même de décrire une réalité, dès lors qu'un choix est offert. Nous savons que l'exigence de choisir en ce sens découle directement de la recherche d'une image fidèle. On comprend bien alors que, dans cette situation, l'appréciation du comptable est déterminante dans la recherche de la meilleure adéquation possible entre les réalités économiques et la comptabilité. Le comptable français se doit d'appliquer les règles de droit comptable

de manière correcte et de bonne foi, mais cette fois-ci, en appréciant les réalités économiques à décrire, et non simplement en se contentant d'une application uniquement «sévère» de la règle.

22. Dans cette hypothèse, le rôle de gardien du comptable français n'est hélas pas nécessairement respecté. Le comptable français peut s'égarer. Il s'agit de son deuxième égarement notable. Ce qui est à nouveau critiquable. Par exemple, le comptable français choisira bien souvent – pour ne pas dire systématiquement – un taux d'amortissement en considération des exigences fiscales, et non strictement comptables, imposant un lien avec la réalité de la dépréciation du bien[13]. Il ne réévaluera pas une immobilisation corporelle en considération du coût fiscal de l'opération, alors que comptablement, cela s'imposerait au regard du décalage entre la valeur comptable inscrite au bilan et la valeur réelle d'un bien[14]. Le comptable français oublie donc quelquefois son rôle de gardien des réalités économiques. Il s'égare. Nous comprenons une fois de plus cet égarement, en considération de contraintes pratiques, même si, sur le plan du droit comptable, on ne peut qu'être très critique.

23. Mais l'apport de la sincérité à la logique comptable française ne se résume pas à ce premier aspect technique; il s'étend vers un devoir général de collaboration dont le comptable est débiteur, qui constituera certainement l'égarement le plus notable.

13. Article 214-13 du PCG : « L'amortissement d'un actif est la répartition systématique de son montant amortissable en fonction de son utilisation. L'amortissement est déterminé par le plan d'amortissement établi en fonction de la durée et du mode d'amortissement propres à chaque actif amortissable, tels qu'ils sont déterminés par l'entité. [...] Le mode d'amortissement doit permettre de traduire au mieux le rythme de consommation des avantages économiques attendus de l'actif par l'entité. Il est défini, soit en termes d'unités de temps, soit en termes d'unités d'œuvre. Le mode linéaire est appliqué à défaut de mode mieux adapté. [...] ».

14. Article 214-27 du PCG : « Des ajustements de valeur portant sur l'ensemble des immobilisations corporelles et financières peuvent être effectués dans le cadre de la réévaluation des comptes. Cette réévaluation est une option ponctuelle à l'initiative de l'entité ou prévue par la loi. [...] ».

B : Par le respect d'un devoir de collaboration

24. Ce devoir de collaboration est intimement lié à la fonction informationnelle de la comptabilité, en imposant au comptable français une appréciation des réalités économiques afin d'améliorer l'information produite. Plusieurs articles au sein du PCG français véhiculent cette idée.

On la retrouve tout d'abord à l'article 121-3 : « La comptabilité est conforme aux règles et procédures en vigueur qui sont appliquées avec sincérité afin de traduire la connaissance que les responsables de l'établissement des comptes ont de la réalité et de l'importance relative des événements enregistrés ». On la retrouve également à l'article 810-1 : « Les documents de synthèse, qui comprennent nécessairement le bilan, le compte de résultat et une annexe mettent en évidence tout fait pertinent, c'est-à-dire susceptible d'avoir une influence sur le jugement que leurs destinataires peuvent porter sur le patrimoine, la situation financière et le résultat de l'entité ainsi que sur les décisions qu'ils peuvent être amenés à prendre ». On le retrouve enfin à l'article 112-4 : « L'annexe comporte toutes les informations d'importance significative destinées à compléter et à commenter celles données par le bilan et par le compte de résultat ».

Ce devoir de collaboration imposera au comptable français, afin d'éclairer le jugement des utilisateurs de la comptabilité, non seulement qu'il présente les informations significatives sur les réalités économiques à décrire, mais aussi, qu'il les fournisse en les mettant en évidence. Le respect de ce devoir de collaboration doit donc permettre de mettre en évidence les réalités économiques de l'entité les plus significatives afin d'améliorer la force informationnelle de la comptabilité. Ainsi, la vision des réalités économiques significatives ainsi véhiculées par la comptabilité facilitera la prise de décision des utilisateurs, ou plus généralement, favorisera le jugement de ces derniers sur l'entité. La sincérité apporte alors à la comptabilité française une dimension qualitative par rapport à son contenu – la sélection des informations significatives – et par rapport à sa diffusion – la mise en évidence de ces informations. Le rôle du comptable français s'inscrit dans cette dimension qualitative. Il sera le gardien de cette dimension, du moins théoriquement.

25. Cette dimension qualitative passera quelquefois par une simple application correcte et de bonne foi, en un mot sincère, des règles, de la régularité. Le droit comptable français guide alors le comptable. Il est vrai que le système conventionnel comptable français contient un certain nombre de dispositions techniques s'inscrivant dans cette dimension. Elles sont principalement consacrées à la fourniture et à la présentation d'informations comptables précisément identifiées. La simple application correcte et de bonne foi de ces dispositions participe alors à la description des réalités économiques d'une entité, considérées comme significatives. Il s'agit principalement de règles organisant la fourniture et la présentation de certaines informations par l'intermédiaire des documents comptables informatifs joints ou annexés au bilan et au compte de résultat, sous forme de tableaux ou de notes d'informations. Nous pensons évidemment à l'annexe française. Le système conventionnel comptable prédétermine le caractère significatif de certaines informations en les considérant comme tel – donc obligatoirement fournies – et ceci, quel que soit le type d'entité, même si le PCG français peut apporter des nuances d'un type d'entité à un autre[15]. Le droit comptable précise également comment les présenter, comme les mettre en évidence. Il s'agit par exemple des très nombreuses règles issues des articles 831-1 à 836-1 du PCG précisant le contenu détaillé de l'annexe. Concernant ces règles, l'apport de la sincérité est modeste, se résumant à leur respect « sévère ». Sur ce point, le comptable français remplit son rôle. Ce n'est pas dans cette situation que le devoir de collaboration s'exprimera pleinement.

26. Ce devoir s'exprimera pleinement dès lors que le droit comptable français ne guidera plus le comptable. Il s'agit de la situation pour laquelle l'application correcte et de bonne foi du système conventionnel n'est pas suffisante pour atteindre la dimension qualitative imposée par la sincérité. C'est dans cette situation que le droit comptable va imposer au comptable français un véritable devoir de collaboration. Dès lors que le simple respect des dispositions techniques existantes est insuffisant afin d'atteindre cette dimension qualitative, le droit comptable exigera du comptable français qu'il

15. Le contenu de l'annexe varie en fonction du type d'entité : personnes morales relevant de l'article L 123-25 du C. com.; personnes morales relevant de l'article L 123-16 du C. com.; personnes morales relevant de l'article 885-O V du CGI; autres personnes morales; personnes physiques relevant de l'article L 123-16 du C. com.; autres personnes physiques.

aille plus loin, plus loin que la simple mise en œuvre du système conventionnel, aussi correcte et de bonne foi soit-elle. Il se doit de collaborer, non seulement en fournissant toutes les informations d'importance significative, y compris et surtout, si elles ne sont pas identifiées en tant que tel par le système conventionnel, mais aussi en les mettant en évidence. L'annexe apparaît comme le support central à l'expression de ce devoir, conformément à l'article 112-4 du PCG.

27. Ce caractère significatif d'une information sera apprécié par le comptable français. C'est lui également qui choisira la manière de mettre en évidence ces informations. Il s'agit alors de considérations de faits spécifiques à chaque entité. Il s'agit d'une appréciation au cas par cas, appréciation entre les mains du comptable. Cette casuistique rejoint celle du type de réalités économiques pouvant être ignorées ou mal appréhendées comptablement, en particulier au bilan et au compte de résultat, pouvant différer d'une entité à une autre. Nous avons souligné qu'il n'était que très difficilement possible d'en établir une liste précise (v. *supra* n° 2). Finalement, nous constatons que cela n'a pas d'importance, car le caractère significatif suit la même logique. C'est au comptable français d'apprécier si telle ou telle réalité est mal appréhendée ou ignorée, et d'en considérer alors le caractère significatif ou non, afin de compléter ou d'éclairer le bilan et le compte de résultat conformément à l'article 112-4 du PCG. À cette fin, il utilisera l'annexe pour présenter l'information en la mettant en évidence, en particulier par un effort de synthèse. C'est à ce niveau que s'exprime pleinement la dimension qualitative générée par la sincérité. Cette dimension qualitative ouvre un véritable espace de liberté et de libre appréciation s'appuyant sur le jugement du comptable français. Cet espace purement subjectif, car dépendant du comptable, obligera ce dernier à un devoir de collaboration avec les utilisateurs, dont l'objectif est d'améliorer la qualité de l'image de l'entité fournie à travers les comptes annuels en considération des faiblesses sur ce point du bilan et du compte de résultat. C'est un devoir pour le comptable français. Le non-respect de ce devoir ne permettra pas de qualifier la comptabilité de sincère et l'écartera automatiquement de l'objectif d'image fidèle. Les comptes annuels en deviendront infidèles, et théoriquement susceptibles d'être source d'une sanction pénale.

On voit bien alors les conséquences de la mise en œuvre de ce devoir au regard de notre problématique initiale, considérant la faiblesse de la comptabilité en tant qu'outil informationnel. Par l'utilisation de l'annexe, un véritable espace de liberté et de libre appréciation est laissé au comptable français afin de renforcer la force informationnelle de la comptabilité. Investit-il cet espace? La réponse est hélas négative.

28. Nous avions déjà constaté cette absence d'investissement lors d'une étude empirique précédente en étudiant l'annexe des sociétés du SBF 120, et ceci, sur plusieurs années[16], en constatant qu'aucune information n'était produite sur la situation de ces entités au regard de leur mode de gouvernance. Au-delà de cela, le constat était éloquent au sujet du contenu de l'annexe : il restait strictement cantonné aux rubriques et mentions obligatoires sans que le comptable français investisse, comme son devoir de collaboration l'exige pourtant, l'espace de liberté et de libre appréciation laissé afin de produire les informations significatives nécessaires, mais non obligatoires, permettant de mieux apprécier les réalités économiques de l'entité. Les rubriques, pouvant pourtant être librement constituées, intitulées « faits marquants » et/ou « événements significatifs », se résumaient à quelques lignes sans véritable portée, et parfois ces rubriques étaient même absentes[17].

29. Alors, force est de constater qu'à l'heure actuelle, les faiblesses du système conventionnel comptable français ne sont pas compensées, non pas parce qu'il est défaillant, mais parce qu'il n'est pas utilisé dans toutes ses dimensions. Conséquemment, on ne sera alors pas surpris que la force informationnelle des comptes annuels soit en

---

16. L'étude complète est accessible librement : J.-L. Navarro, *La place du risque de réputation et du risque de mauvaise gouvernance dans les comptes annuels et plus généralement dans les « Documents de référence », ou les « Documents d'enregistrement universel » élaborés par les sociétés du SBF 120 soumises aux normes comptables françaises pour l'exercice comptable 2018 et 2019*, étude empirique, Institut des sciences de l'Homme (CNRS), en ligne : https://hal.univ-lyon2.fr/hal-02963783. V. aussi : J.-L. Navarro, « Le vaccin comptable à la mauvaise gouvernance. En guise de synthèse », dans *Les remèdes juridiques aux pathologies de la mauvaise gouvernance*, J.-L. Navarro et S. Rousseau, dir., Thémis, Montréal, 2024, p. 323 à 369.

17. V. : J.-L. Navarro, « La perception du risque de mauvaise gouvernance par le droit comptable », *Mélange en l'honneur de Michel et Jean-Patrice Storck*, co-édité Dalloz/Joly/Lextenso, Paris, 2021, p. 465, n° 37.

déclin. Sur ce point, l'étude empirique déjà évoquée[18] nous avait interpellés en considération de la place des comptes annuels au sein du document d'enregistrement universel des sociétés du SBF 120. Ces comptes apparaissaient en fin de document, voire en annexe, soulignant ainsi toute la force informationnelle que leur accordent ces entités, position que l'on peut sans exagération généraliser au-delà de ces dernières.

30. Le comptable français s'égare donc, et cet égarement est extrêmement préjudiciable à la force informationnelle de la comptabilité. Il conviendrait alors de réagir, d'autant plus que cette attitude n'est pas, cette fois-ci, pardonnable. Si la mise en œuvre de l'alinéa 3 de l'article L 123-14 du C. com. peut être délicate, si la peur d'une contestation par l'administration fiscale, le banquier ou le commissaire aux comptes peut être compréhensible, par contre, on ne peut que difficilement trouver d'excuses au non-respect du devoir de collaboration. Ce devoir peut, sans aucune difficulté technique, être respecté. Il n'est source d'aucun conflit. Il impose simplement un travail supplémentaire de la part du comptable français, qu'il ne fait pas de toute évidence, comme en témoigne notre étude empirique.

31. Il conviendrait alors que le comptable français comprenne toutes les implications de son rôle en tant que gardien des réalités économiques. Il conviendrait alors qu'il ne se contente pas d'une application seulement « sévère » des règles techniques. Nous sommes conscients que nous demandons un véritable changement de « culture professionnelle » en rappelant, aux comptables français, que la comptabilité est régie par le droit, qu'on appelle le droit comptable, et qu'il se doit de respecter l'objectif d'image fidèle en dehors de toutes autres considérations fiscales, professionnelles ou autres. Qu'il ne s'agit pas uniquement d'une technique permettant de connaître le bénéfice distribuable ou de calculer une base d'imposition. La comptabilité est avant tout, et exclusivement pour le droit comptable, un outil d'information sur la réalité économique d'une entité, et cela doit être également ainsi pour le comptable français.

32. Il est clair que, par une application du droit comptable français tel qu'il existe actuellement à travers le devoir de collaboration, les comptes annuels pourraient incontestablement devenir un outil extrêmement intéressant afin de fournir une information complète sur la

---

18. V. note de bas de page n° 16.

situation économique d'une entité considérée. L'annexe, dans ce cadre, pourrait occuper une place centrale en mettant en évidence, de manière synthétique, les informations les plus significatives, surtout celles ignorées par le bilan et le compte de résultat. Par cette mise en évidence, cela permettrait également de compenser l'inflation d'informations émises par les entités – spécialement celles cotées – qui est au bout du compte très largement indigeste et difficilement compréhensible par la masse d'informations générées. En mettant en évidence dans l'annexe une synthèse des informations les plus significatives, comme le droit comptable français l'impose, cette inflation pourrait être compensée, au bénéfice d'une meilleure perception des réalités. Envisagés très généralement, les comptes annuels retrouveraient alors leur fonction première, et ceci, au bénéfice de tous, en particulier des utilisateurs de l'information financière des entités.

33. Le comptable français doit réinvestir pleinement son rôle de gardien des réalités économiques en respectant son devoir de collaboration. Cela aurait assurément un impact crucial dans la force informationnelle de la comptabilité. Sa lecture permettrait alors de comprendre synthétiquement la réalité économique d'une entité. On voit bien que l'origine du problème n'est ni juridique ni technique, il s'agit d'un problème de pratiques professionnelles. Il s'agirait de changer la « culture professionnelle » des comptables français. Mais il est certain que ce changement ne se fera pas du jour au lendemain, mais petit à petit. « On ne se débarrasse pas d'une habitude en la flanquant par la fenêtre; il faut lui faire descendre l'escalier marche par marche[19] ». Par cette étude, modestement, nous espérons que nous aiderons à ce qu'une première marche soit descendue.

19. Traduction libre de « *Habit is habit and not to be flung out of the window by any man, but coaxed downstairs a step at a time* ». M. Twain, *Pudd'nhead Wilson and Pudd'nhead Wilson's Calendar*, préface par Edward Wagenknecht, illustrations par John Groth, Avon, Connecticut, The Heritage Press, 1974, p. 175.

Chapitre 13

Juricomptabilité et enjeux éthiques

Annie Lecompte et Audrey De Rancourt-Raymond

Objectif du chapitre

Ce chapitre explore l'association complexe entre éthique et juricomptabilité, deux domaines cruciaux dans la quête de justice et d'intégrité dans le monde financier et légal. Bien que la juricomptabilité opère principalement dans des contextes légaux, l'éthique guide le comportement moral, jouant un rôle fondamental mais conceptuellement distinct. À travers l'analyse de cas concrets issus de la jurisprudence, le chapitre met en lumière les dilemmes éthiques et les défis rencontrés par les juricomptables, notamment en termes de conflits d'intérêts, d'objectivité et de travail diligent. Il souligne l'importance de l'éthique personnelle et de la *phronesis*, ou sagesse pratique, essentielle pour naviguer dans les complexités de la profession. Il démontre que l'intégration de l'éthique et de la *phronesis* est cruciale pour la crédibilité et la confiance du public, formulant au passage des recommandations ayant pour objectif de soutenir les juricomptables dans le respect et l'application active des principes éthiques de base dans leurs décisions et actions professionnelles au quotidien.

1. Introduction

L'association entre éthique et juricomptabilité apparaît, à première vue, comme une évidence. Ces deux domaines semblent partager un terrain commun, ancré dans la quête de la justice et de l'intégrité dans le monde des affaires et de la finance. Cependant, une analyse plus approfondie révèle que cette corrélation n'est pas aussi transparente qu'il n'y paraît.

La juricomptabilité, une discipline à l'intersection du droit et de la comptabilité, exige du professionnel la mise en œuvre de compétences en comptabilité, mais également des compétences en matière d'enquête, appuyées d'un esprit d'investigation portant sur des différends réels ou potentiels, des situations de fraudes alléguées ou impliquant des comportements douteux. Elle implique une compréhension technique des normes comptables et une expertise dans leur application au sein des cadres juridiques. D'un autre côté, l'éthique, bien que fondamentale dans la pratique de la juricomptabilité, est un domaine conceptuellement distinct. Elle englobe les principes moraux et les valeurs qui guident le comportement individuel et organisationnel.

La jonction de ces deux domaines soulève des questions complexes. Comment les principes éthiques influencent-ils la pratique de la juricomptabilité, en particulier dans des situations où la loi ne progresse pas au même rythme que les pratiques commerciales en constante évolution ? Dans quelle mesure les juricomptables doivent-ils équilibrer l'objectivité et l'intégrité avec les demandes parfois contradictoires des clients et des systèmes légaux ?

Dans ce chapitre, nous entreprendrons non seulement d'identifier les défis éthiques inhérents à la profession de juricomptable, mais aussi d'illustrer ces enjeux à travers des exemples concrets tirés de la jurisprudence. En analysant des situations réelles, nous mettrons en lumière les dilemmes éthiques complexes auxquels les juricomptables sont confrontés dans leur pratique quotidienne. Ces études de cas de jurisprudence serviront de support pour comprendre comment les principes éthiques sont appliqués, parfois mis à l'épreuve, dans des situations concrètes et souvent délicates. En explorant ces exemples, nous visons à fournir une perspective approfondie de l'interaction entre l'éthique et la juricomptabilité, révélant comment les principes moraux guident les décisions dans des contextes juridiques et financiers spécifiques. Ce chapitre se propose donc de jeter un pont entre la théorie et la pratique, offrant aux lecteurs une compréhension plus riche et nuancée de cette discipline complexe.

2. Contexte

Juricomptabilité

La juricomptabilité est une spécialisation fascinante qui se situe à l'intersection de la comptabilité et du droit. Cette discipline implique l'application de techniques comptables rigoureuses dans un contexte juridique, principalement dans des situations où des investigations financières sont nécessaires. Un juricomptable est souvent appelé à jouer un rôle crucial dans l'exercice de la comptabilité d'enquête dans des cas de fraude, de manipulation financière et de blanchiment d'argent, dans l'exercice de la comptabilité judiciaire dans les cas de litiges commerciaux, de divorces compliqués, d'insolvabilité d'entreprise, ou dans l'exercice d'autres activités liées à la juricomptabilité où les finances sont en question.

Les compétences des juricomptables vont au-delà de la simple comptabilité. Ils doivent non seulement maîtriser les principes comptables traditionnels, mais aussi comprendre les aspects légaux des situations financières. Leur travail consiste à recueillir, à analyser et à présenter les données financières de manière à ce qu'elles soient compréhensibles et valides dans un cadre juridique. Cela peut impliquer l'examen de documents financiers pour détecter des incohérences, des fraudes ou des malversations.

Le rôle des juricomptables devient particulièrement pertinent dans les cas de fraude. Ces derniers sont formés pour identifier les signes de comportements financiers frauduleux et peuvent aider à dévoiler des preuves de malversations. Leur expertise est également cruciale dans les litiges commerciaux où l'évaluation des pertes financières est nécessaire. En outre, dans le contexte des divorces ou des successions, les juricomptables peuvent jouer un rôle clé en évaluant les actifs financiers.

En plus de leur rôle d'investigateur, les juricomptables peuvent également agir en tant que témoins experts devant les tribunaux. Ils présentent leurs découvertes de manière objective et concise, aidant ainsi les juges et les jurys à comprendre les aspects financiers souvent complexes des cas juridiques.

En résumé, la juricomptabilité est un domaine qui requiert à la fois une expertise comptable et en enquête, et une compréhension approfondie du droit. Les professionnels de ce secteur jouent un rôle vital dans le dévoilement de la vérité dans des situations financières complexes et dans la facilitation de la justice dans les affaires financières et commerciales.

Éthique

L'éthique est une branche de la philosophie qui s'intéresse aux principes du bien et du mal, du juste et de l'injuste, et aux normes de comportement moral. Selon la définition de Wheelwright (1959), reprise par l'Association of Certified Fraud Examiners (ACFE, 2018, p.4.901), l'éthique est « *la branche de la philosophie qui étudie de manière systématique le choix réfléchi, les normes du bien et du mal qui doivent le guider, ainsi que les biens vers lesquels il peut ultimement être orienté* » (traduction libre).

Son étude remonte à l'Antiquité, avec des figures telles que Socrate, Platon et Aristote, qui ont posé les jalons de la pensée éthique. Ces philosophes grecs ont commencé à explorer les questions fondamentales sur la meilleure manière de vivre, le rôle des vertus dans la vie humaine et les fondements de la moralité. Dans l'Antiquité grecque, l'éthique était souvent associée à la philosophie politique et à l'idée de la meilleure vie possible pour l'homme. Aristote, par exemple, dans son ouvrage *Nicomachean Ethics,* a mis en avant l'idée d'*eudaimonia,* souvent traduite par « bonheur » ou « floraison humaine ». Selon lui, la vertu était essentielle pour atteindre une vie pleine et équilibrée, posant ainsi les bases de la pensée éthique occidentale.

L'éthique se concentre sur la question de savoir comment les individus devraient agir et vivre. Elle examine les motivations et les justifications des actions humaines, cherchant à distinguer le bien du mal et le juste de l'injuste. Cette discipline va au-delà de la légalité et s'intéresse aux principes moraux qui guident les choix et comportements individuels.

Selon l'ACFE (2018, p. 4.901), la définition de l'éthique de Wheelwright met en lumière trois éléments clés :

1. L'éthique permet de faire évoluer les questions qui nécessitent un choix réfléchi;
2. L'éthique implique des guides sur le bien et le mal (principes moraux);
3. L'éthique s'intéresse aux valeurs inhérentes aux décisions éthiques.

Le premier élément clé porte sur le choix réfléchi de l'individu et fait référence au processus par lequel l'individu identifie un problème de décision, analyse la situation, recueille des informations, considère les règles de comportement et réfléchit aux conséquences des actions, puis passe à l'action. L'individu doit alors se projeter dans un avenir où il devra vivre avec sa décision. Le deuxième élément clé porte sur les principes moraux qui guideront l'individu dans son discernement du bien et du mal. Ces principes moraux découlent généralement d'une ou de plusieurs valeurs morales établies et défendues par un groupe d'individus. Il est à noter que certains comportements considérés comme « adéquats » (c.-à-d., le bien) aux yeux d'un certain groupe pourraient être perçus comme étant « mal » par d'autres. Cela souligne l'impossibilité de considérer la moralité comme étant absolue. De plus, suivre aveuglément les habitudes ou les valeurs d'un groupe correspond à renoncer à sa responsabilité individuelle et à son libre arbitre. C'est pourquoi les principes et les règles éthiques n'ont pas pour fonction de fournir une réponse simple à tous les problèmes éthiques, mais plutôt de fournir des lignes directrices afin de guider l'individu dans sa décision personnelle et ses actions à la lumière de ses principes moraux.

Au fil du temps, l'éthique s'est diversifiée en plusieurs branches, chacune examinant des aspects différents de la moralité. L'éthique normative, par exemple, se penche sur la formulation de règles ou de principes qui devraient guider les comportements, tandis que l'éthique appliquée traite de l'analyse de problèmes moraux spécifiques dans divers domaines, comme la médecine, les affaires ou l'environnement.

En somme, l'éthique est une quête continuelle pour comprendre et appliquer des principes moraux dans la vie quotidienne. Elle joue un rôle crucial dans la façon dont les sociétés et les individus décident de ce qui est juste ou injuste, bon ou mauvais, et elle continue d'être un domaine d'étude et de débat philosophique vital.

Éthique, moralité et légalité

Dans le cadre de ce chapitre traitant de l'éthique, il est également important de porter une attention particulière à certains concepts qui y sont directement liés, sans être synonymes. Dans la section précédente, nous avons traité de l'éthique, et nous avons abordé la définition de la moralité (distinction entre le bien et le mal). Toutefois, le concept de la légalité, qui entre souvent en adéquation avec ceux de l'éthique et de la moralité dans la prise de décision, n'a pas été abordé. Le concept de légalité se réfère à la conformité à un statut juridique (loi, règlement, etc.). Bien qu'il puisse exister un chevauchement entre l'éthique et la légalité, ces deux concepts ne sont pas toujours alignés. Une distinction doit également être effectuée entre la moralité et la légalité. En effet, une décision ou un comportement peut respecter la loi (légalité), mais peut ne pas être considéré comme étant moralement ou éthiquement acceptable. Par exemple, *la fin justifie les moyens* est un adage utilitariste souvent employé qui signifie qu'une personne est prête à tout, comme user de moyens condamnables, pour atteindre son but.

L'éthique et la moralité, de leur côté, sont deux concepts souvent utilisés de façon interchangeable dans la littérature. Or, bien qu'ils aient la même origine, faisant référence dans les deux cas aux mœurs et aux coutumes (Lagarrigue et Lebe, 1997), ils représentent néanmoins deux concepts distincts. Ainsi, « la morale se définit principalement comme une théorie de l'obligation ou bien un ensemble de règles de conduite d'action » (Lagarrigue et Lebe, 1997, p. 123), se référant ainsi aux normes et valeurs adoptées par un individu ou une société, dictant le comportement selon ce qui est traditionnellement considéré comme juste ou injuste. L'éthique, en revanche, est une réflexion philosophique sur ces normes et valeurs, cherchant à analyser et à justifier rationnellement les principes moraux. Alors que la morale est plus axée sur les croyances et pratiques concrètes au sein d'une communauté, l'éthique propose une étude critique visant à établir des bases logiques pour comprendre et évaluer ces croyances.

Dans le cas des juricomptables, ces derniers doivent donc éviter de se placer dans des situations illégales ainsi que contraires à l'éthique et à la moralité. Cela peut inclure de tromper volontairement les parties sur ses qualifications professionnelles, faire des promesses qui ne peuvent pas être respectées, outrepasser ses fonctions ou tromper des individus quant à ces fonctions (p. ex. droit de perquisitionner, d'arrêter quelqu'un ou de maintenir un individu en détention), etc.

L'éthique en juricomptabilité

L'intersection de la juricomptabilité et de l'éthique est un domaine complexe et crucial, soulignant l'importance des comportements moraux dans l'exercice des responsabilités de juricomptabilité. Les juricomptables, en tant que professionnels spécialisés, appliquent des principes comptables et des techniques d'enquête pour examiner des fraudes financières ou d'autres crimes. Cette fonction les place souvent au cœur de situations critiques impliquant des informations financières délicates et ayant un impact direct sur les individus et les organisations.

L'éthique en juricomptabilité fait référence aux principes moraux et aux valeurs qui guident la conduite des juricomptables. Ces professionnels doivent faire preuve d'honnêteté, d'impartialité et d'objectivité dans la réalisation de leurs enquêtes et la présentation de leurs conclusions.

L'importance de l'éthique en juricomptabilité se manifeste à plusieurs niveaux. Premièrement, les juricomptables sont couramment appelés à fournir des témoignages d'experts dans des procédures judiciaires, et leurs conclusions peuvent avoir des implications significatives pour les individus et les organisations. Deuxièmement, les investigations en juricomptabilité impliquent souvent des transactions financières et des données complexes, sujettes à interprétation. Les juricomptables doivent rester impartiaux et objectifs dans leur analyse et interprétation de ces données pour éviter les biais ou les influences.

Les défis éthiques en juricomptabilité incluent notamment les conflits d'intérêts, la confidentialité, l'objectivité, le manque de compétences et le travail non diligent. Les conflits d'intérêts surviennent lorsque la capacité d'un juricomptable à évaluer et à présenter objectivement une question à un client est compromise par une relation antérieure, actuelle ou potentielle avec les parties impliquées dans un dossier. Ainsi, les conflits d'intérêts peuvent survenir lorsque les juricomptables ont un intérêt personnel ou financier dans le résultat d'une enquête ou lorsqu'ils acceptent de travailler séparément pour deux clients opposés dans un dossier, à l'exception d'une situation où les deux parties et la cour s'entendent sur une expertise commune.

La confidentialité est également une considération éthique importante, car les juricomptables ont souvent accès à des informations critiques ou privilégiées qu'ils doivent garder confidentielles. Bien que les juricomptables ne bénéficient pas d'une relation privilégiée avec leurs clients, c'est-à-dire le secret professionnel entourant les communications entre les conseillers juridiques et leurs clients, ils ne doivent en aucun cas divulguer les informations acquises au cours de leurs missions sans l'autorisation des parties concernées. Certaines situations peuvent impliquer un croisement entre les conflits d'intérêts et la confidentialité. Ainsi, les juricomptables doivent faire attention de ne pas utiliser les données recueillies chez un client, par exemple la liste des clients, pour promouvoir leurs services ou utiliser les informations financières pour effectuer des transactions boursières.

La confidentialité peut également être mise à rude épreuve lorsque les membres de la haute direction qui emploient ou qui ont mandaté les juricomptables sont eux-mêmes impliqués dans des pratiques frauduleuses. Les juricomptables pourraient se trouver dans l'obligation de signaler ces pratiques aux membres de la gouvernance ou au comité d'audit sans briser les règles de confidentialité. Une situation plus complexe peut survenir lorsque les pratiques frauduleuses sont commises par les propriétaires de l'organisation qui ont mandaté le juricomptable. Il n'est pas obligatoire pour les praticiens d'effectuer un lancement d'alerte, mais certaines circonstances peuvent exiger le recours à ce type de mécanisme lorsqu'il existe des enjeux moraux et légaux. Par exemple, une telle situation peut survenir lorsqu'un client ou un employeur a intentionnellement cherché à impliquer le praticien dans ses pratiques frauduleuses ou lorsque le client ou l'employeur utilise le travail du juricomptable à mauvais escient.

L'objectivité est cruciale pour garantir des conclusions précises et fiables. Par ailleurs, le juricomptable doit agir avec prudence et éviter toute déclaration d'opinion sur la culpabilité ou l'innocence d'une personne ou d'une partie. En effet, seul un juge ou un jury peut prendre une décision de cette nature. Le juricomptable peut tirer des conclusions sur la base des éléments de preuve, mais il doit rester circonspect à cet égard. Contrairement aux opinions qui reposent sur l'interprétation des faits, les conclusions sont basées sur l'observation de preuves. À cet effet, le praticien doit être en mesure de fournir suffisamment de détails pour que le lecteur du rapport soit en mesure d'arriver à sa propre conclusion sur l'identité du fraudeur ou sur la partie fautive. De plus, il est également important de prendre en considération que le praticien ne peut fournir un avis sur des questions techniques que s'il est considéré comme étant qualifié pour le faire, par exemple sur la conformité des transactions comptables à l'égard des normes comptables généralement reconnues, lorsqu'il possède le titre de CPA, ou encore sur l'efficacité des contrôles internes d'une organisation. Toutefois, il doit éviter de conclure ou d'émettre une opinion concernant l'absence de fraude dans une organisation.

Un problème éthique peut également survenir lorsque des preuves recueillies permettant de remettre en doute la culpabilité d'un individu sont écartées de manière déloyale, lorsque des preuves sont fabriquées de toutes pièces pour supporter une conclusion qui serait favorable au client ou lorsque des moyens artificiels sont mis en place pour piéger un individu. Lorsque les preuves recueillies au cours du mandat sont insuffisantes pour formuler une conclusion définitive ou des recommandations dans le rapport d'expertise, les juricomptables doivent faire preuve de transparence et éviter les conclusions hâtives, évitant d'effectuer un travail non diligent.

Bien que la profession de juricomptable soit souvent associée à des connaissances en comptabilité, tous les juricomptables ne sont pas nécessairement des comptables de formation, et ils ne sont pas tous régis par des codes de déontologie spécifiques à la comptabilité, comme ceux des comptables professionnels agréés (CPA) au Canada et des Certified Public Accountants (CPA) aux États-Unis. Cette réalité souligne l'importance de l'éthique personnelle dans la pratique de la juricomptabilité.

En effet, les juricomptables peuvent venir de divers horizons universitaires et professionnels, notamment en finance, en économie ou en droit. Ces parcours variés impliquent que tous les juricomptables ne sont pas soumis aux mêmes normes déontologiques strictes qui régissent les professions comptables traditionnelles. Par conséquent, en l'absence d'un code de déontologie universellement accepté et appliqué, l'éthique personnelle devient un facteur déterminant dans la conduite professionnelle des juricomptables. Certaines associations de juricomptables possèdent des codes de conduite ou des codes éthiques, mais l'adhésion à ces associations n'est pas un prérequis pour la pratique de la profession de juricomptable, laissant une partie de ses membres sans attache particulière. Même dans le cas où les juricomptables sont effectivement membres d'associations professionnelles, ils ne sont pas nécessairement informés du contenu des codes de conduite qu'ils se sont pourtant engagés à respecter (Huber, 2013a). C'est pourquoi un chercheur a souligné l'importance de développer et d'implanter un encadrement réglementaire de la profession (Huber, 2013b).

L'éthique personnelle, dans ce contexte, se réfère à l'ensemble des principes moraux et valeurs qui guident un individu dans ses prises de décisions et ses actions. Pour les juricomptables, cela signifie exercer leur profession avec intégrité, honnêteté et impartialité, même en l'absence de directives déontologiques formelles. Cette approche éthique est cruciale, car les juricomptables jouent souvent un rôle clé dans la révélation de fraudes financières, dans la résolution de litiges et dans la fourniture de témoignages d'experts dans des cas juridiques complexes.

L'importance de l'éthique personnelle est encore plus prononcée dans les situations où les juricomptables doivent naviguer dans des zones grises, où la légalité et la moralité peuvent ne pas être clairement définies. Par exemple, est-il acceptable pour un juricomptable de mentir dans le but d'attraper un fraudeur? Dans de tels cas, leur jugement éthique personnel guide leur analyse et leur interprétation des données financières, garantissant ainsi que leurs conclusions et recommandations sont non seulement légalement défendables, mais aussi moralement justifiables.

Cette dépendance à l'éthique personnelle met en évidence la nécessité d'une forte conscience morale et d'un engagement envers l'intégrité dans le domaine de la juricomptabilité. Ainsi, dans son article visant à étudier ce qui constitue un bon juricomptable selon la perception du public, Howieson (2018) met en lumière le fait que la sagesse pratique en éthique de la vertu est cruciale pour les juricomptables afin de garantir la confiance du public et la qualité de leurs services, tout en guidant efficacement leur jugement professionnel. Cette sagesse pratique, ou *phronesis*, émane à l'origine des travaux du philosophe Aristote, pour qui il ne saurait y avoir vertu du caractère de l'individu sans *phronesis*, de même que cette sagesse est essentielle pour bien vivre et pour bien agir (Moss *et al.*, 2021). Des travaux soulignent de ce fait l'importance de la *phronesis* dans l'éthique des affaires, soulignant au passage que ce concept aristotélicien i) souligne le calcul rationnel et les principes généraux ou les règles de l'éthique de la vertu, en général, et de l'éthique des affaires, en particulier; ii) fournit un principe d'éthique basé sur la communauté; iii) offre une compréhension claire de ce qu'est le calcul ou le raisonnement dans l'éthique (Queiroz, 2012). Cette notion de calcul rationnel est particulièrement importante dans le domaine de la juricomptabilité, parce que la rationalité est au cœur des qualités professionnelles généralement associées à la profession de juricomptable (Enofe *et al.*, 2013). Arguant qu'elle est essentielle à la prise de décision et à l'action, des chercheurs soutiennent qu'une approche de la *phronesis* dans le contexte de l'éthique de la vertu peut enrichir notre compréhension de l'éthique, en raison de sa présupposition de l'interdépendance entre la *phronesis* et les vertus éthiques (Ames *et al.*, 2020), la *phronesis* n'impliquant pas de facto des comportements moralement ou éthiquement vertueux. Mintz (1995), dans un article influent, a proposé des qualités morales (ou vertus) nécessaires aux comptables pour faire face aux contraintes et pour adopter une perspective éthique dans leurs actions, facilitant ainsi leur adhésion aux devoirs professionnels et éthiques vis-à-vis de la communauté, soit : i) la bienveillance et l'altruisme; ii) l'honnêteté et l'intégrité; iii) l'impartialité et l'ouverture d'esprit; iv) la fiabilité; v) être digne de confiance. La valeur de ces vertus a été également mise en exergue par Thorne (1998) dans un article offrant un modèle destiné à analyser le mécanisme de prise de décision éthique chez l'auditeur et s'appuyant sur la théorie de la vertu qui édicte que les vertus caractérisent le preneur de décision. Conséquemment, la possession et l'exercice des vertus tendent à accroître la propension des décideurs à exercer un jugement éthique sain, et plus l'individu possède de vertus, plus il devrait agir en adéquation avec ses propres jugements éthiques.

Les travaux de Thorne (1998) prennent appui sur le modèle de Rest (1986), qui démontre que le développement moral d'un individu repose sur quatre composantes conçues pour expliquer comment les individus prennent des décisions éthiques et agissent moralement, soit :

i) Sensibilité morale : Il s'agit de la capacité à reconnaître qu'une situation comporte un dilemme éthique ou moral. Cela inclut la prise de conscience des différentes conséquences que nos actions peuvent avoir sur les autres.

ii) Raisonnement moral : Cette composante fait référence à la manière dont une personne évalue les différentes actions possibles dans une situation donnée en se basant sur des principes moraux. Le raisonnement aide à déterminer la meilleure action à suivre du point de vue éthique.

iii) Motivation morale : La motivation morale concerne la priorité qu'une personne accorde aux valeurs morales par rapport à ses autres intérêts personnels ou professionnels. Elle influence la volonté d'agir de manière éthique même en présence de contraintes ou de tentations contraires.

iv) Caractère moral : Cela se rapporte à la capacité d'exécuter un plan d'action choisi qui reflète la meilleure décision éthique. Cela comprend la persévérance, les compétences en gestion des émotions et le courage de surmonter les obstacles pour agir moralement.

Selon Thorne (1998), les deux premières composantes du modèle de Rest (1986), soit la sensibilité morale et le raisonnement moral, sont intellectuelles, tandis que les deux dernières composantes, soit la motivation morale et le caractère moral, sont plutôt liées aux vertus, soulignant au passage que ces deux volets sont essentiels à un comportement éthique. Ainsi, la perspective intégratrice du modèle reconnaît explicitement que la compréhension prescriptive d'un dilemme éthique par un individu fait partie intégrante de son désir et de sa capacité d'agir vertueusement, et que le caractère éthique de cet individu influence sa compréhension prescriptive dudit dilemme éthique. Elle offre un découpage des vertus en des vertus instrumentales, qui rendent possible le comportement éthique, comme la persévérance, le soin et la diligence, et les vertus morales, nécessaires pour bien faire les choses, qui peuvent être essentielles (comme l'intégrité) ou souhaitables (comme la bienveillance). Or, ce modèle se limite à la perspective individuelle, évacuant ainsi la perspective de la communauté professionnelle et de la pratique dans son sens plus large. Alors que l'éthique repose sur l'individu, les comptables ont développé des codes de déontologie pour mieux encadrer la profession. Cela a été fait lorsque les comptables se sont lancés dans le processus de professionnalisation (Wilensky, 1964), afin de répondre à cette tension qui existe entre la recherche d'autonomie des professions et la demande de responsabilité du public (Frankel, 1989). Bien que des chercheurs remettent en question la plus-value de la démarche des autorités chargées de l'élaboration et de la mise à jour des codes de déontologie, davantage axée sur une approche utilitariste et déontologique au détriment du bien commun prôné par une démarche aristotélicienne (West, 2017), il n'en demeure pas moins qu'une telle approche est plus facilement exécutable. Le code de déontologie permet ainsi de clarifier, tant pour ses membres que pour les personnes extérieures, les normes qui devraient régir le comportement professionnel (Frankel, 1989), la profession, notamment comptable, étant vue comme une communauté morale. Selon Sonnerfeldt et Loft (2018), « les codes éthiques ont été façonnés par des réformes de gouvernance à la suite de périodes d'échec de la comptabilité ou de l'audit, afin de codifier de nouvelles dispositions sociales et politiques » (p. 523).

Une codification encadre ainsi le travail du juricomptable, notamment aux États-Unis, où des normes de pratique de la juricomptabilité ont été émises dans l'objectif de « protéger l'intérêt public en préservant et en améliorant la qualité de la pratique » des membres (AICPA, 2023)[1]. Elles soulignent au lecteur que, bien qu'elles soient constituées de normes et d'orientations, elles ne peuvent en aucun cas être substituées au jugement professionnel. Les normes précisent des règles qui s'appliquent à toutes les missions juricomptables, soit :

- → L'obligation de s'assurer que le membre (et son équipe, le cas échéant) possède les compétences nécessaires pour rendre les services prévus;
- → L'obligation d'effectuer un travail soigné et diligent;
- → L'obligation d'une planification et d'une supervision du travail adéquates;
- → L'obligation de s'assurer d'avoir obtenu suffisamment de données pertinentes pour fournir une base raisonnable aux conclusions ou aux recommandations émanant du mandat octroyé;
- → L'obligation de servir ses clients avec intégrité et objectivité;
- → L'obligation d'informer le client de tout conflit d'intérêts potentiel, ou d'éviter tout conflit d'intérêts lorsque possible.
(AICPA, 2023)

Les obligations définies par les normes de pratique en juricomptabilité soulignent l'importance cruciale d'une conduite éthique chez le professionnel et représentent, par conséquent, des enjeux fondamentaux pour la profession. Nous proposons donc d'étudier des cas de jurisprudence démontrant, pour chacun de ces enjeux éthiques, comment ils se matérialisent dans la pratique.

3. Enjeux et considérations pratiques

La nature obligatoire des normes imposées aux juricomptables crée intrinsèquement la possibilité de non-conformité, malgré le devoir de ces professionnels de respecter ces règles. Cela suggère qu'il peut exister, dans certains cas, une défaillance en matière de vertus. La mise en lumière de ces défaillances à travers des exemples concrets issus de la jurisprudence

1. Les normes de pratique encadrant les missions de juricomptabilité s'apparentent davantage à un code de déontologie qu'à des normes telles que les normes comptables (ex : IFRS).

illustre de manière tangible comment un non-respect de ces obligations, constituant des enjeux éthiques cruciaux pour les juricomptables, se manifeste dans la pratique.

Nous avons mené une analyse de décisions judiciaires portant sur des affaires impliquant des juricomptables, dont l'intégrité professionnelle a été soit contestée par un tribunal dans le cadre d'un litige, soit sanctionnée pour violation de leur code de déontologie[2]. Nous avons procédé à une recherche par mots-clés, en utilisant le terme *juricomptable*, afin d'obtenir les décisions judiciaires documentant les manquements de juricomptables. La recherche s'est effectuée via le site Web de la Société québécoise d'information juridique (SOQUIJ), dont le mandat vise à accompagner « les professionnels de tous les domaines dans leurs recherches juridiques et facilite la diffusion et la compréhension du droit auprès de l'ensemble de la population » (SOQUIJ, s. d.). Nous avons effectué les recherches dans les bases de données contenant les décisions provenant de tous les tribunaux pertinents pour les fins de notre recherche, soit les tribunaux à même de voir un juricomptable témoigner à titre d'expert ou à titre d'accusé. Nous avons ainsi effectué nos recherches dans les bases de données des décisions judiciaires de :

→ La Cour du Québec – Chambre civile;

→ La Cour suprême;

→ La Cour d'appel fédérale et la Cour fédérale;

→ La Cour d'appel du Québec;

→ La Cour supérieure;

→ Le Conseil de discipline de l'Ordre des CPA du Québec.

Nous n'avons pas limité nos recherches dans le temps, afin d'avoir accès à toutes les décisions judiciaires impliquant des juricomptables, les normes auxquelles ces derniers étant assujettis datent de nombreuses années, reflétant ainsi l'évolution et la continuité des pratiques juricomptables à travers le temps.

---

2. Dans le cas de juricomptables possédant un titre comptable encadré par un ordre professionnel, comme dans le cas des CPA au Québec.

Nos recherches nous ont permis de trouver 250 décisions judiciaires impliquant des juricomptables, parmi toutes les instances scrutées. Parmi ces décisions, 6 ont remis en cause l'éthique de travail de juricomptables. Le tableau suivant permet de démontrer le fruit de la recherche de décisions par tribunal :

Tribunal	**Nombre de décisions impliquant un juricomptable**	**Nombre de décisions mettant en cause un juricomptable**
Cour du Québec – Chambre civile	7	0
Cour supérieure du Québec	188	1
Cour d'appel du Québec	27	0
Cour d'appel fédérale et Cour fédérale	18	0
Conseil de discipline – Ordre des CPA du Québec	7	5
Cour suprême du Canada	3	0
Total	**250**	**6**

La Cour du Québec – Chambre civile, compte trois divisions, soit la division régulière, la division des petites créances et la division administrative et d'appel. Elle a compétence dans les questions de litiges civils dont les demandes sont inférieures à 100 000 $ (Cour du Québec, 2020). La Cour supérieure du Québec, tribunal de première instance, est le tribunal qui entend et règle les litiges qui n'ont pas été confiés à un autre tribunal (Cour supérieure du Québec, s. d.). La Cour d'appel du Québec, étant le plus haut tribunal du Québec, tranche les questions de droit qui sont portées en appel (Cour d'appel du Québec, 2014). La Cour fédérale est la cour de première instance qui règle les litiges de compétence fédérale[3] (Cour fédérale, s. d.), alors que la Cour d'appel fédérale, pour sa

3. Au Canada, le gouvernement fédéral a la responsabilité de légiférer en matière de droit criminel et de créer des tribunaux pour les affaires fédérales, tandis que le Québec gère l'organisation judiciaire et l'administration des tribunaux provinciaux, ainsi que l'application de ses propres lois provinciales dans des domaines tels que le droit de la famille, le droit du travail et le droit de la propriété.

part, s'occupe des questions de droit fédéral au Canada (Cour d'appel fédérale, 2024) pour les questions qui font l'objet d'un appel. Le Conseil de discipline de l'Ordre des CPA du Québec, en tant qu'instance de discipline d'une profession, entend les plaintes formulées à l'égard de ses membres ou ex-membres ayant commis une infraction déontologique et formule une décision assortie de sanctions, le cas échéant (CPA Québec, s. d.). Finalement, la Cour suprême, cour de dernier ressort au Canada, se charge de trancher les questions de droit qu'elle juge importantes pour le public (Cour suprême du Canada, 2017).

Les décisions judiciaires mettant en cause un juricomptable ont par la suite été lues en entier et codées suivant les catégories tirées des normes de juricomptabilité (AICPA, 2023). Le tableau qui suit démontre le lien entre les normes et les catégories aux fins de l'étude des décisions judiciaires :

<table>
<tr><th>Normes de juricomptabilité (AICPA, 2023)</th><th>Catégories pour études de décisions judiciaires</th></tr>
<tr><td>L'obligation de s'assurer que le membre (et son équipe, le cas échéant) possède les compétences nécessaires pour rendre les services prévus.</td><td>Compétences insuffisantes</td></tr>
<tr><td>L'obligation d'effectuer un travail soigné et diligent.</td><td rowspan="3">Travail non soigné et non diligent, planification et/ou supervision inadéquates et données non suffisantes ou inadéquates pour conclure.</td></tr>
<tr><td>L'obligation d'une planification et d'une supervision du travail adéquates.</td></tr>
<tr><td>L'obligation de s'assurer d'avoir obtenu suffisamment de données pertinentes pour fournir une base raisonnable aux conclusions ou aux recommandations émanant du mandat octroyé.</td></tr>
<tr><td>L'obligation de servir ses clients avec intégrité et objectivité.</td><td>Objectivité et intégrité</td></tr>
<tr><td>L'obligation d'informer le client de tout conflit d'intérêts potentiel, ou d'éviter tout conflit d'intérêts lorsque possible.</td><td>Conflit d'intérêts non évités</td></tr>
</table>

L'analyse des normes nous a permis de mettre en exergue quatre catégories de manquements éthiques, soit : i) l'insuffisance de compétences; ii) la réalisation d'un travail non soigné et/ou non diligent, planifié et/ou supervisé de façon inadéquate et menant à une conclusion basée sur une somme ou une prépondérance insuffisante des données; iii) un manque d'objectivité et d'intégrité; iv) une incapacité à prévenir ou à gérer les conflits d'intérêts.

Compétences insuffisantes

Les compétences des juricomptables constituent l'essence même de leur métier, car l'accès à la profession ne se résume pas à une simple aspiration, mais exige une combinaison unique de compétences, de qualifications professionnelles et d'aptitudes spécifiques. Ces professionnels doivent réunir une gamme d'attributs essentiels, qui englobent non seulement des aptitudes techniques avancées, mais aussi une capacité prononcée pour l'analyse, le souci du détail et l'efficacité en communication. L'absence de ces qualités ou leur insuffisance peut conduire un tribunal à remettre en question le niveau de compétence d'un juricomptable. De nombreux exemples illustrent cette carence manifeste.

Le conseil de discipline de l'Ordre des CPA du Québec a ainsi rendu plusieurs décisions à l'encontre de certains de ses membres offrant des services de juricomptabilité en ce qui a trait à la démonstration d'un manque de compétences. Ainsi, dans la décision *Comptables professionnels agréés (Ordre des) c. Allard* (2018), on peut lire que « [d]ans le cadre d'un rapport d'expertise en juricomptabilité, [le membre] a excédé les limites de son mandat et ses compétences ». La décision *Comptables professionnels agréés (Ordre des) c. Lavigne* (2016) va dans le même sens, précisant que le membre « a présenté des constatations et conclusions qui dépassaient son champ de compétence ».

La Cour supérieure du Québec a aussi remis en question les compétences d'un juricomptable qu'une des parties en cause tentait de faire instruire à titre de témoin expert. Le juge a ainsi argué qu'alors que le témoin prétend au titre d'expert en juricomptabilité, ce dernier s'est montré « incapable de dire avec précision qui octroie le titre d'expert en juricomptabilité et [...] d'expliquer précisément de quelle science ou expertise il s'agit » (*Beaudoin c. Banque de développement du Canada, REJB 2004-54067, 2004*). À la lumière de l'interrogatoire du témoin, la Cour a donc refusé de déclarer le témoin expert en juricomptabilité, remettant en question sa compétence et ses connaissances à ce titre.

Ces décisions judiciaires démontrent que la maîtrise des concepts fondamentaux par les juricomptables s'avère indispensable à la justice. En effet, elles illustrent que la compétence va bien au-delà du savoir-faire technique, et qu'elle est plutôt le fondement même de leur légitimité et de leur contribution essentielle à l'équité judiciaire.

Travail non soigné et non diligent, planification et/ou supervision inadéquates et données non suffisantes ou inadéquates pour conclure

Le travail d'un juricomptable est crucial dans le cadre de décisions judiciaires, car il apporte une expertise financière et comptable à des situations complexes. Cependant, la qualité de ce travail peut varier, et trois éléments clés peuvent influencer la fiabilité des conclusions d'un juricomptable. Tout d'abord, dans le cas d'un travail non soigné et non diligent, un manque de rigueur dans la méthodologie et la documentation peut se traduire par des erreurs de calcul, des incohérences dans les analyses et une absence de vérification des données. Cela peut nuire à la crédibilité du travail du juricomptable et à la confiance que les tribunaux peuvent lui accorder. De plus, une planification et/ou une supervision inadéquates du travail peuvent entraîner des effets néfastes. En effet, lorsque les objectifs et la portée de la mission ne sont pas clairement définis, cela peut mener à une confusion et à des omissions dans le travail du juricomptable. De même, une absence de communication claire avec les parties prenantes peut créer des malentendus et des retards. Une supervision défaillante des assistants et des collaborateurs peut également affecter la qualité du travail final. Finalement, des données non suffisantes ou inadéquates influencent également le travail du juricomptable. Cela peut se refléter par un accès limité aux informations pertinentes, la qualité médiocre des données collectées et l'absence de prise en compte de tous les éléments importants, éléments qui peuvent tous conduire à des conclusions erronées. Il est donc essentiel que les juricomptables aient accès à toutes les informations nécessaires et qu'ils les analysent de manière rigoureuse et objective.

Lorsque l'un ou plusieurs de ces éléments sont présents, cela peut entraîner des conséquences importantes sur la crédibilité du travail du juricomptable et sur les décisions judiciaires qui en découlent. Il est donc crucial que les juricomptables respectent des normes rigoureuses de méthodologie et de diligence et qu'ils disposent des données et des ressources nécessaires pour mener à bien leur mission. En s'assurant de la qualité du travail de juricomptable, on peut garantir la fiabilité des conclusions et la justesse des décisions judiciaires. Or, certains tribunaux ont mis en lumière des situations où des juricomptables ne se sont pas montrés à la hauteur des standards attendus de la profession. Dans une décision du conseil de discipline de l'Ordre des CPA du Québec, le comité de discipline a indiqué que :

> Dans le cadre d'un rapport d'expertise en juricomptabilité, [le membre] a omis de faire preuve de scepticisme professionnel et d'esprit d'investigation, en faisant défaut d'étayer ses conclusions sur des éléments de preuve suffisants et adéquats, et de documenter adéquatement le travail effectué. (*Comptables professionnels agréés (Ordre des) c. Allard* (2018))

Dans ce même jugement, le comité a soulevé le fait que « [l]es tableaux de calcul soumis n'étayent pas suffisamment leur contenu, notamment les constatations et conclusions dégagées, et ne contiennent aucune des mentions obligatoires prévues aux Normes d'exercice des missions de juricomptabilité » (*Comptables professionnels agréés (Ordre des) c. Allard* (2018)). Dans une autre cause, le comité a statué que le travail d'un juricomptable manquait de soin et n'était ainsi pas conforme aux normes énoncées, précisant que :

> [Le membre] n'a pas rempli son mandat d'enquête juricomptable qui lui avait été confié et qui a donné lieu à l'émission d'un rapport avec tout le soin nécessaire et conformément aux Normes d'exercices des missions de juricomptabilité et aux données alors en vigueur. (*Comptables professionnels agréés (Ordre des) c. Hamel* (2017))

Cela a également été reproché à un autre praticien juricomptable (*Comptables professionnels agréés (Ordre des) c. Joly* (2021)). Une constatation similaire, quoique présentant un libellé différent, a été mentionnée dans le jugement *Comptables professionnels agréés (Ordre des) c. Lavigne* (2017). En effet, dans le cadre de cette décision, le comité a plutôt reproché au membre d'avoir « accepté de réaliser la mission de juricomptabilité alors que la mission manquait de précision à certains égards et qu'une partie de la mission dépassait l'expertise juricomptable, [en plus d'avoir] omis de consigner certaines informations au dossier et [...] livré un rapport qui fait état de constatations erronées » (*Comptables professionnels agréés (Ordre des) c. Lavigne* (2017)). Le juge de la Cour supérieure, dans le dossier *Beaudoin c. Banque de développement du Canada* (CS, REJB 2004-54067, 2004), va encore plus loin dans ses remarques au sujet d'un travail de mauvaise qualité, quand il énonce que :

> Les saisies pratiquées par [le cabinet mis en cause] sont une immense chasse à l'aveuglette faite sans aucune balise et sans rigueur. Les modalités de réalisation des saisies sont odieuses et injustifiées. Pratiquées par des experts en juricomptabilité, la violation est encore plus grave. (*Beaudoin c. Banque de développement du Canada, REBC 2004-54067, 2004*)

Dans ce même jugement, le juge Denis poursuit en indiquant que « [le juricomptable] a négligé d'appliquer à l'enquête deux principes de juricomptabilité qu'il décrit pourtant lui-même comme cardinaux : le bénéfice du doute et le scepticisme critique » (*Beaudoin c. Banque de développement du Canada, REBC 2004-54067,* 2004).

Ces extraits de décisions judiciaires démontrent donc que la rigueur et l'accès à des données fiables sont cruciaux pour assurer la fiabilité du travail du juricomptable dans le processus de décision judiciaire.

Objectivité et intégrité

L'objectivité et l'intégrité sont des piliers fondamentaux dans l'exercice de la profession de juricomptable, incarnant non seulement des principes éthiques essentiels, mais également des garanties de fiabilité et de crédibilité de leur travail. Dans un domaine où les analyses financières et les enquêtes doivent résister à l'examen rigoureux des tribunaux et des parties prenantes, l'objectivité assure que les conclusions sont tirées sans parti pris ni influence extérieure, reflétant uniquement les données et les faits disponibles. Parallèlement, l'intégrité impose une honnêteté sans faille et une transparence dans toutes les actions, soutenant la confiance dans les jugements et recommandations des juricomptables. Ensemble, ces valeurs ne sont pas simplement des aspirations éthiques; elles sont indispensables à la pratique efficace de la juricomptabilité, permettant de protéger les intérêts du public et de maintenir la justice et l'équité dans le domaine financier et légal.

Malgré l'importance cruciale de l'objectivité et de l'intégrité dans le travail des juricomptables, diverses décisions judiciaires ont révélé des cas où ces principes fondamentaux n'ont pas été scrupuleusement respectés. Ces manquements ont entraîné des conséquences significatives, non seulement pour les individus impliqués, mais aussi pour la réputation de la profession dans son ensemble. Ainsi, dans son jugement portant sur la cause *Beaudoin c. Banque de développement du Canada* (CS, REJB 2004-54067, 2004), le juge Denis a souligné le manque d'objectivité flagrant de l'expert en juricomptabilité rattaché au dossier d'enquête, en soulignant que :

> Tout au long de son témoignage, il s'est avéré clair que [le juricomptable] avait épousé la thèse de ses clients : démontrer la fraude de M. B. Toute objectivité a été écartée. Tout élément à décharge gommé, tout élément possiblement incriminant, amplifié (*Beaudoin c. Banque de développement du Canada, REBC 2004-54067,* 2004).

Le conseil de discipline de l'Ordre des comptables professionnels agréés abonde dans le même sens que le juge de la Cour supérieure dans le jugement précédemment mentionné, lorsqu'il souligne que « Dans le cadre de la préparation d'un rapport d'expertise en juricomptabilité, [le membre] a omis de faire preuve d'objectivité et d'impartialité » (*Comptables professionnels agréés (Ordre des) c. Allard* (2018)). Cette même instance a soumis un jugement similaire dans le cadre de la décision dans la cause *Comptables professionnels agréés (Ordre des) c. Lavigne* (2016), arguant que le membre avait « utilisé un ton et/ou des mots qui démontraient un manque d'objectivité ». Un autre jugement du conseil de discipline reprend ces reproches, cette fois à l'encontre d'un autre membre, précisant que ce dernier savait pertinemment qu'il ne pouvait exécuter le mandat prévu avec objectivité en raison du lien d'amitié l'unissant à la personne lui ayant octroyé le contrat (*Comptables professionnels agréés (Ordre des) c. Vaillancourt* (2022)).

Ces cas de manquements mettent en lumière l'importance vitale de l'objectivité et de l'intégrité dans la juricomptabilité. Ils rappellent à la profession tout entière la nécessité de rester vigilante et fidèle à ces principes fondamentaux, pour maintenir la confiance et l'équité indispensables à son exercice.

Conflit d'intérêts non évités

L'évitement des conflits d'intérêts est essentiel pour un juricomptable afin de préserver son intégrité et sa crédibilité. Cet impératif garantit que les analyses financières et juridiques sont menées avec impartialité, ce qui est essentiel dans des contextes souvent complexes et délicats. En se tenant à l'écart des situations où ses intérêts personnels pourraient interférer avec ses responsabilités professionnelles, le juricomptable maintient la confiance des clients et des parties prenantes, et respecte les normes éthiques et les réglementations de sa profession. De plus, éviter les conflits d'intérêts aide à prévenir les risques légaux et les dommages à la réputation, consolidant ainsi sa position en tant que conseiller fiable et éthique dans le domaine financier et juridique.

La jurisprudence révèle que, malgré les enjeux éthiques, certains juricomptables s'engagent délibérément dans des situations de conflit d'intérêts. Cette démarche compromet gravement la fiabilité de leurs rapports et nuit à leur réputation personnelle dans un secteur où la confiance est primordiale.

Remettant également en cause leur objectivité, le conseil de discipline de l'Ordre des comptables professionnels agréés a soulevé le fait, dans deux décisions, que les membres s'étaient placés en position de conflit d'intérêts. Dans une première cause, la décision précise que le membre « a utilisé un ton et/ou des mots qui démontraient un manque ( ) d'impartialité et d'indépendance [et qu'il] a manqué à son devoir d'éclairer le tribunal en donnant un avis indépendant et impartial » (*Comptables professionnels agréés (Ordre des) c. Lavigne* (2016)), soulignant au passage non seulement l'importance de l'impartialité, mais également et surtout de l'indépendance. Une autre cause, dont le libellé de la décision est plutôt incisif, dénonce le parti pris évident du membre en indiquant que le membre :

> [...] a signé une déclaration en vertu de laquelle il déclare notamment que : « j'exécuterai ma mission en tant qu'expert avec objectivité, impartialité et rigueur », alors qu'il savait ou qu'il aurait dû savoir qu'il ne pouvait pas exécuter le mandat qu'il lui a été confié par M. B. avec objectivité et impartialité en raison du lien d'amitié qui l'unit à ce dernier (*Comptables professionnels agréés (Ordre des) c. Vaillancourt* (2022)).

Cette dernière décision judiciaire est particulièrement éclairante, car elle souligne que le juricomptable ne peut plaider l'ignorance des normes régissant sa profession. De plus, la présence même d'un risque de conflit d'intérêts devrait pousser le professionnel à décliner certains mandats pour prévenir ces situations, affirmant ainsi son engagement envers les principes d'intégrité et d'éthique professionnelle. C'est d'ailleurs ce qui est reproché à une firme offrant des services de juricomptabilité, dans un jugement qui mentionne que :

> Dans un premier temps, [la firme X], section juricomptabilité, accepte un mandat d'enquête dont l'analyse de faits peut questionner, voire mettre en doute certains éléments de la vérification interne annuelle faite par [la firme X], section vérification. Ce n'est pas l'idéal et le danger de conflit d'intérêts aurait dû inciter [la firme X] à refuser ce mandat. [Le juricomptable] soulignait d'ailleurs que depuis le scandale Enron, cette dualité de mandat n'est plus acceptable. (*Beaudoin c. Banque de développement du Canada, REBC 2004-54067,* 2004)

Il est particulièrement instructif de constater, à travers le dernier jugement, que s'engager dans une situation de potentiel conflit d'intérêts n'est désormais plus considéré comme une pratique acceptable dans l'ère post-Enron. La notion d'acceptabilité sociale, qui résonne dans l'esprit de nombreux individus comme un référentiel de la moralité d'une décision, souligne combien les attentes envers la conduite éthique ont évolué, marquant une ère où la transparence et l'intégrité sont devenues des piliers incontournables de la profession.

4. Discussion

Dans le contexte actuel, où la complexité des affaires financières et juridiques ne cesse de croître, l'importance de l'éthique et de la *phronesis*, ou sagesse pratique, devient centrale pour les professionnels de la juricomptabilité.

L'éthique, considérée ici comme l'ensemble des principes moraux guidant le comportement d'un individu, joue un rôle prépondérant dans la définition des actions et des décisions des juricomptables. Elle n'est pas seulement une question de conformité aux normes établies; elle est aussi le reflet d'un engagement personnel à agir avec intégrité, honnêteté et responsabilité. La *phronesis*, d'autre part, fait référence à la sagesse pratique, ou à la vertu intellectuelle permettant de prendre des décisions justes et adaptées à des situations particulières, en tenant compte des circonstances spécifiques et des implications éthiques de ces décisions. Ensemble, l'éthique et la *phronesis* forment le socle sur lequel repose la crédibilité et l'intégrité professionnelle du juricomptable, lui permettant d'agir non seulement avec compétence, mais aussi avec discernement et justice.

Les décisions disciplinaires et judiciaires mentionnées dans la section précédente illustrent de manière frappante les conséquences d'un manquement à ces principes. Elles mettent en lumière le fait que la maîtrise technique et la connaissance approfondie du domaine ne suffisent pas; elles doivent être complétées par une conduite éthique irréprochable et une application judicieuse de la sagesse pratique. En effet, la *phronesis* est particulièrement pertinente dans le domaine de la juricomptabilité, où les professionnels sont régulièrement confrontés à des situations complexes nécessitant une évaluation équilibrée des faits, une interprétation nuancée des données et une prise de décision éclairée par une compréhension profonde des principes éthiques.

De plus, le lien entre éthique, *phronesis* et la nécessité d'éviter les conflits d'intérêts est direct et indissociable. En effet, la capacité à identifier et à se détourner des situations potentiellement conflictuelles repose sur une compréhension éthique solide et sur l'application de la sagesse pratique pour naviguer dans des contextes souvent ambigus. La *phronesis* permet au juricomptable de discerner quand et comment son indépendance ou son impartialité pourrait être compromise, l'amenant à prendre des décisions qui non seulement respectent les normes professionnelles, mais qui sont également alignées avec une éthique de responsabilité envers soi-même, les clients, les parties prenantes et la société dans son ensemble.

La rigueur dans la pratique de la juricomptabilité, mise en lumière par les défis et les leçons tirées des cas judiciaires et disciplinaires examinés, souligne donc l'importance cruciale de l'éthique et de la *phronesis*. Ces principes ne sont pas de simples idéaux théoriques; ils sont au cœur de l'exercice professionnel quotidien. Ils guident le juricomptable dans sa quête d'excellence, assurant que son travail ne se limite pas à la précision technique, mais qu'il est également empreint d'une conscience profonde de son rôle et de ses responsabilités en tant que pilier de la justice et de l'équité dans une société de plus en plus complexe. Cette intégration de l'éthique et de la *phronesis* dans la pratique quotidienne du juricomptable n'est pas seulement le fondement de sa crédibilité professionnelle; elle est également essentielle pour maintenir et renforcer la confiance du public dans les institutions financières et juridiques.

Pour renforcer l'éthique et la *phronesis* dans la pratique de la juricomptabilité, il est essentiel de développer un ensemble de recommandations pratiques. Ces recommandations visent à assurer que les juricomptables non seulement adhèrent aux principes éthiques fondamentaux, mais qu'ils les intègrent également de manière proactive dans leur prise de décision quotidienne et leur conduite professionnelle.

Premièrement, il convient de renforcer la formation continue en éthique professionnelle. Les institutions de formation et les ordres professionnels devraient intégrer des modules de formation avancés sur l'éthique et la prise de décision éthique dans leurs programmes de formation continue. Ces modules devraient inclure des études de cas spécifiques à la juricomptabilité, permettant aux professionnels d'explorer et de réfléchir aux dilemmes éthiques complexes spécifiques à leur domaine. Une telle formation aiderait à développer la capacité de jugement et la *phronesis*, renforçant ainsi l'application pratique de l'éthique dans des situations professionnelles variées.

Deuxièmement, la mise en place de mentorat et de coaching éthique au sein des firmes de juricomptabilité peut servir de support additionnel. Les juricomptables expérimentés, ayant démontré une conduite éthique irréprochable, pourraient être chargés de guider les moins expérimentés, en partageant leur expérience et en offrant des conseils sur la manière de gérer les défis éthiques et les situations de conflit d'intérêts. Cette approche favoriserait une culture d'intégrité et de responsabilité au sein de la profession. De plus, ces professionnels peuvent également être chargés de réviser les rapports d'expertise afin d'éviter toute situation où un rapport présente une opinion concernant la culpabilité ou l'innocence d'une personne, une conclusion hâtive ou biaisée.

Troisièmement, il est primordial d'encourager une culture de transparence et de communication ouverte. Les firmes devraient encourager les employés à discuter ouvertement des préoccupations éthiques et à signaler les comportements inappropriés sans crainte de représailles. La mise en place de canaux de communication sûrs et anonymes peut faciliter ce processus, assurant que les problèmes éthiques sont traités de manière appropriée et efficace.

Quatrièmement, l'adoption de politiques claires sur les conflits d'intérêts est nécessaire. Ces politiques devraient définir ce qui constitue un conflit d'intérêts, fournir des directives claires sur la manière de les éviter et décrire les procédures à suivre lorsque de tels conflits sont identifiés. La clarté et la précision des politiques jouent un rôle crucial dans la prévention des conflits d'intérêts et dans la préservation de l'intégrité de la profession.

Cinquièmement, il est important de mettre à la disposition des juricomptables des ressources juridiques qui peuvent les aider à résoudre des problèmes éthiques. Ces ressources peuvent prendre la forme de services juridiques ou de conseillers juridiques externes capables de formuler des conseils ou de répondre aux questions légales et éthiques soulevées par les praticiens au cours de leur mission afin de les appuyer dans la prise de décision éthique. De plus, ces conseillers pourraient également être impliqués dès le début d'une mission pour évaluer les risques éthiques.

Enfin, l'engagement envers l'auto-évaluation et l'amélioration continue est essentiel. Les juricomptables devraient être encouragés à réfléchir régulièrement à leur pratique professionnelle, à évaluer leur adhésion aux principes éthiques et à identifier les domaines d'amélioration. Des outils d'auto-évaluation et des ressources de développement professionnel peuvent soutenir cet engagement envers l'excellence éthique et la croissance continue.

En mettant en œuvre ces recommandations, la profession de juricomptable peut avancer vers une pratique encore plus éthique et responsable, renforçant ainsi la confiance du public et contribuant de manière significative à l'administration de la justice. Ces efforts collectifs en faveur de l'éthique et de la *phronesis* garantiront que les juricomptables restent des acteurs clés dans la promotion de l'intégrité, de la transparence et de l'équité dans le monde financier et juridique.

5. Conclusion

La rigueur, la précision et l'expertise sont des piliers fondamentaux de la profession de juricomptable. Les décisions disciplinaires et judiciaires mentionnées illustrent l'importance cruciale de ces compétences et la nécessité pour les professionnels de s'assurer non seulement de posséder, mais aussi de maintenir et d'actualiser constamment leur savoir-faire et leurs connaissances spécifiques. Cela souligne également l'importance pour les juricomptables de bien comprendre et de respecter les limites de leur champ d'expertise, afin de préserver leur crédibilité professionnelle et de contribuer efficacement à l'administration de la justice. Ainsi, l'excellence dans la juricomptabilité ne se mesure pas seulement à travers les compétences techniques, mais aussi par une éthique irréprochable et une conscience aiguë des responsabilités qui incombent à ces professionnels dans leur rôle crucial d'experts au service de la vérité.

La contribution des juricomptables dans le processus judiciaire est indéniablement essentielle, apportant une perspective financière et comptable indispensable à la compréhension et à la résolution de cas complexes. Néanmoins, l'importance de la rigueur, de la méthodologie appliquée et de l'accès à des données complètes et fiables est cruciale pour assurer la qualité et la crédibilité de leur travail. Comme l'ont souligné divers jugements et décisions disciplinaires, un manque de soin, une méthodologie inadéquate ou une documentation insuffisante peuvent sérieusement compromettre l'efficacité et l'intégrité des contributions d'un juricomptable, avec des conséquences potentiellement lourdes sur les décisions judiciaires.

Ces exemples tirés de la jurisprudence et des décisions disciplinaires illustrent la nécessité pour les juricomptables de s'engager dans leur pratique avec le plus haut degré de professionnalisme, en s'assurant que leur travail est conduit avec diligence, précision et une approche méthodique. Il est impératif que les juricomptables naviguent avec prudence dans leur domaine, conscients de leur impact significatif sur les issues judiciaires. En adhérant strictement aux normes professionnelles et en exerçant un scepticisme et une investigation approfondis, les juricomptables peuvent non seulement renforcer leur crédibilité, mais aussi contribuer de manière significative à l'administration de la justice. Ce faisant, ils jouent un rôle crucial dans le renforcement de la confiance des tribunaux et des parties prenantes dans le processus judiciaire, en garantissant que les décisions sont fondées sur des analyses financières et comptables solides et fiables.

Face à ces enjeux, il devient impératif pour la profession de juricomptable de réaffirmer et de renforcer constamment les principes d'objectivité et d'intégrité qui la sous-tendent. Les exemples cités de manquements à ces principes fondamentaux illustrent non seulement les risques inhérents à leur négligence, mais soulignent également l'importance cruciale de maintenir une vigilance et un engagement sans faille envers ces valeurs. L'éthique professionnelle, loin d'être une contrainte, doit être vue comme le socle sur lequel repose la crédibilité et l'efficacité de l'ensemble du domaine juricomptable. En promouvant une culture de responsabilité et de transparence, la profession peut non seulement éviter les erreurs passées, mais également contribuer de manière significative à la protection de l'intérêt public, à la préservation de la confiance dans les systèmes financiers et légaux et à la promotion d'une justice équitable et impartiale. Dans cette quête d'excellence, chaque juricomptable a un rôle crucial à jouer, garantissant que son travail reste irréprochable et digne de la confiance qu'on lui accorde.

La rigueur dans l'évitement des conflits d'intérêts revêt également une importance capitale pour le juricomptable soucieux de maintenir l'intégrité et la crédibilité de sa profession. Les exemples tirés de la jurisprudence illustrent non seulement les conséquences néfastes de tels manquements sur la réputation personnelle et professionnelle, mais aussi sur la confiance que clients et parties prenantes accordent au professionnel. La discipline imposée par l'Ordre des comptables professionnels agréés et les leçons tirées des affaires précitées mettent en exergue la nécessité d'une vigilance constante et d'un engagement indéfectible envers les principes d'objectivité, d'impartialité et d'éthique.

L'ère post-Enron a incontestablement marqué un tournant dans la perception de l'acceptabilité des conflits d'intérêts, poussant à une prise de conscience collective de l'importance de la transparence et de la conduite éthique dans le milieu financier et juridique. Ainsi, le juricomptable, en évitant scrupuleusement toute situation susceptible de compromettre son indépendance et son impartialité, ne fait pas seulement acte de conformité aux normes professionnelles, mais contribue également à renforcer la confiance et l'intégrité qui sont la pierre angulaire de sa relation avec les clients et le public.

Cette conclusion, loin de représenter une contrainte, doit être perçue comme un engagement envers une pratique professionnelle de haute qualité, gage de confiance et de respect envers tous les acteurs concernés. En définitive, elle reflète le rôle crucial que joue le juricomptable dans la préservation de la justice et de l'équité dans un monde financier de plus en plus complexe et interconnecté.

Référence

ACFE. Associations of Certified Fraud Examiners. (2018). *Fraud Examiners Manual Volume II* (2018 International éd.).

AICPA. (2023, 1er octobre). *Statement on Standards for Forensic Services.* https://www.aicpa-cima.com/resources/download/statement-on-standards-for-forensic-services

Ames, M. C. F. D. C., Serafim, M. C. et Zappellini, M. B. (2020). *Phronesis* in administration and organizations : A literature review and future research agenda. *Business Ethics : A European Review, 29*(S1), 65-83.

Beaudoin c. Banque de développement du Canada, REBJ 2004-54067 (CS, 2004, 6 février).

Comptables professionnels agréés (Ordre des) c. Allard, 47-14-00120 (CDCPA, 2018, 8 août).

Comptables professionnels agréés (Ordre des) c. Hamel, 47-2015-00172 (CDCPA, 2017, 14 mars).

Comptables professionnels agréés (Ordre des) c. Joly, 47-19-00341 (CDCPA, 2021, 21 mars).

Comptables professionnels agréés (Ordre des) c. Lavigne, 47-16-00209 (CDCPA, 2016, 1er novembre).

Comptables professionnels agréés (Ordre des) c. Vaillancourt, 47-21-00385 (CDCPA, 2022, 19 janvier).

Cour d'appel fédérale. (2024). *Cour d'appel fédérale.* https://www.fca-caf.ca/fr/accueil

Cour d'appel du Québec. (2014). *Le plus haut tribunal du Québec.* https://courdappelduquebec.ca

Cour du Québec. (2020). *Chambre civile.* https://courduquebec.ca/a-propos-de-la-cour/historique/competences/chambre-criminelle-et-penale/chambre-civile

Cour fédérale. (s. d.). *Bienvenue à la Cour fédérale.* https://www.fct-cf.gc.ca/fr/accueil

Cour supérieure du Québec. (s. d.). *Le tribunal de droit commun du Québec.* https://coursuperieureduquebec.ca

Cour suprême du Canada. (2017). *Rôle de la Cour.* https ://www.scc-csc.ca/court-cour/role-fra.aspx

CPA Québec. (s. d.). *Conseil de discipline.* https://cpaquebec.ca/fr/lordre/a-propos-de-lordre/gouvernance/comites/conseil-de-discipline/#

Enofe, A. O., Okpako, P. O. et Atube, E. N. (2013). The impact of forensic accounting on fraud detection. *European Journal of Business and Management, 5*(26), 61-70.

Frankel, M. S. (1989). Professional codes : why, how, and with what impact ? *Journal of Business Ethics, 8*(2–3), 109-115.

Howieson, B. (2018). What is the 'good' forensic accountant ? A virtue ethics perspective. *Pacific Accounting Review, 30*(2), 155-167.

Huber, W. D. (2013a). Forensic accounting corporations' codes of ethics and standards of practice–a comparison. *International Journal of Accounting, Auditing and Performance Evaluation, 9*(2), 126-152.

Huber, W. D. (2013b). Should the forensic accounting profession be regulated ? *Research in Accounting regulation, 25*(1), 123-132.

Lagarrigue, J. et Lebe, G. (1997). Éthique ou morale ? *Recherche & formation, 24*(1), 121-130.

Mintz, S. M. (1995). Virtue Ethics and Accounting Education. *Issues in Accounting Education, 10*(2), 247-267.

Moss, J., Gévaudan, M. et Lefebvre, D. (2021). Aristote sur la sagesse pratique. *Les Études philosophiques*, (3), 27-47.

Queiroz, R. (2012). The importance of phronesis as communal business ethics reasoning principle. *Philosophy of Management, 11*, 49-61.

Rest, J. R. (1986). *Moral development : Advances in research and theory.* Praeger.

Sonnerfeldt, A. et Loft, A. (2018). The changing face of ethics – developing a code of ethics for professional accountants from 1977 to 2006. *Accounting History, 23*(4), 521–540.

Société québécoise d'information juridique (SOQUIJ). (s. d.). *À propos.* https://soquij.qc.ca/a/fr/a-propos

Thorne, L. (1998). The role of virtue on accountant's ethical decision making. *Research on Accounting Ethics, 4,* 219-308.

West, A. (2017). The ethics of professional accountants : an Aristotelian perspective. *Accounting, Auditing & Accountability Journal, 30*(2), 328-351.

Wilensky, H. L. (1964). The professionalization of everyone ? *American journal of sociology, 70*(2), 137-158.

Chapitre 14

Juricomptabilité 2.0 : Enjeux, risques et avenir de la discipline

Nadia Smaili
Jonathan Allard
Julien Le Maux

Objectif du chapitre

Pour conclure l'ouvrage collectif, nous proposons dans ce chapitre de discuter des différents défis et possibilités dans le domaine de la juricomptabilité. Plus particulièrement, nous discutons les pistes de recherche futures dans la juricomptabilité et les défis de la recherche. En second lieu, nous discutons les défis dans la pratique. Finalement, nous exposons les défis de l'enseignement à partir de nos expériences.

1. Introduction

L'ampleur des pertes et la diversité des fraudes créent un besoin important envers la juricomptabilité. Au-delà de ce besoin croissant, les organisations, les investisseurs, les tribunaux et le grand public développent également des attentes accrues à l'égard des juricomptables. L'environnement dans lequel ces derniers opèrent est de plus en plus complexe, notamment en raison de l'intensification des avancées technologiques, de l'interconnexion des systèmes financiers, de la sophistication des transactions financières et de la demande d'informations non financières de qualité. Cet environnement élève les attentes et les défis auxquels ces professionnels sont confrontés.

Comme discuté dans les chapitres précédents, la juricomptabilité est une discipline spécialisée de la comptabilité. Son champ d'intervention est vaste, allant de la prévention à la détection d'anomalies et de cas de fraudes, de la corruption à des litiges matrimoniaux. L'évolution rapide de l'intelligence artificielle, l'intégration croissante des facteurs environnementaux, sociaux et de gouvernance (ESG), le risque d'écoblanchiment et la publication d'informations non financières posent de nouveaux défis à la juricomptabilité.

Dans ce dernier chapitre de l'ouvrage, nous explorons les occasions favorables et les défis de la juricomptabilité dans la recherche, la pratique et l'enseignement. Quel est le futur de cette discipline ? Nécessite-t-elle plus d'encadrement réglementaire ? Quelles sont les pistes de recherche à approfondir ? Quels sont les besoins en enseignement ? Voici quelques questions que nous aborderons dans ce chapitre.

2. État des lieux de la recherche en juricomptabilité

Bien que la littérature en comptabilité reste très limitée, plusieurs thèmes ont été abordés. Certaines études ont examiné le profil du juricomptable et son travail. D'autres ont essayé de décortiquer la source de complexité de cette profession. La plupart se concentrent sur la définition et la portée de la juricomptabilité, les enquêtes et la détection des fraudes (Howieson, 2018).

Tout d'abord, il est intéressant de mentionner que la littérature dans le domaine n'offre pas une définition claire et unique de la juricomptabilité. Certains auteurs proposent une définition étroite, et d'autres, une définition plus large. Ce manque de clarté dans la définition de la juricomptabilité crée une confusion auprès des parties prenantes, et intensifie l'incapacité des lecteurs à comparer les résultats des études en juricomptabilité.

La juricomptabilité a été examinée sous différents angles (Botes et Saadeh, 2018). La majorité des études ont analysé le profil du juricomptable et les tâches effectuées dans un mandat de juricomptabilité. Par exemple, Van Akkeren *et al.* (2016) et Howieson (2018) affirment que le juricomptable intervient dans des situations complexes, ce qui nécessite des techniques d'investigation adaptées. Il doit travailler avec d'autres types de professionnels, enquêter et analyser des données incomplètes, gérer l'incertitude en utilisant des approches improvisées pour résoudre les problèmes (DiGabriele, 2008). Dans cette perspective, Schön (1983) suggère que les experts développent leur jugement professionnel par un processus d'apprentissage basé sur l'expérience. Les juricomptables développent leur jugement professionnel grâce à un processus continu d'autoréflexion et de conscience de soi (Howieson, 2018; Schön, 1983).

Parallèlement, les études existantes sur les juricomptables montrent que ces derniers sont consultés pour leurs compétences et leur expertise en matière de prévention et de détection de fraudes. Leur travail consiste à enquêter sur les irrégularités comptables, à détecter les différents types de fraudes, à rassembler et à analyser les preuves, à interroger les personnes concernées ainsi qu'à préparer un rapport d'expert et à témoigner au tribunal. Ils doivent également comprendre les attributs psychologiques des fraudes, les motivations des fraudeurs et les techniques existantes pour dissimuler leurs actes.

Huber (2013) suggère que la juricomptabilité nécessite des techniques intellectuelles élevées. Les juricomptables offrent un ensemble important de services pour maintenir leurs activités (Howieson, 2018) et travaillent dans différents types d'organisations, notamment les cabinets comptables, les compagnies d'assurance, les organisations policières, les banques et les agences gouvernementales (Tiwari et Debnath, 2017; Yogi Prabowo, 2013).

En raison de ses racines qui sont dans les domaines de la comptabilité et de l'audit, ainsi que sa nature multidisciplinaire, la juricomptabilité combine des connaissances financières, technologiques et d'enquête (Hegazy *et al.*, 2017; Howieson, 2018). Plusieurs études ont examiné les compétences et les aptitudes nécessaires aux juricomptables (Davis *et al.*, 2010; DiGabriele, 2008; Howieson, 2018; Van Akkeren *et al.*, 2013). Par exemple, Aderibigbe (2000) a suggéré qu'un juricomptable doit avoir un niveau élevé de compétence, d'intégrité et d'honnêteté pour accomplir son travail. L'intégrité et l'honnêteté sont des qualités essentielles pour adopter une attitude professionnelle dans l'exercice de ses responsabilités (Aderibigbe, 2000; Owojori et Asaolu, 2009). Davis *et al.* (2010) suggèrent que l'éthique est la principale caractéristique des juricomptables. En effet, ils notent que le grand public s'attend à ce que le juricomptable agisse de manière éthique et dans l'intérêt du public (Howieson, 2018).

Davis *et al.* (2010) soulignent également que les compétences fondamentales les plus essentielles pour les juricomptables incluent la pensée critique et stratégique, une communication écrite et orale efficace, ainsi que des aptitudes en investigation et une intuition aiguisée pour les enquêtes. Les études précédentes mettent en avant des traits et caractéristiques essentiels pour les juricomptables attachés à la qualité de leur travail, notamment l'analyse, la curiosité, le souci du détail, l'éthique, le scepticisme et l'intuition.

Wallace (2004) soutient que le juricomptable possède la capacité d'analyser un large volume de documents, qu'il a une compréhension approfondie de diverses méthodes commerciales, un sens aigu de l'urgence, une rigueur dans le respect des délais ainsi qu'une aptitude à transmettre des informations complexes. Plus important encore, il doit être en mesure d'afficher une objectivité et un professionnalisme irréprochables.

Howieson (2018) et DiGabriele (2008) suggèrent que les juricomptables notent que les parties prenantes s'attendent à des compétences spécifiques de leur part. Selon Howieson (2018), les juricomptables doivent posséder une solide connaissance des lois applicables, collaborer étroitement avec les professionnels du droit, collecter des éléments de preuve et intervenir en tant que témoins experts lors des procédures judiciaires. DiGabriele (2008) et Van Akkeren *et al.* (2013) affirment que les juricomptables se distinguent de leurs homologues comptables par la diversité des services et des situations rencontrées. La juricomptabilité nécessite une approche flexible et improvisée et un processus de résolution de problèmes plutôt qu'un plan structuré.

D'ailleurs, Howieson (2018) suggère que l'imbrication d'une grande partie de la pratique juricomptable avec la loi, combinée à la croissance de l'influence de l'instrumentalisme commercial et à la demande de compétences techniques, crée le risque réel que le comportement des juricomptables soit dominé par une focalisation sur le respect des règles juridiques et techniques.

La recherche en juricomptabilité a aussi catégorisé les différents services de la juricomptabilité. Les principales catégories sont les suivantes : 1) enquête et détection de fraude (Louwers, 2015; Van Akkeren et Buckby, 2017); 2) prévention et conseils en matière de fraude; 3) services d'assistance en cas de litige (Heitger et Heitger, 2008); 4) évaluation des dommages et des entreprises (DiGabriele et Lohrey, 2016).

Les juricomptables peuvent être sollicités pour apporter leur expertise en appui aux avocats dans le cadre d'un litige ou pour présenter des preuves lors d'un procès financier (Curtis, 2008; Hegazy *et al.*, 2017; Tiwari et Debnath, 2017). De plus, leur intervention peut s'étendre à des affaires judiciaires ainsi qu'à des services financiers impliquant des parties opposées (Brennan, 2005). Ils peuvent fournir des services d'évaluation d'entreprise tels que les cas de faillites ou de problèmes matrimoniaux (DiGabriele et Lohrey, 2016; Kohn, 2012). De même, ils jouent un rôle crucial dans le processus de prévention, d'enquête et de détection des fraudes (Honigsberg, 2020; Sanchez, 2012). Finalement, Pearson et Singleton (2008) ont identifié divers cybercrimes dans lesquels les juricomptables ont un rôle à jouer. La juricomptabilité apparaît donc comme une spécialisation multidisciplinaire (Hegazy *et al.*, 2017).

La plupart des études en juricomptabilité ont examiné le rôle du juricomptable dans la détection des fraudes (DiGabriele *et al.*, 2020; Kaur *et al.*, 2023; Kinanti *et al.*, 2023). Par exemple, Van Akkeren et Buckby (2017) ont développé un cadre conceptuel sur les causes de la fraude, prolongeant les travaux de Zahra *et al.* (2005) et de Cohen *et al.* (2010). D'autres études ont porté sur l'éducation et la réglementation de la profession juricomptable (Curtis, 2008; Fleming *et al.*, 2008; Heitger et Heitger, 2008; Jones et Dosanjh-Zucker, 2018; Kranacher *et al.*, 2008; Rezaee et Wang, 2019; Souza, 2017; Van Akkeren *et al.*, 2016).

Les méthodologies utilisées dans ces études sont les données d'archives (Curtis, 2008; Fleming *et al.*, 2008; Grubb, 2017; Kranacher *et al.*, 2008; Seda et Kramer, 2015), les entrevues (Carpenter *et al.*, 2011; Van Akkeren et Buckby, 2017) et la méthode de recherche par sondage (Davis *et al.*, 2010; DiGabriele, 2008; Domino *et al.*, 2017; Hegazy *et al.*, 2017; Smith et Crumbley, 2009).

En résumé, la majorité des articles sur les juricomptables et la juricomptabilité demeurent essentiellement descriptifs et présentent un manque de contributions théoriques. L'absence de fondements théoriques est particulièrement notable. Il est donc essentiel d'élargir l'utilisation de diverses approches théoriques dans la recherche en juricomptabilité.

La majorité des études existantes traitent des compétences et des traits que les juricomptables doivent avoir, le type de mandat confié et leur rôle. Les recherches futures sur la juricomptabilité pourraient examiner et développer des modèles de prise de décision de la part des juricomptables. En effet, nous dénotons une absence de connaissances du processus cognitif lors de leurs prises de décision.

Parallèlement, les déterminants en ce qui concerne le *scepticisme professionnel* sont absents actuellement. Des recherches futures pourraient examiner comment les juricomptables construisent leur scepticisme professionnel et s'il est différent de celui des auditeurs. Il serait aussi pertinent d'analyser la relation du juricomptable avec les acteurs importants (client, juge, etc.). Finalement, les recherches futures pourraient étudier les services de la juricomptabilité autres que la détection de la fraude.

3. Pratique

La juricomptabilité, en tant que domaine en constante évolution, présente une multitude de défis et de possibilités pour les praticiens. Cette section explore les principaux aspects qui façonnent l'avenir de la pratique, en mettant en lumière les complexités liées à la diversité des clients, l'importance d'une approche personnalisée, les effets de l'automatisation et de l'intelligence artificielle, ainsi que la normalisation déficiente.

Les juricomptables doivent naviguer dans un environnement où ils servent une variété de clients, chacun ayant des besoins et des attentes spécifiques, voire parfois contradictoires. Les principaux clients incluent :

→ L'entreprise : les entreprises font appel à des juricomptables pour des enquêtes internes, des évaluations de risques et des conseils en matière de conformité.

→ L'avocat : les avocats sollicitent des juricomptables pour fournir des preuves financières solides et des analyses détaillées dans le cadre de litiges.

→ Le juge : les juges comptent sur les juricomptables pour des témoignages d'experts impartiaux et des rapports clairs et compréhensibles.

Chaque enquête en juricomptabilité est unique et requiert une approche personnalisée. Les praticiens doivent faire preuve d'ingéniosité et d'adaptabilité afin de concevoir des solutions adaptées aux particularités de chaque dossier, préservant ainsi la profession des risques liés à l'automatisation complète qui touche davantage d'autres secteurs.

De même, la juricomptabilité repose sur une expertise hautement spécialisée qui dépasse souvent les capacités actuelles de l'intelligence artificielle. Les compétences humaines en matière de jugement, d'analyse critique et de compréhension contextuelle sont essentielles et difficilement remplaçables par des machines. Cependant, l'IA peut jouer un rôle complémentaire en :

→ Automatisant les tâches répétitives : l'IA libère du temps pour les juricomptables afin qu'ils se concentrent sur des analyses plus complexes.

→ Améliorant la précision des analyses : l'IA utilise des algorithmes pour détecter des anomalies et des tendances que l'œil humain pourrait manquer.

Aujourd'hui, les juricomptables font face à une concurrence croissante de la part d'autres professionnels. Pour se démarquer, ils doivent :

→ Développer des compétences interdisciplinaires : ils doivent acquérir des connaissances en droit, en finance et en technologie pour offrir des services intégrés.

→ Renforcer leur crédibilité : ils doivent obtenir des certifications reconnues et participer à des formations continues pour rester à la pointe de la profession.

Un des défis majeurs en juricomptabilité est la normalisation déficiente des pratiques juricomptables. Plusieurs facteurs contribuent à cette situation :

→ Diversité des normes : chaque juridiction peut avoir son propre ensemble de normes en juricomptabilité, ce qui complique la comparaison et l'harmonisation des pratiques. Certaines de ces normes n'ont pas été mises à jour depuis de nombreuses années, ce qui peut entraîner des incohérences et des difficultés d'application.

→ Obsolescence des règles : dans certaines régions, les normes n'ont pas évolué pour refléter les changements économiques et technologiques, rendant certaines pratiques désuètes.

→ Impact sur la pratique : la diversité et l'évolution des normes peuvent représenter des défis majeurs pour les juricomptables, les obligeant à s'adapter à un cadre réglementaire à la fois complexe et parfois contradictoire.

Malgré ce contexte difficile, l'avenir de la juricomptabilité est prometteur, mais il nécessite une adaptation constante aux nouvelles réalités du marché et aux avancées technologiques. En relevant les défis et en saisissant les opportunités, les juricomptables peuvent continuer à jouer un rôle crucial dans la résolution de litiges et la prévention de la fraude.

4. Enseignement

L'enseignement de la juricomptabilité demeure peu répandu. Actuellement, peu d'universités proposent des cours ou des programmes spécifiques en la matière. Au Canada, cette situation s'explique principalement par l'absence d'une exigence de formation en juricomptabilité pour les futurs CPA. Ainsi, les rares cours offerts se trouvent généralement aux cycles supérieurs. Face à cette offre universitaire limitée, de nombreux professionnels se tournent vers des formations offertes par des organismes délivrant des titres spécialisés liés à la pratique, tels que l'Association of Certified Fraud Examiners, l'Institut des CBV et certaines associations comptables.

Plusieurs universités ont créé des programmes spécialisés dans la lutte contre la fraude et la juricomptabilité juste après Enron et la loi Sarbanes-Oxley. Cette initiative répondait à la demande croissante du marché pour des experts-comptables dotés de compétences en prévention et détection de la fraude comptable et financière. Toutefois, certains de ces programmes ont disparu après quelques années, tandis que d'autres subsistent, bien que le nombre d'inscriptions demeure stable.

Nous sommes d'avis que l'enseignement doit commencer tôt dans les cursus comptables. Il faut être proactif et fournir les outils nécessaires aux étudiants pour prévenir les situations de non-conformité. Des cours d'éthique et de conformité s'imposent comme une nécessité pour former les comptables.

D'un point de vue pratique, l'enseignement de la juricomptabilité devrait se baser davantage sur l'analyse des cas. Ces cas permettraient aux étudiants de se familiariser non seulement avec le type de litiges et les fraudes auxquels fait face un juricomptable, mais aussi d'expliquer et de comprendre les étapes de travail ainsi que le choix des méthodes à utiliser. Il est essentiel que les professeurs développent des cas en juricomptabilité. Nous pensons qu'une collaboration entre universitaires et praticiens juricomptables serait bénéfique pour les étudiants.

Conclusion

Dans ce chapitre, nous avons exploré les opportunités et défis de la juricomptabilité, en identifiant des pistes pour son développement. La juricomptabilité est une quasi-profession dont la reconnaissance et l'évolution restent limitées. Sans un soutien accru des ordres professionnels, des autorités réglementaires et des institutions universitaires, cette discipline risque de stagner, alors même que les enjeux de conformité et de lutte contre la fraude n'ont jamais été aussi importants. Il est donc essentiel d'investir dans la formation, la recherche et l'encadrement de cette pratique afin d'assurer son plein développement et de mieux répondre aux besoins du marché.

Références

Aderibigbe, J. O. (2000). The role of the Central Bank of Nigeria in the effective implementation of the IMF code of good practices on transparency in monetary and financial policies. *Economic and Financial Review, 38*(4), 2.

Botes, V. et Saadeh, A. (2018). Exploring evidence to develop a nomenclature for forensic accounting. *Pacific Accounting Review, 30*(2), 135–154.

Brennan, N. M. (2005). Accounting expertise in litigation and dispute resolution. *Journal of Forensic Accounting, VI*(2), 13-35.

Carpenter, T. D., Durtschi, C., et Gaynor, L. M. (2011). The incremental benefits of a forensic accounting course on skepticism and fraud-related judgments. Issues in Accounting Education, 26(1), 1-21.

Cohen, J., Ding, Y., Lesage, C. et Stolowy, H. (2010). Corporate fraud and managers' behaviour : Evidence from the press. *Journal of Business Ethics, 95*(S2), 271–315.

Curtis, G. E. (2008). Legal and regulatory environments and ethics : Essential components of a fraud and forensic accounting curriculum. *Issues in Accounting Education, 23*(4), 535-543.

Davis, C., Farrell, R. et Ogilby, S. (2010). Characteristics and skills of the Forensic Accountant. *American Institute of Certified Public Accountants, 2010*, 11-26.

DiGabriele, J. A. (2008). An empirical investigation of the relevant skills of forensic accountants. *Journal of Education for Business, 83*(6), 331-338.

DiGabriele, J. A. et Lohrey, P. L. (2016). The valuation of economic damages : A case study for the forensic accountant. *Journal of Forensic and Investigative Accounting, 8*(2), 338-348.

DiGabriele, J. A., Heitger, L. E., et Riley Jr, R. (2020). A synthesis of non-fraud forensic accounting research. *Journal of Forensic Accounting Research, 5*(1), 257-277.

Domino, M. A., Giordano, G. et Webinger, M. (2017). An investigation of the factors that impact the perceived value of forensic accounting certifications. *Journal of Forensic and Investigative Accounting, 9*(1), 637-653.

Fleming, A. S., Pearson, T. A. et Riley Jr, R. A. (2008). West Virginia University : Forensic accounting and fraud investigation (FAFI). *Issues in accounting education, 23*(4), 573-580.

Grubb, F. (2017). Colonial Virginia's paper money regime, 1755-74 : A forensic accounting reconstruction of the data. *Historical Methods : A Journal of Quantitative and Interdisciplinary History, 50*(2), 96-112.

Hegazy, S., Sangster, A. et Kotb, A. (2017). Mapping forensic accounting in the UK. *Journal of international accounting, auditing and taxation, 28*, 43-56.

Heitger, L. E. et Heitger, D. L. (2008). Incorporating Forensic Accounting and Litigation Advisory Services Into the Classroom. *Issues in Accounting Education, 23*(4), 561–572.

Honigsberg, C. (2020). Forensic Accounting. *Annual Review of Law and Social Science, 16*, 147–164.

Howieson, B. (2018). What is the 'good' forensic accountant ? A virtue ethics perspective. *Pacific Accounting Review, 30*(2), 155-167.

Huber, W. D. (2013). Forensic accountants, forensic accounting certifications, and due diligence. *Journal of Forensic and Investigative Accounting, 5*(1).

Huber, W. D. et DiGabriele, J. A. (2015). Topics and methods in forensic accounting research. *Accounting Research Journal, 28*(1), 98-114.

Jones, C. G. et Dosanjh-Zucker, K. (2018). Using a forensic accounting novel to increase student engagement with accounting ethics and the profession. *Journal of Forensic and Investigative Accounting, 10*(2), 250-257.

Kaur, B., Sood, K. et Grima, S. (2023). A systematic review on forensic accounting and its contribution towards fraud detection and prevention. *Journal of Financial Regulation and Compliance, 31*(1), 60-95.

Kohn, M. (2012). How they stay the cash : : A Guide to Finding Income Hidden by a Spouse During Divorce. Sourced Media Books. 124p.

Kinanti, K. P., Amalia, F. A., Widyastuti, A. et Wicaksono, A. P. N. (2023). Forensic Accounting, Preventing and Detecting Fraud : A Systematic Literature. *Journal of Accounting and Finance Management, 4*(6), 462-485.

Kohn, M. D., Eloff, M. M. et Eloff, J. H. (2013). Integrated digital forensic process model. *Computers & Security, 38*, 103-115.

Kranacher, M. J., Morris, B. W., Pearson, T. A. et Riley Jr, R. A. (2008). A model curriculum for education in fraud and forensic accounting. *Issues in Accounting Education*, *23*(4), 505-519.

Louwers, T. J. (2015). The past, present, and future (?) of crime-related forensic accounting methodology. *Accounting Research Journal, 28*(1), 4-9.

Owojori, A. A. et Asaolu, T. O. (2009). The role of forensic accounting in solving the vexed problem of corporate world. *European journal of scientific research*, *29*(2), 183-187.

Pearson, T. A., et Singleton, T. W. (2008). Fraud and forensic accounting in the digital environment. Issues in accounting education, 23(4), 545-559.

Rezaee, Z. et Wang, J. (2019). Relevance of big data to forensic accounting practice and education. *Managerial Auditing Journal, 34*(3), 268-288.

Sanchez, M. H. (2012). The role of the forensic accountant in a Medicare fraud identity theft case. *Global Journal of Business Research, 6*(3), 85-92.

Schön, D. A. (1983). *The Reflective Practitioner : How Professionals Think in Action*. Basic Books.

Seda, M. et Kramer, B. P. (2015). A comparison of U.S. forensic accounting programs with the National Institute of Justice funded model curriculum. *Journal of Forensic and Investigative Accounting, 7*(2), 144-177.

Smith, G. S. et Crumbley, D. L. (2009). How divergent are pedagogical views toward the fraud/forensic accounting curriculum? *Global Perspectives on Accounting Education*, *6*, 1.

Souza, J. L. (2017). Using the classroom to assist students to find their fit in the forensic accounting profession. *Journal of Forensic and Investigative Accounting*, *9*(1), 724-735.

Tiwari, R. K. et Debnath, J. (2017). Forensic accounting : a blend of knowledge. *Journal of Financial Regulation and Compliance*, *25*(1), 73–85.

Van Akkeren, J. et Buckby, S. (2017). Perceptions on the causes of individual and fraudulent co-offending : Views of forensic accountants. *Journal of Business Ethics*, *146*, 383-404.

Van Akkeren, J., Buckby, S. et MacKenzie, K. (2013). A metamorphosis of the traditional accountant : an insight into forensic accounting services in Australia. *Pacific Accounting Review*, *25*(2), 188-216.

Van Akkeren, J., Buckby, S. et Tarr, J. A. (2016). Forensic accounting : Professional regulation of a multi-disciplinary field. *Australian Business Law Review*, *44*(3), 204-215.

Wallace, W. A. (2004). The economic role of the audit in free and regulated markets : A look back and a look forward. *Research in accounting regulation*, *17*, 267-298.

Yogi Prabowo, H. (2013). Better, faster, smarter : developing a blueprint for creating forensic accountants. *Journal of Money Laundering Control*, *16*(4), 353-378.

Zahra, S. A., Priem, R. L. et Rasheed, A. A. (2005). The antecedents and consequences of top management fraud. *Journal of Management, 31*(6), 803-828.

ÉDITEUR AGRÉÉ
Québec

Imprimé sur Rolland Enviro®.
Ce papier contient 100% de fibres recyclées durables,
est fabriqué avec un procédé sans chlore
et à partir d'énergie biogaz.

100% PCF BIOGAZ ÉNERGIE PERMANENT

www.ingramcontent.com/pod-product-compliance
Lightning Source LLC
LaVergne TN
LVHW050632051026
849532LV00002B/358